Über Stanisław Lem

*Herausgegeben
von Werner Berthel*

Phantastische Bibliothek
Band 36

Suhrkamp

Redaktion und Beratung: Franz Rottensteiner

suhrkamp taschenbuch 586
Erste Auflage 1981
© dieser Zusammenstellung Suhrkamp Verlag
Frankfurt am Main 1981
Quellennachweis am Schluß des Bandes
Suhrkamp Taschenbuch Verlag
Satz: LibroSatz, Kriftel
Druck: Ebner Ulm. Printed in Germany
Umschlag nach Entwürfen von
Willy Fleckhaus und Rolf Staudt

Inhalt

Jerzy Jarzębski
Stanisław Lem
Rationalist und Sensualist

In der Periode bis zum »Polnischen Oktober« (1956) publiziert Lem drei Bücher aus dem SF-Genre (Science-fiction). Es handelt sich um die Romane *Gast im Weltraum, Die Astronauten* sowie den Sammelband *Sesam und andere Erzählungen.* Die beiden erstgenannten Titel erlangten großе Popularität und wurden mehrfach neu aufgelegt. Auf der Grundlage der *Astronauten* entstand das Drehbuch für den Film *Der schweigende Stern,* der die Filmkunst Polens und der DDR seinerzeit vor außerordentlich schwierige technische Probleme stellte.

Diese frühen Werke lassen stellenweise noch ernste handwerkliche Mängel erkennen, ganz abgesehen von einer gewissen Schablonenhaftigkeit im Gedanklichen, und es ist eigentlich paradox, daß ausgerechnet diese Titel zur Pflichtlektüre in den Schulen werden konnten. Besonders bei den *Astronauten* und *Sesam* fällt die Unentschlossenheit des Autors ins Auge. Soll man eher belehren und popularisieren oder aber phantastische Fabeln erzählen? – scheint Lem sich zu fragen. Der erste Teil der *Astronauten,* der die Vorbereitungen einer Expedition zur Venus beschreibt, ist unerträglich zähflüssig und steckt voller schulmeisterlicher Belehrungen; der mit der Lem eigenen Erzählkunst geschriebene zweite Teil hingegen *(Tagebuch eines Piloten)* versöhnt wieder etwas mit den Sünden des ersten. In einer nach den *Astronauten* erschienen Sammlung von Erzählungen finden sich zwar bereits die *Sterntagebücher des Ijon Tichy,* die humorvoll und mit erzählerischem Schwung geschrieben sind, aber auch den Leser abschreckende Traktätchen populärwissenschaftlicher Art wie in *Sesam.*

Aus diesen Schwierigkeiten zog Lem die Konsequenz: Die gelungensten Partien seiner Werke werden durch einen Narrator erzählt, der gleichzeitig Held der Geschichte ist und an der Handlung teil hat; der erzählerische Fluß kommt sofort ins Stocken, sowie hinter seinem Rücken der Autor selbst auftaucht. Dieser läßt sein narratorisches Alter ego sprechen und quält den Leser zu Tode mit Vorlesungen über die Funktionsprinzipien von Computern, die Konstruktion interplanetarischer Raketen etc. In *Gast im Weltraum* verzichtet Lem bereits auf die Einführung eines Narrators, der mit dem Autor identisch ist, und überträgt dessen Kompetenzen einem jungen Teilnehmer der kosmischen Expedition. Einem jungen – das ist sehr wichtig; der Pilot Smith aus den *Astronauten* ist ebenfalls noch ein Milchbart. Durch ein derartiges Medium also finden wir den ersten Zugang zu den Problemen der Welt der Zukunft; mit den unerfahrenen Augen des Helden erleben wir die Peripetien der ersten extrasolarischen Expedition. Das erlaubt, im Text eine Vielzahl zusätzlicher Informationen über die zivilisatorischen Wunder kommender Jahrhunderte unterzubringen, denn der junge Mann, der seine Geschichte erzählt, muß selbst noch sehr viel lernen, wozu ihm (gleichzeitig auch uns) seine Umgebung bereitwillig Gelegenheit gibt.[1]

Gast im Weltraum ist ein überaus geschickt und voller Spannung geschriebenes Buch – allerdings streift dieses schöne Schiff ein ums andere Mal Sandbänke. Das liegt daran, daß es nicht genügt, den Narrator, der ex cathedra spricht, zu beseitigen, denn wenn der erzählende Held selbst den Platz des Abc-Schützen einnimmt – bleibt dem Leser nichts anderes übrig, als sich neben ihn auf die Schulbank zu setzen. Der Mechanismus der Identifizierung des Adressaten mit dem Haupthelden wirkt unfehlbar, somit bleibt die grundlegende Relation: Belehrender – Belehrter unverändert. Weshalb widme ich gerade dieser Frage soviel Raum? Lem gibt ungeniert zu, daß die Schriftstellerei für ihn eine Tribüne ist, von der aus er bestimmte Thesen über die Gesellschaft der Zukunft, die Entwicklung der Wissenschaft, die philosophischen Implikationen des technologischen Fortschritts etc. verkündet, am allerwenigsten jedoch sind seine Visionen Beispiele für ein Puzzlespiel phantastischer Elemente. Die Bezeichnung »*science*-fiction« sollte nach Meinung Lems verpflichten. Das sind schöne Grundsätze, die für das gesamte Schaffen des Schriftstellers ihre Gültigkeit behalten werden; gleichzeitig kollidieren sie jedoch in dieser frühen Schaffensperiode ernsthaft mit dem künstlerischen Anspruch des Werks. Es geht darum, daß bestimmte Diagnosen die Zukunft der Welt betreffend hier als Axiome behandelt werden: Die gerechte Gesellschaftsordnung muß triumphieren, Wissenschaft und Technik müssen sich auf ein himmelstürmendes Niveau erheben, auch das Leben jedes »Erdenbürgers« wird eitel Freude und Wonne, und überall triumphiert allgemeine Güte und gegenseitige Liebe.

Hier ist es tatsächlich schon schwierig, zu unterscheiden, was an dieser Vision wirklich Lem zuzurechnen und was den gängigen literarischen Schemata der Epoche entnommen ist. Der damalige Lem – ein Rationalist und Szientist – glaubte vielleicht an die unbegrenzten Möglichkeiten des menschlichen Verstandes, aber er ließ ihn sich in unerträglich hochtrabenden Formeln offenbaren, von denen es in *Gast im Weltraum* auf Schritt und Tritt wimmelt. Es handelt sich – wenn man davon einmal absieht – um tief humanistische Ansichten, an denen jedoch eine gewisse Schwäche spürbar wird: und zwar, Lems Mensch fühlt sich etwas zu wohl in seiner Haut, er ist etwas zu selbstgefällig in seiner Menschlichkeit. Seine philosophischen Probleme werden oder sind bereits irgendwo gelöst, und damit haben seine Erfahrungen den Charakter der Verifizierung fertiger Hypothesen, die sich dann – tatsächlich – nach kurzer Zeit seltsam leicht in Gestalt von glatten Sentenzen zeigen.

Dieser etwas zu ideale Mensch aus einem unglücklichen Utopia geht wohl dem Autor selbst ein wenig auf die Nerven, der mehrmals – gleichsam im Widerspruch zu sich selbst – daran erinnert, daß die menschliche Seele etwas Integrales ist, in das man nicht eingreifen dürfe[2], daß menschliche Schwächen und Bösartigkeit nichts sind, was man einfach außer acht lassen oder aus seinem Menschenbild streichen könne.[3] Das Bild eines irdischen Paradieses kehrt bei Lem noch zweimal wieder – allerdings in bezeichnender Weise negativ gefärbt: in *Transfer* verdankt die Zivilisation ihre Blüte dem Eingriff der »Betrisierung«, dessen Vollziehung an allen Kindern obligatorisch ist. Dieser Eingriff bewirkt das Erlöschen aller aggressiven Triebe, aber – was damit einhergeht – auch den Verlust der Fähigkeit, ein Risiko auf sich zu nehmen. Die Menschen dieses Utopia verzichten ohne Bedauern auf die Eroberung des Kosmos. Im Zerrspiegel kehrt dieses Motiv noch einmal wieder in der späten Erzählung *Der futurologische Kongreß*. Dort ist das Paradies nur noch ein pharmakologisch hervorgerufenes allgemeines Trugbild, das die schrecklichen Existenzbedingungen einer viele Milliarden zählenden Bevölkerungsmasse gegen Ende des XXI. Jahrhunderts verbergen soll.

9

Dies ist nicht das letzte Motiv aus dem frühen Schaffen Lems, das später in polemischer Weise wiederaufgenommen wird. Es scheint, daß die Hauptschwäche der *Astronauten* oder des *Gast im Weltraum* eher philosophischer Natur ist. Der junge Lem huldigt positivistischen Idealen, glaubt an die Entwicklung der Wissenschaft, die nach und nach mit jedem Problem fertig werden müsse, er glaubt schließlich daran, daß eine aufgeklärte und rational denkende Gesellschaft sich automatisch aller inneren Widersprüche entledigen werde. Obwohl es vielleicht eher die vorgeschriebene Konvention (der Sozrealismus) ist, die »in dieser Weise für ihn denkt«. Es ist wohl kein Zufall, daß eines der ersten Bücher, das Lem nach dem Polnischen Oktober zitiert, die *Aufzeichnungen aus dem Untergrund* von Dostojevskij sind.[4] Summa summarum können wir feststellen, daß es Lem in seinen frühen Werken trotz aller Anstrengungen nicht vermag, die Erde zu verlassen, daß es ihm nicht gelingt, seine Helden mit wirklich neuen Erfahrungen zu konfrontieren, die geeignet sind, ihre festgefügte Weltanschauung und ihre ethischen Normen zu erschüttern. Die blutdürstigen Venusbewohner aus den *Astronauten,* die eine Invasion der Erde vorbereiten, sind nur eine Projektion von Menschen; wie Menschen reagieren auch die geheimnisvollen Bewohner des Weißen Planeten in *Gast im Weltraum* – wofür sich der Autor nebenbei bemerkt durch den Mund des Gelehrten Goobar entschuldigt.[5] Im Endeffekt »genügen« den ersten kosmischen Wanderern Lems immer die sich in ihrem Besitz befindlichen Ideale, um die Phänomene, auf die sie unterwegs stoßen, eindeutig zu interpretieren und einzuschätzen; mit ihrem eigenen irdischen Maßstab reisen sie zu den Sternen, diese aber lassen sich bereitwillig mit diesem Maß messen.

Lem ist ein viel zu intelligenter Schriftsteller, um sich der Gefahren dieser Sachlage nicht bewußt zu sein. Parallel zu den ersten Romanen schreibt er Erzählungen aus dem Zyklus *Sterntagebücher* (einige von ihnen sind im *Sesam* enthalten). Die *Sterntagebücher* zeichnen sich vor dem Hintergrund durchschnittlicher Science-fiction durch Originalität aus – es ist der erste Versuch bei Lem, das Mittel der literarischen Stilisierung zu Hilfe zu nehmen. Auf deren Quellen weist der Autor übrigens selbst von Anfang an hin, wenn er den Helden und Narrator der Erzählungen, Ijon Tichy, vorstellt:

»Der berühmte Sternumkreiser, der Kapitän auf großer galaktischer Fahrt, der Jäger von Meteoren und Kometen, der mit nimmermüdem Forschergeist dreiundachtzigtausendunddrei Gestirne entdeckte, Doktor honoris causa der Universitäten beider Bären, Mitglied der Vereinigung zum Schutze kleiner Planeten sowie vieler anderer Gesellschaften, Ritter ungezählter Milch- und Nebelorden, wird dem Leser auf den vorliegenden Tagebuchblättern in seiner ganzen Größe als Persönlichkeit gegenübertreten, die solch unerschrockenen Männern vergangener Zeiten wie Karl Friedrich Hieronymus Freiherr von Münchhausen, Paweł Masłobojnikow, Lemuel Gulliver oder Maître Alkofrybas würdig an die Seite gestellt werden kann.«[6]

Hier haben wir die Quellen der Stilisierung vor uns und auch eine Probe eben dieses Stils. Lem verfügt über ein geradezu unerhörtes Sprachgefühl, dem es zu verdanken ist, daß die *Sterntagebücher* zu einer Orgie der verschiedenartigsten Parodien wurden. Eingeflochten in die Geschichte des legendären Lügners und Phantasten erscheinen Proben des aufgeblasenen Stils wissenschaftlicher Dissertationen, politischer Reden (Forum der Organisation der Vereinigten Planeten), der Baedeker und Enzyklopädien (Beschreibung des Planeten Enteropia[7]), touristischer Prospekte etc. Parodiert wird nicht nur die Sprache, sondern auch bestimmte Denkweisen. Das dient einer kapitalen politischen Satire (Die Beschreibung von Pinta und Panta und des traurigen Schicksals der Indioten) sowie der Verspottung jener Art von wissenschaftlicher oder humanistischer Reflexion, die – rettungslos in Geo- und Anthropozentrismus verstrickt – das Universum den auf der Erde entstandenen Denkschablonen anpaßt (Das Abitur bei den Andrygonen[8]).

Natürlich, wie es sich für eine echte Parabel gehört, läuft jede der Reisen Ijon Tichys in der grotesken kosmischen Staffage auf eine Betrachtung irdischer und zeitgenössischer Probleme hinaus. Aber es handelt sich dabei nicht lediglich um die Neuauflage eines auf Voltaire zurückgehenden Kunstgriffes; die Kombination parodistischer Spiegelbilder ist weitaus komplizierter. Lem nimmt seinen Ausgang von der Ebene der wissenschaftlichen Phantastik, um dann die Phantastik sozusagen ins Quadrat zu erheben durch die Person des Narrators, der seinerseits ein Münchhausen ist. Hier lohnt es sich jedoch, festzuhalten, wie verschiedenartig diese beiden Ebenen der Phantastik sind: Science-fiction – zumindest die diese Bezeichnung verdienende Spielart der Phantastik – soll eine approximative Diagnose der weiteren Entwicklung der Welt liefern, sie möchte nach Möglichkeit ohne gravierenden Fehler in die Zukunft sehen, und – so erstaunlich es ist – manchmal gelingt ihr das. Die Phantastik nach Art von Bürger ist – im Gegensatz dazu – in erster Linie vergnügliche Unterhaltung. Erstere behauptet: das, was ich sage, kann sich wirklich ereignen; letztere läßt uns glauben, daß eine gut zusammengelogene Geschichte schöner ist als die langweilige Wahrheit. Was aber macht wiederum der bescheidene Sucher Utopias, Gulliver, neben dem wackeren Lügenbaron? Eine Allegorie neben einem phantastischen Märchen – das ist keine ganz gewöhnliche Nachbarschaft. Die *Sterntagebücher* greifen wohl nicht zufällig ein ums andere Mal das Motiv der falschen Welt auf, die verlogen ist durch ihre Sprache, ihre Ideologie, durch eine ebenso enge wie apodiktische wissenschaftliche Theorie. Literatur als eine Auftürmung von Lügen, die – paradoxerweise – manchmal den Weg zur Wahrheit weisen können – das ist das Bild, das hinter den grotesken Abenteuern des »berühmten Sternenumkreisers« allenthalben hervorschimmert. Das klingt nach einer Wiedergutmachung für den mentorhaften Ton der ersten Romane; und obwohl es vielleicht übertrieben wäre, die *Sterntagebücher* als Autopamphlet anzusehen, so treten sie jedoch gerade dadurch, daß sie den literarischen Charakter und die Relativität des Beschriebenen bewußt machen, in eine verborgene Polemik zum pathetischen *Gast im Weltraum* und den *Astronauten*.

In den neueren Werken nach 1956 treten die tatsächlichen Grundlagen in Lems Schaffen immer deutlicher hervor. In einer langen Serie von Romanen und Erzählungen präsentiert der Autor Tragödien und Probleme des Individuums, das die Welt erkennen will. In der radikalen Abkehr vom Beweisen aufgestellter Thesen liegt auch der Grund, daß jedes seiner neuen Bücher eher eine bestimmte schwierige Frage stellt, als daß es sie beantwortet – daher scheint den meisten seiner Werke auch »die Lösung zu fehlen«, was die Kritik bisweilen naiv vermerkte (z. B. im Falle der *Untersuchung*). Der Prolog zu dieser reifen Etappe des Schaffens sind die *Dialoge,* wo im Rahmen eines philosophischen Disputs zwischen den von George Berkeley erdachten Figuren Hylas und Philonous prinzipielle Probleme der zeitgenössischen Kultur erörtert werden.

Die *Dialoge* entsprangen der Faszination über die Möglichkeiten der Kybernetik; sie entstanden um die Mitte der fünfziger Jahre und tragen deutlich den Stempel ihrer Zeit. Die Kybernetik erscheint in den *Dialogen* noch bis zu einem gewissen Grade als magischer Schlüssel, der alle Türen öffnet. Lem beschäftigt sich vom kybernetischen Standpunkt her vor allem mit dem Problem des menschlichen Bewußtseins, mit den Möglichkeiten, ein mathematisch genaues Abbild des Menschen zu schaffen, das die Produktion einer »Kopie« erlaubt (ein Gedanke, der bereits einige Male in der Literatur verwendet wurde), mit dem Problem des freien Willens und der Übertragung der Funktion des menschlichen Gehirns auf eine Maschine (künstliche Unsterblichkeit), schließlich – was sehr interessant ist – untersucht er die Soziologie in einem kybernetischen Modell und schaltet sich damit scharfsinnig und originell in die nach dem Polnischen Oktober einsetzende Diskussion über bestimmte Mängel der sozialistischen Ordnung ein.

Lem untersucht die Gesellschaft als System von Elementen, zwischen denen Informationsströme verlaufen. Dieses System wird von schweren krankhaften Störungen geschüttelt, wenn der Informationsfluß auf Hindernisse stößt oder absichtlich blockiert wird. Da im modernen Staat das Gros der Informationen in einer ethnischen Sprache kodiert ist, bestimmt der Zustand dieser Sprache in erheblichem Maße die Funktionsfähigkeit des gesamten Gesellschaftssystems. Das ist ein erstes schwerwiegendes Problem, das weiterer literarischer Bearbeitung bedarf. Aus ihm ergibt sich das nächste Problem: die Frage nach den Möglichkeiten und Bedingungen der Kommunikation zwischen Individuen, die sich eines unterschiedlichen Begriffs- und – damit verbunden – Sprachapparats bedienen und – darüber hinaus gehend – die Frage nach den Möglichkeiten des Kontakts zwischen zwei prinzipiell verschiedenen Kulturen. Und schließlich das universellste dieser Probleme: die Frage nach den Möglichkeiten menschlicher Erkenntnis. Hier geht es im Grunde um das fundamentalste philosophische

Problem, nämlich, ob die Objektivität unserer wertenden Urteile garantiert werden kann, um das Problem, in welcher Weise die Bewußtseinsschichten des Individuums miteinander verbunden sind – und um all das, was *außerhalb* dieses Bewußtseins existiert; weiterhin um den Grad der Deformation, der in unser Weltbild Eingang findet, dadurch, daß wir uns einer Sprache und eines Systems von Begriffen bedienen, die innerhalb einer bestimmten Kultur geschaffen worden sind. Somit ist auch der »Berkeley-Stil« der *Dialoge* nicht weiter erstaunlich.

Wie man sieht, berühren alle diese Fragestellungen direkt oder indirekt das Problem der Sprache. Wir wollen das weitere Schaffen Lems vor allem als Versuch betrachten, gerade diese Probleme zu bewältigen, obwohl der Gehalt seiner Arbeiten natürlich nicht auf sie beschränkt bleibt.

Die Kritik unterscheidet in Lems Werk gewöhnlich die »seriöse« Phantastik von der stilisierend-grotesken Richtung. Dazu kommen noch: die Essayistik und die ihr eng benachbarten fiktiven »Rezensionen« nicht existierender Bücher *(Die vollkommene Leere)* sowie das autobiographische *Hohe Schloß*. Obwohl sich diese Richtungen formal stark voneinander unterscheiden, so greifen sie im Grunde doch die gleichen Probleme auf, die lediglich in sehr verschiedene Gewänder gekleidet sind.

1959 erscheinen die Romane *Eden* und *Die Untersuchung* sowie die Sammlung von Erzählungen *Invasion vom Aldebaran*. *Eden* ist ein recht typischer SF-Roman, der die Abenteuer einer irdischen Expedition auf einen fremden Planeten beschreibt. Die Astronauten treffen dort eine auf ziemlich hohem Niveau stehende Zivilisation an, die sich jedoch auf originelle Weise entwickelt hat, indem sie die Vervollkommnung der Produktionsmittel durch die Steuerung der Bioevolution ersetzt hat. So sind »lebendige« Fabriken entstanden und schließlich Projekte mit dem Ziel, die Bevölkerung von Eden durch eine Generation von Mutanten zu ersetzen, die ihre Gestalt entsprechend den Prinzipien der Herrscher des Planeten erhalten haben. Was passiert jedoch, als das Experiment mißlungen ist: nach den mißlungenen Fabriken ist die Reihe an die fehlerhaften Edenbewohner gekommen, eine anonyme Zentralisierung hat ihren Tod beschlossen.

Das Problem der Steuerung der Bioevolution hat Lem tatsächlich begeistert – er hat ihm übrigens in der fünf Jahre danach erschienen *Summa technologiae* viele Seiten gewidmet. In *Eden* hat er eine andere Frage in den Mittelpunkt gestellt: Hier wird der Planet durch Individuen regiert, die völlig verborgen oder inkognito bleiben. Die Praxis des Regierens stützt sich auf eine gekonnte Steuerung der Information, die entweder verzerrt oder blockiert wird. Bestimmte Formulierungen werden einfach aus der Sprache gestrichen, sie dürfen unter keinen Umständen benutzt werden. Daher gelten auch die erbarmungslos auszurottenden »mißlungenen« Mutanten in der Gesellschaft als »Kranke«; die gigantische Pfuscharbeit der Genetiker jedoch bleibt im dunkeln.

Auf bestimmte naive und unwahrscheinliche Elemente innerhalb des Romans soll hier nicht eingegangen werden, denn es ist ganz offensichtlich, daß es dem Schriftsteller bei dieser Dichtung nicht um maximale Plausibilität zu tun war. *Eden* ist die Exemplifizierung bestimmter soziologischer Thesen aus den *Dialogen*: Der Roman weist auf die gesellschaftlichen Folgen hin, die entstehen, wenn Informationen blockiert werden. Der machiavellistische Herrscher (oder *die* Herrscher?) von Eden kann die Gesellschaft straflos manipulieren dank seiner Kontrolle über die Kommunikationskanäle – dieses bedrohliche Memento adressiert Lem an die Bewohner der Erde. Aber das ist noch nicht alles: Die Astronauten erwägen das Projekt einer Befreiung des Planeten durch Anwendung von Gewalt – und verwerfen es letzten Endes, um in aller Ruhe den Rückflug anzutreten.

»Anfangs könnten wir ja selbst . . .«

»Diese Obrigkeit zerstören, ja? Mit anderen Worten, sie mit Gewalt befreien?«

»Wenn es kein anderes Mittel gibt.«

»Einmal sind sie keine Menschen, auf jeden Fall nicht Menschen wie wir. Du darfst nicht vergessen, daß du letztlich immer mit dem Kalkulator sprichst und daß du den Doppelt[9] nur so weit verstehst, wie ihn der Kalkulator begreift. Zum andern, es hat ihnen niemand das, was ist, aufgezwungen. Zumindest niemand aus dem Kosmos. Sie selbst . . .«

»Wenn du so argumentierst, drückst du dein Einverständnis mit allem aus. Mit allem!« rief der Ingenieur.

»Und wie möchtest du, daß ich argumentiere? Ist denn die Bevölkerung dieses Planeten ein Kind, das in eine Sackgasse geraten ist, aus der man es an der Hand herausführen kann? Wäre das so einfach, du lieber Gott! Die Befreiung begänne damit, Henryk, daß wir töten müßten, und je verbissener der Kampf wäre, desto geringer wäre die Vernunft mit der wir handelten. Schließlich würden wir nur noch töten, um uns die Rückkehr oder einen Weg zum Gegenangriff offenzuhalten, und würden alle umbringen, die sich dem Beschützer in den Weg stellten. Du weißt sehr gut, wie leicht das ist!«[10]

Die kosmischen Wanderer aus den *Astronauten* kamen mit einem fertigen irdischen Schema auf die Venus, um die dort vorgefundene Wirklichkeit zu klassifizieren; in *Eden* sind die Gäste des Planeten ihrer Ratio schon nicht mehr so absolut sicher. Im zwei Jahre später erschienen *Transfer* treffen die Astronauten, die von einer langjährigen Weltraumexpedition auf die Erde zurückkehren, infolge des Einsteinschen Zeitparadoxes die irdische Zivilisation in einer weit entfernten Zukunft an und vermögen es nicht mehr, sich mit ihr zu identifizieren. Sie sind in der Situation von Ankömmlingen auf einem fremden Stern. Die von allen aggressiven Trieben kastrierte Menschheit erscheint ihnen (dem Autor gelingt es, diesen Eindruck auch dem Leser aufzudrängen) als etwas Entsetzliches. Der Held, Hal Bregg, akzeptiert jedoch letzten Endes diese neue Ordnung, auch wenn es ihn hart ankommt.

Ähnlich ist es in *Der Unbesiegbare,* wo das Produkt einer »nicht organischen Evolution« von Mechanismen, eine schwarze Wolke, die aus Myriaden von winzigen Robotern besteht, einer Expedition von der Erde schwere Verluste zufügt. Verschiedene Varianten von Vergeltungsmaßnahmen werden erörtert, schließlich kommen die Menschen jedoch zur Besinnung, erkennen das Lebensrecht der Einwohner des Planeten an und begeben sich auf den Rückflug.

Wie Maciej Szybist[11] mit Recht bemerkt hat, beginnt der Mensch bei Lem die ihm fremde Welt in dem Moment zu akzeptieren, wo er ein ästhetisches Erlebnis hat. Den zurückfliegenden Kosmonauten kommt der Planet Eden wunderschön vor, Rohan aus dem *Unbesiegbaren* findet die Schönheit im schaurigen Königreich der schwarzen Insekten, auch Hal Bregg braucht den Moment der ästhetischen Ekstase in einer

Gebirgslandschaft, um sich wieder als Erdbewohner zu fühlen. Wenn wir hinzufügen, daß auch der Held aus *Solaris,* Chris Kelvin, erst nach Augenblicken einsamer Betrachtung des ungewöhnlichen Schauspiels, das der Solarische Ozean bietet, fähig ist, inneren Frieden zu finden und die »grausamen Wunder« zu akzeptieren, die auf dem Planeten vor sich gehen, so wird klar, daß dem ästhetischen Erlebnis bei Lem eine Schlüsselposition zukommt.

Vielleicht – da es nun mal keine Möglichkeit gibt, Kontakte zu den »Anderen« anzuknüpfen oder das Wesen ihrer Welt zu fassen – ist das ästhetische Erlebnis die einzige uns zugängliche Form, um unsere Erfahrungen zu einem Ganzen zusammenzufügen. Das Schöne als Einheit in der Vielfalt – diese klassische Definition trifft wohl den Kern der Sache. Denn wenn uns schon der *Sinn* der fremden Welt verborgen bleibt, so haben wir doch zumindest Zugang zu den Gefühlsregungen, die aus dem Erleben dieser Welt als einem bestimmten Ganzen resultieren – und das, obwohl sie ihre raison d'être vor uns verbirgt?

Die seit 1959 von Lem publizierten Arbeiten »seriöser« Richtung stellen ihre Helden in der Regel vor Phänomene, die ihr Begriffsvermögen überschreiten und den Kriterien menschlicher Moral hohnsprechen. Die *Untersuchung,* ein origineller »Antikrimi«, dessen Handlung an realen Schauplätzen des heutigen England angesiedelt ist, stellt einen Polizeiinspektor vor das unlösbare Rätsel von Leichen, die unter merkwürdigen Umständen aus Leichenhallen verschwinden. Der Inspektor führt die Untersuchung nach klassischem Muster durch; der Autor setzt hier sämtliche Mittel des konventionellen Kriminalromans ein. Zunächst gibt es also Gerüchte über ungewöhnliche Ereignisse, dann einen Lokaltermin, Verhöre, eine Reihe von Hypothesen und Versuche, den Fall zu lösen, die alle in einer Sackgasse enden. Während wir jedoch in einem normalen »Krimi« den Triumph des Intellekts beobachten, der aus unklaren Annahmen und Indizien ein sinnvolles und verständliches Ganzes formt – führen die Nachforschungen hier unweigerlich auf Irrwege; schließlich kompromittiert sich ein ums andere Mal die Logik des Gedankengangs der Untersuchung und weist darauf hin, wie leicht sich der menschliche Verstand durch bloße Zufälle narren läßt.

Welche »Lösung« schlägt uns der Autor schließlich vor? Ein

exzentrischer Fachmann für mathematische Statistik stellt eine Serie notwendiger Parameter für das Auftreten des Phänomens auf (nota bene bei ihrer Auswahl brilliert Lem mit schwarzem Humor, indem er einen ganzen Katalog typischer Requisiten des Hintertreppenromans liefert), untersucht die Häufigkeit und geographische Ausdehnung der ungewöhnlichen Fälle und verkündet sodann, wo und wann die nächsten Leichen »auferstehen« werden und daß damit das Ende der Serie erreicht sein wird. So geschieht es dann auch. Ist das alles? – fragt der verdrossene Leser. Ebenso enttäuscht ist der Inspektor, der sich aus einem Wunsch heraus, eine Erklärung der Ursachen und Ziele des Phänomens zu finden, zu offensichtlich absurden Mutmaßungen versteigt. Außer einem mathematischen Modell der Serie von Fakten liefert der Autor jedoch nichts; mehr noch – er scheint sich über die einfältige Neigung der Menschen lustig zu machen, jedes Ereignis mit Hilfe von Symbolen erklären zu wollen, die innerhalb einer gegebenen Kultur verständlich sind. »Verbrechen, Wahnsinn oder ein makabrer Scherz« – diese Gedanken gehen dem Inspektor als zulässige Varianten einer Lösung des Rätsels durch den Kopf. Vielleicht handelt es sich aber einfach um etwas, was wir nicht erklären können, wenngleich wir es in Form eines abstrakten Modells darstellen können? – suggeriert Lem. Vielleicht werden wir immer häufiger auf derartige »kybernetische black boxes« stoßen, deren Konstruktionsprinzip uns nicht bekannt ist, wenngleich wir ihren »Output« mit Sicherheit vorhersehen können.

In der Erzählung »Die Invasion« aus dem Band *Invasion vom Aldebaran«* (deutsche Ausgabe: *Nacht und Schimmel*) fallen Sporen geheimnisvoller kosmischer »Pflanzen« auf die Erde herab. Hier sind die Wissenschaftler in der Lage, den gesamten Entwicklungsprozeß und die notwendigen Bedingungen für das Entstehen merkwürdiger birnenähnlicher Gebilde genau zu erforschen. Als die Öffentlichkeit jedoch über die *Ziele* dieser kosmischen Invasion aufgeklärt werden will – sind sie ratlos. Gewöhnt daran, die Ereignisse in unserer Menschenwelt von ihrem Telos her zu erfassen und immer und überall nach der bewußten Intention zu suchen, werden wir uns mit derartigen Phänomenen abzufinden haben, bei denen eine solche Interpretation Schwierigkeiten von der gleichen Art hervorruft wie etwa die Fragen nach dem »Sinn der Welt«, dem »Sinn des Lebens« etc.

Der 1961 publizierte Roman *Solaris,* eine der hervorragendsten schriftstellerischen Leistungen Lems, konfrontiert seine Helden mit noch weitaus ernsteren Problemen. Die Besatzung einer Forschungsstation, die über dem Planeten Solaris schwebt, versucht mit dem einzigen lebendigen Bewohner dieses Globus Kontakt aufzunehmen, der aus einem riesigen plasmaähnlichen »Ozean« besteht. Dieses merkwürdige Gebilde, das biologische Aktivitäten an den Tag legt, ist jedoch derart verschieden von den Menschen, daß die Geschichte der in regelmäßiger Folge unternommenen Verständigungsversuche eher zu einem Tagebuch der Mißerfolge wird. Auf der Station tauchen geheimnisvolle »F-Gebilde« auf, die eine Materialisierung irdischer Wesen sind und in der Vergangenheit einmal mit wichtigen, häufiger jedoch blamablen Erlebnissen der Besatzungsmitglieder in Zusammenhang standen. Der »Ozean« durchdringt mit seinem Röntgenblick die Gehirne der Abgesandten von der Erde und entnimmt ihnen gleichsam die Konstruktionspläne der Wesen, die bis jetzt in den unterbewußten Gedächtnis-Zysten eingekapselt waren. Die Arbeit der Station kommt fast zum Erliegen; jeder der Forscher zieht die Einsamkeit vor, um mit seinem Schamkomplex fertig zu werden, der sich plötzlich in seiner ganzen fühlbaren Schamlosigkeit gezeigt hat. Wer führt hier also an wem Experimente durch? Welches Ziel hat die Entstehung der »F-Gebilde«? Darauf erhalten die Forscher keine Antwort. Aber wie soll man sich eigentlich eine Verständigung vorstellen zwischen sozialen Wesen, die ihre geistige und materielle Kultur gegenüber den Individuen als *äußere* schaffen, Wesen, die beim Aufeinandertreffen von »ich« und »die Anderen«, »ich« und »die Welt« in zahllose Konflikte verwickelt werden – und einem Giganten, der weder Mehrzahl noch Pronomen und (wohl?) auch keine menschlichen Sinne hat. Im Grunde wurde der Kontakt auf die einzig mögliche Weise angeknüpft, das heißt durch unmittelbaren Einblick in die Psyche des Partners, aber die Resultate erwiesen sich für die Menschen als nutzlos: statt Einblick in die »Seele des Ozeans« zu gewinnen, haben sie nur ihr eigenes Spiegelbild erblickt.

Die Grausamkeit der auf Solaris stattfindenden Experimente

an Menschen beruht des weiteren auf der mitleidlosen Enthüllung einer feststehenden Wahrheit. Denn in der Psyche der Besatzung hat der Ozean das gesucht, was das wichtigste ist, das am stärksten abgeschirmte, was in gewisser Weise die Persönlichkeit des Individuums ausmacht. Und hier erwies sich ohne Ausnahme, daß dieser »Kern der Seele« aus Erinnerungen an subjektive Erlebnisse besteht, sehr persönliche, peinliche Erlebnisse, die die Menschen sich auch untereinander nicht mitteilen. Also nicht etwa die Reise zu den Sternen und der Kontakt mit den »Anderen«, sondern eine banale, wenn auch tragische Geschichte vom Tod eines Mädchens formt Chris Kelvins Seele. Als Kollektiv wagen wir uns an Taten von titanischen Ausmaßen heran, aber diese Taten bleiben gleichsam außerhalb von uns; mit uns allein gelassen, können wir nicht mit der inneren Zerrissenheit fertig werden, die eine Folge unserer sozialen Kontakte ist.

Und worauf beruhen diese Kontakte? Etwa nicht darauf, daß der Inhalt unserer Seele gefiltert wird? Zuallererst die im Unterbewußtsein verschlossenen Residuen, dann das, was bewußt ist, aber ganz persönliches keinesfalls für die Öffentlichkeit bestimmtes Eigentum ist; und schließlich jener kleine Teil unserer Erlebnisse und Gedanken, dem wir erlauben, sich in symbolische Gestalt zu kleiden – eine sprachliche oder eine andere –, um uns nach außen hin zu repräsentieren, sich an der Schaffung der Kultur zu beteiligen. Dringt jedoch unvorhergesehen etwas aus den tieferen Schichten unseres Bewußtseins nach außen, so ruft das jedesmal einen Schock hervor; andererseits kann jede symbolische Expression, die wir durch Vermittlung eines anderen Menschen rezipieren, ein Spiegel sein, indem wir uns betrachten, vielleicht auch eine Form, in die sich unsere innere Gestaltlosigkeit ergießt.

Und wie soll da noch ein Dialog mit dem Ozean möglich sein, wo doch die ganze kunstvolle Konstruktion, auf die sich unser »Ich« stützt, voll und ganz durchschaut und mit einem Schlage zerstört worden ist? Wäre der Ozean denn überhaupt in der Lage, ein Gefühl des eigenen »Ichs« hervorzubringen? Lem bemüht sich nicht um eine Lösung, denn schließlich geht es hier nicht darum, Märchengestalten zu ersinnen und mit ihnen zu plaudern. Wir können den solarischen Ozean als Metapher für die Welt, vielleicht für Gott ansehen – das würde nichts ändern, denn nicht der Ozean, sondern der Mensch wurde in *Solaris* einer Prüfung unterzogen: sein Intellekt, seine Moral, seine Liebe schließlich – diese ungewöhnliche, aber so menschliche Liebe –; denn wir wissen in Wirklichkeit ja niemals, ob wir die andere Person oder nur ihr Abbild in unserem Gedächtnis lieben. Chris und Harey wiederholen auf den Seiten des Buches das Schema einer romantischen Liebe über den Tod hinaus; ein wenig Mickiewicz, ein wenig Poe. Sie weisen nach, daß das kulturelle Ideal des Gefühls von höherem Wert ist als das der nüchternen Vernunft: Die »künstliche« Harey siegt »mit Lupe und Auge«.*

Im vorläufig letzten Roman Lems, *Die Stimme des Herrn* aus dem Jahre 1968, wurde das Problem der Möglichkeit einer Verständigung mit den »Anderen« isoliert behandelt und beinahe in der Form eines philosophischen Diskurses erörtert. *Die Stimme des Herrn* ist das fiktive Tagebuch eines amerikanischen Mathematikers, der an einem Projekt zur Erforschung seltsamer Signale teilnimmt, die aus dem Kosmos aufgefangen werden. Dieser Vorgang spielt sich unter strikter Geheimhaltung ab, auf einem Truppenübungsplatz in der Wüste und unter ständiger Kontrolle durch die militärische Führung. Das Buch bietet im Grunde keine sensationelle Handlung, alle Enthüllungen, mit denen die Aufmerksamkeit des Lesers gefesselt wird, sind eher intellektueller Natur und geben dem Werk den Charakter einer philosophischen Abhandlung. Es ist eine Abhandlung über die Unmöglichkeit wirklicher Kommunikation: zwischen Zivilisationen, zwischen Gesellschaften, zwischen Menschen. Die enormen Anstrengungen, die die Wissenschaftler unternehmen, um den Code der »kosmischen Botschaft« zu dechiffrieren, sowie die auseinanderstrebenden, aber gleichermaßen unbeweisbaren Hypothesen überlagern die Differenzen innerhalb des Forschungsteams. Die vertrau-

---

* Anmerkung der Übersetzer:
Die Metapher »Lupe und Auge« ist einem Gedicht von Mickiewicz entnommen. Sie symbolisiert im pointierten Gegensatz zum romantischen ein rationalistisch bestimmtes Weltbild. »Auge« steht für die Beobachtung von Vorgängen, »Lupe« für ihre genaue Untersuchung. Bei Mickiewicz heißt es:
  »Gefühl und Glaube spricht stärker zu mir
  als Lupe und Auge des Weisen.«

lichen Enthüllungen Professor Hogarths, der mit einer Analyse der eigenen Seele beginnt und in ihr irrationale, geradezu diabolische Züge entdeckt, danach beiläufig seine Theorie über das menschliche Gehirn als Regelungssystem darlegt, welches den Kompliziertheitsgrad in Richtung auf Indeterminismus und Störung des Gleichgewichts überschreitet – all das führt den Leser zur abschließenden These von der fundamentalen Nicht-Kommunizierbarkeit innerer Zustände des Menschen, von der Einsamkeit des Individuums, das sich selbst mit den ihm am nächsten Stehenden nicht verständigen kann:

»Niemals konnte ich die zwischenmenschliche Distanz überwinden. Das Tier ist mit allen Sinnen an sein Hier und Jetzt gebunden, der Mensch dagegen vermag sich davon loszureißen, sich zu erinnern, mit anderen zu fühlen, sich ihre Zustände und Gefühle vorzustellen – was glücklicherweise nicht der Wahrheit entspricht. In solchen Versuchen einer ›Pseudoinkarnation‹ und ›Selbstübertragung‹ vermögen wir lediglich uns selbst vage und verschwommen vorzustellen.«[12]

Ein vom Autor ausschließlich den Problemen der Erkenntnis und der Kommunikation gewidmetes Buch erschien bereits 1961 unter dem Titel *Memoiren, gefunden in der Badewanne.* Man könnte eine Anthologie aus dem primitiven Interpretationsversuchen über dieses Buch zusammenstellen. Es ist nicht von der Hand zu weisen – die *Memoiren,* mit ihrer Aura des grotesken, schwarzen Humors, das ihre satirische Absicht nur scheinbar an einen bestimmten Adressaten richtet, konnten schon manchen zu Fehlschlüssen verleiten. Im Vorwort »aus dem 32. Jahrhundert« (in der deutschen Ausgabe nicht enthalten) erfahren wir, daß die *Memoiren* ein wertvoller Fund sind, der in den Ruinen des Dritten Pentagons entdeckt wurde – des einstmals letzten Zufluchtsortes für das Verteidigungsministerium und die CIA der dem Untergang entgegengehenden Vereinigten Staaten. Abgeschnitten von der bewohnten Welt in den Rocky Mountains degeneriert das »Gebäude« zu einer hermetisch »abgeschlossenen« Institution, die ihre Aktivitäten in unaufhörlichen internen Umbesetzungen erschöpft, die übrigens einzig aus einem Austausch der Rollen unter den Mitgliedern des Personals bestehen, während die Grundstruktur des »Gebäudes«, die das System der Masken und der Funktionen bedingt, unverändert bleibt.

Die endlosen Gänge des »Gebäudes« durchwandert ein neu eingestellter Mitarbeiter – der Narrator der Erzählung –, der sich in gutem Glauben darum bemüht, zum »Wesen« des Gebäudes, zum Sinn seiner »Mission« vorzudringen, die von Beginn an von einem Geheimnis umgeben ist. Der Roman basiert auf dem Prinzip des Alptraums: Immer wieder blitzt ein Hoffnungsschimmer auf, daß der Held auf den Kern der Sache gestoßen ist, auf das »Authentische« – indessen erweist sich fortwährend, daß es sich wieder um das nächste »Experiment«, eine »Provokation«, ein abgekartetes Spiel handelt. Allmählich gelangen wir zur Überzeugung, daß die *Wahrheit* über das »Gebäude« nicht existiert, oder wohl eher, daß die »Wahrheit« einzig in seiner Existenz besteht – und in nichts sonst.

Natürlich steht es außer Frage, daß das Gattungsschema einer ephemeren, politischen Satire für derartige Inhalte nicht tragfähig genug sein konnte. Der Autor zwinkert wissend dem Leser zu und suggeriert ihm, daß angeblich »die Gnostoren der Hyberiade die ersten elf Seiten für ein Apokryph der Zukunft halten«.[13] Eben diese Länge hat das Vorwort – die Adresse. In einer Welt des allumfassenden Geheimdienstes und der totalen Camouflage muß auch der Text der *Memoiren* eine Chiffre sein – dazu eine vielschichtige, so wie im Falle des Fragmentes »Romeo und Julia«, das durch eine spezielle Maschine »decodiert« werden konnte in der Weise, daß es in der obersten Schicht die aggressiven Gefühle Shakespeares gegen einen gewissen Mathews enthüllte, und – tiefergehend – ein wollüstiges Gestammel (bei dieser Gelgenheit versäumte es Lem nicht, eine glänzende Persiflage auf die Auswüchse der Psychoanalyse zu verfassen!).

Die *Memoiren* dürften also nur oberflächlich eine Persiflage auf die bürokratische Maschinerie moderner Geheimdienste sein, etwas tiefergehend sind sie wohl eine Allegorie über das Schicksal des Individuums in einer Gesellschaft mit unterbrochenem Informationsfluß (hier verweist der Text unmittelbar auf die publizistischen Thesen der *Dialoge*), am Ende jedoch entdecken wir, daß sie eigentlich die Tragödie der menschlichen Erkenntnis beschreibt. Der Mensch, der nach Wissen über die Welt dürstet, fragt im Grunde dasselbe wie der zu Tode gehetzte Held der *Memoiren,* er fragt nach dem *Sinn,* dem *Wesen,* dem *Telos* der ihn umgebenden Realität, er fragt nach der Ratio der eigenen Existenz. Auch die Antworten gleichen sich: Alles ist oder könnte eine Chiffre, Maske, Camouflage sein. Diese Situation hat Cassirer nüchtern so bewertet:

»Der Mensch vermag sich schon nicht mehr unmittelbar mit der Realität zu konfrontieren. Er kann sich ihr sozusagen nicht von Angesicht zu Angesicht stellen. In dem Maße, in dem die symbolische Tätigkeit des Menschen voranschreitet, scheint die physische Realität zurückzuweichen. Anstatt sich mit den Dingen an sich zu befassen, spricht der Mensch in gewissem Sinne unaufhörlich mit sich selbst. So sehr ist er in Sprachschemata, künstlerische Bilder, mythische Symbole oder religöse Riten eingebunden, daß er weder anderes zu erblicken noch anders zu erkennen vermag als durch die Vermittlung dieses künstlichen Mediums.«[14]

Aber hier rückt er bereits in die Nähe einer ganzen literarischen Tradition des 20. Jahrhunderts. Gott erschafft die Dinge – der Mensch hingegen die Bedeutungen – das wird auch zu Bruno Schulz' Überzeugung, und im Grunde heißt es in den *Memoiren* dazu ganz ähnlich:

»Vor einem Augenblick, werter Herr, habe ich mehrfach die Wendung ›das bedeutet‹, ›das besagt‹ gebraucht – wir befassen uns also mit den Bedeutungen . . . Vorsicht bei ihrer Verwendung! Der Mensch hat seit unvordenklichen Zeiten nichts anderes getan, als Bedeutungen zu verleihen – Steinen, Schädeln, der Sonne, anderen Menschen, und indem er ihnen Bedeutungen verlieh, schuf er zugleich ihre Alienationen – also das Leben nach dem Tode, Totems, Kulte, allerlei Mythen, heiße und säurehaltige Dämpfe, Legenden, Vaterlandsliebe, das Nichts – und so ging es weiter: Der verliehene Sinn regulierte das Leben des Menschen, war Stoff, Grund und Rahmen, gleichzeitig jedoch eine Falle, eine Begrenzung.«[15]

Man hat bezüglich der *Memorien* von einer Stilisierung à la Gombrowicz, Witkacy, Kafka gesprochen. Dasselbe könnte man von Genet, Schulz oder Mrozek sagen, eine ähnliche Atmosphäre finden wir in dem fast gleichzeitig verfaßten *Das Amt* von Breza; ein entferntes Vorbild ist zweifellos *Die Handschrift von Saragossa* von Potocki. Lems Roman ist in der weit verbreiteten Tradition einer Literatur geschrieben, die die

Conditio humana des in Institutionen, in die Kultur, in das zwischenmenschliche Spiel verstrickten Individuums umreißt, das sich danach sehnt, diese gänzlich zu durchschauen, zur universellen *Wahrheit* über sich selbst und die Welt vorzudringen. Wahrhaft eschatologische Fragen berührt die Verschwörung der Hauptperson mit dem Priester Orfini. Die beiden Verschwörer suchen, koste es, was es wolle, nach Möglichkeiten zum spontanen Handeln, doch werden inzwischen alle ihre Handlungen von vornherein in die Struktur des »Gebäudes« einprogrammiert und vorherbestimmt. Damit handelt es sich bereits um eine deutliche Transposition des jahrhundertealten Philosophenstreites über Determinismus und Freiheit des Willens, über Freiheit und Verantwortung. Das »Gebäude« ist eine Variante der Welt (oder Gottes), die dem Individuum keinen Freiraum für authentisches Handeln läßt; der einzige Ratschlag angesichts dieser Situation – nach der Erschöpfung aller Möglichkeiten, die Nemesis zu täuschen – besteht in der Realisierung der inneren Freiheit: dem Konspirieren um der Konspiration willen. Diese private Realität der beiden Aufrührer geht wohl tatsächlich auf Gombrowicz zurück.

Das mit dem Kosmos identische »Gebäude« aus den *Memoiren* ist folglich nicht lediglich eine parodistische Version des Pentagons; wir alle befinden uns in seinem Labyrinth – und hier verwandelt sich Lems Groteske in die Apokalypse.

Nachdem Lem seinen Menschen im Labyrinth eingeschlossen und vor ihm die schwierigsten, unlösbaren Aufgaben aufgetürmt hat, beraubt er ihn jedoch nicht jeglicher Chance. Indem er die Tragödie von Existenz und Erkenntnis bis zur Neige erschöpft, behandelt er seine Helden doch mit Anteilnahme, akzeptiert ihre menschliche Unzulänglichkeit und Begrenztheit und macht aus ihnen sogar eine Art »chevaux de bataille«, auf denen der Mensch den Kosmos erobert. Hier ist ganz offensichtlich vor allem Pirx gemeint.

Die im Verlauf vieler Jahre nacheinander entstandenen *Erzählungen über den Piloten Pirx* sind im Grunde von Anfang bis Ende Variationen über ein Thema, nämlich das Modell des Menschen der kosmischen Ära. Ist das vielleicht ein zu hochgestochener Ausdruck? Tatsache ist, daß der vorerst als Kadett, am Ende als Kommandant titulierte Pirx in den aufeinanderfolgenden Erzählungen immer schwierigeren Prüfungen unterzogen wird. Fast alle Pirx-Episoden prüfen seine physische Leistungsstärke, seine praktische Begabung und Cleverness, schließlich seine intellektuellen Fähigkeiten. Der Pirx-Zyklus ist mit bewundernswerter Konsequenz angelegt: Parallel zum Reifungsprozeß des Helden wächst der Schwierigkeitsgrad der Probleme, auf die er stößt, verändert sich auch der Tonfall der Erzählungen: von der fröhlichen und unbekümmerten Stimmung zu einem gänzlich düsteren Ton in der den Band abschließenden Erzählung »Ananke«. Ebenso verändert sich die Stimme des Helden: Ist sie anfangs schwungvoll, wenn auch bisweilen ziemlich schüchtern und voller Komplexe, so erscheint uns Pirx am Ende als ein von der Last schwerer Erfahrungen niedergedrückter, vielleicht sogar verbitterter Mensch.

Wozu dient diese in der zeitlichen Ebene ausgedehnte Erzählung? Nun, die Person des Pirx ist sehr geschickt konstruiert. Sie soll nach der Absicht des Autors ein Durchschnittsmensch sein – weder gut noch böse, noch auf irgendeine Weise besonders begabt. Diese scheinbare »Mittelmäßigkeit« ist übrigens für den jungen Pirx eine Quelle ständigen Ärgers. Indessen enden die aufeinanderfolgenden Prüfungen, denen der Held unterworfen wird, immer erfolgreicher, und was am wichtigsten ist – der Autor betont jedesmal, daß Pirx dort siegte, wo zuvor die Spezialisten oder sogar ganze Stäbe von ihnen versagt haben.

Haben wir es also mit einem weiteren »kosmischen Heros« zu tun, von denen es in der Vulgär-Science-fiction wimmelt? Das wäre lächerlich. Natürlich ist Lem nicht naiv: Pirx schlägt die Experten nicht mit ihren eigenen Waffen, alle seine Erfolge beruhen auf Zufällen – »irgendwie« gelingt es ihm, sich aus den Kalamitäten in »Test« und »Die Patrouille« heil herauszuwinden, eine scheinbar sinnlose Assoziation rettet ihn in »Der bedingte Reflex«, »Biederkeit« in »Die Verhandlung«. Zur Lösung des Rätsels um Cornelius und den Computer in »Ananke« gelangt er erneut »so irgendwie« – fast zufällig.

Seht – scheint der Autor zu sagen –, hier handelt es sich weder um Tricks noch um einen Heros oder eine Maschine, den ganzen Denkprozeß habt ihr offen vor euch, und – tatsächlich – nichts daran ist ungewöhnlich. Und so ist es in der Tat. Das heißt jedoch nicht, daß Pirx ein x-beliebiger Held wäre.

»Zwar klaffte zwischen seinem Tun und seinem Denken, das sich in Worte kleidete, kein Abgrund, aber immerhin war dort ein Hindernis, das ihm das Leben schwermachte. Die Dozenten ahnten nicht, daß Pirx ein Träumer war. Niemand ahnte das. Man glaubte, er denke überhaupt nicht – und das stimmte nun wirklich nicht.«[16]

Diese Beschreibung des Innenlebens entwirft Lem für Pirx bereits in der ersten Erzählung. Pirx denkt vielleicht nicht allzu systematisch, verfügt jedoch über eine außergewöhnliche Intuition, eine Fähigkeit, der die moderne Heuristik große Bedeutung beimißt. Wenn wir ein Problem erörtern, gehen wir in der Regel »methodisch« vor, indem wir uns unbewußt in den von unseren Vorgängern ausgetretenen Bahnen voranbewegen. Durch die Intuition sind wir imstande, ein gesamtes Forschungsgebiet durch einen einzigen intellektuellen Akt sinnvoll zu verknüpfen – und dabei eröffnen sich uns bisweilen völlig neue Wege zur Lösung der gestellten Aufgaben. Man braucht nicht hinzuzufügen, daß eine Denkweise dieser Art in der Regel den Routiniers fremd ist. Pirx geht aus seinen Streitigkeiten mit den Spezialisten als Sieger hervor nicht *trotz,* sondern *wegen* der Tatsache, daß er ein Träumer ist, daß er sich von Denkschablonen zu lösen vermag. Lem verkündet hier keine Häresie: Seit einiger Zeit hat sich die Auffassung herausgebildet, daß die Bedingungen der modernen und zukünftigen zivilisatorischen Evolution nicht perfekt spezialisierte Individuen begünstigen werden, sondern vielmehr äußerst »flexible«, nicht in Routine erstarrte, die zur Anpassung an die veränderlichen zivilisatorischen Bedingungen fähig sind.

Je tiefer man sich in die Erzählungen einliest, desto mehr drängt sich die Schlußfolgerung auf, daß Lem in der Person des Pirx die Menschheit testen, in der Welt der triumphierenden Technik einen Ort finden wollte, wo die menschliche Schwäche und Unvollkommenheit nicht länger als »Defekt« aufgefaßt wird. Es ist leicht zu sagen: »Maschinen können nicht denken, Maschinen haben kein Bewußtsein.« Woher diese Gewißheit? – fragt Lem in *Summa technologiae* – woher kommen die Kriterien, die es uns erlauben, das »Denken« apodiktisch einzugrenzen – und wie anders soll man denn maschinelle Operationen nennen, die analoge Resultate in den

»output« geben? Die Lemschen Roboter sind also nicht primitiv; sie stellen für den Menschen eine echte Herausforderung dar. Pirx konkurriert anfangs mit den Spezialisten, aber der Spezialist ist, wie Lem zu suggerieren scheint, ein auf einen bestimmten intellektuellen Aktionsradius reduzierter Mensch, ein »Problemlösungstechniker« – natürlich nur auf seinem Gebiet. In der Erzählung »Die Verhandlung« ersetzt Lem folglich den Spezialisten durch einen menschenähnlichen Roboter, der – als er seine Vollkommenheit erkennt – die Weltherrschaft anstrebt.

Der aufrührerische Roboter Calder – das ist bereits die Konzentration eines ganzen Teams von Spezialisten in einem Körper; durch logisches Vorgehen ist er nicht zu besiegen. Aber es erweist sich, daß Calder allzu logisch denkt, daß er unterliegt, weil er die Möglichkeit einer irrationalen Handlungsweise nicht einzusehen vermag; er ist eben *zu wenig flexibel*.

»Worin besteht diese Menschlichkeit, die sie nicht besitzen? Vielleicht ist sie tatsächlich nur die Verschmelzung zwischen Unlogik und jener ›Redlichkeit‹, jener ›Lauterkeit des Herzens‹ und jenem primitiven moralischen Instinkt, der die entfernteren Glieder der Ursache-Wirkung-Kette nicht mehr erfaßt? Da also Rechenmaschinen nicht redlich und nicht unlogisch sind … So verstanden ist die Menschlichkeit also die Summe all unserer Defekte, Mängel, eben unserer Unvollkommenheit? Sie ist das, was wir sein möchten und nicht sein können, das, was wir nicht vermögen, wozu wir nicht imstande sind – sie ist einfach die Kluft zwischen unseren Idealen und ihrer Verwirklichung, oder etwa nicht?«[17]

Es handelt sich um keine effektvollen Paradoxa: diese Schwäche, die sich in Stärke verwandelt. Lems Mensch ist – wie der Mensch bei Sartre – auf ewig mit sich selbst nichtidentisch, immer seinem Idealbild zugeneigt, dem er nie gleichkommt. Da er bis zum Schluß unvollkommen bleibt, akzeptiert er die Welt so, wie sie ist – ebenfalls ein wenig »mißraten«, »unfertig«, akzeptiert ihre Dynamik und ihre unerwarteten Mutationen, an denen die vortrefflichsten Computerprogramme scheitern.

Bisweilen scheint es, daß Lem mit seinen eigenen Arbeiten ein wenig unzufrieden ist. Denn es ist doch ein ziemlich unnormaler Beruf – eines etatmäßigen Schreckensspezialisten, eines satanischen Chirurgen, der, nachdem er die Seele des Menschen auf dem Sektionstisch ausgebreitet hat, immer wieder irgendwelche Organe aus ihren Eingeweiden hervorzieht und dabei behauptet, daß diese nicht zur erhabenen Mission des »Menschen«, der »Kultur« etc. passen. Etwas ambitioniertere SF-Schriftsteller vergeuden ihr Leben damit, immer raffiniertere Grenzsituationen zu erfinden, in denen hypothetische Helden der Zukunft seelischen Qualen ausgesetzt werden, alles das lediglich, um ihr Menschentum bis zum Grunde auszuloten. Aber diese raffinierten Qualen sind nur fiktiv und die futuristische, phantastische Staffage wird mitunter nach wenigen Jahren durch die moderne Technik der Lächerlichkeit preisgegeben. Lem scheint wohl ein Gefühl für die Nichtauthentizität dieser – immerhin – komischen Phantastik zu haben. Deshalb schrieb er vielleicht auch fast von Beginn an außer »seriösen« Werken humoristische, groteske, und parodistische. Wir haben bereits die *Sterntagebücher* genannt, in den folgenden Jahren entstanden die Fernsehspiele aus dem Zyklus *Die seltsamen Abenteuer des Professors Tarantoga* (deutsche Ausgabe: *Mondnacht*), die *Robotermärchen,* die *Kyberiade* – und zum Schluß das vorzügliche pure-nonsense-Drehbuch zum Film *Schichttorte* (deutscher Sendetitel: *Organitäten*). Wir befassen uns hier mit den bekanntesten: der *Kyberiade* und den *Robotermärchen.*

Die Werke dieser beiden Zyklen sind gewissermaßen aus der Retrospektive verfaßt: Die heroischen Zeiten der Expansion des Menschen liegen schon weit zurück, im Kosmos blüht die Zivilisation der Roboter, die sich mit unverhohlenem Abscheu über die Menschen äußern. Gleichzeitig ist bei ihnen alles »wie bei uns« – nein nicht ganz genauso, natürlich, aber nicht wesentlich anders als der Unterschied zwischen der veränderten Welt eines phantastischen Märchens und dem Alltag, der uns umgibt. Die Verwandtschaft zwischen Märchen und Science-fiction ist seit langem betont worden, um nur an die gleichsam klassische Studie von Roger Caillois[18] zu erinnern. Beide kreieren sie eine phantastische Welt, die jedoch einem bestimmten System von Regeln unterliegt. Zum Teil sind das in der wissenschaftlichen Phantastik einfach Naturgesetze, die den Menschen lediglich – auf einem bestimmten Niveau einer zukünftigen Zivilisation – größere Freiheit und Handlungsmöglichkeit bieten, sie haben im Märchen eben einen konventionellen Charakter.

In einer Reihe kurzer Werke Lems ist es, wie Stanisław Barańczak[19] bemerkt hat, zu einer Kontamination der verschiedenartigsten Ebenen gekommen: Es wurden sowohl die Schemata der Gattung Märchen und SF als auch ihre stilistischen und wortbildenden Merkmale miteinander verflochten. Diese Verflechtung betrifft auch – wie soll man es formulieren – die physikalische Doktrin, auf die sich das Funktionieren der imaginären Realität stützt. Die konventionellen »Wunder« in den Märchen werden mit quasi-wissenschaftlichen Erfindungen gekreuzt. Alle diese Anachronismen sind unwiderstehlich komisch – diese »Kyberösser«, »Elektritter« oder »Elektroubadoure«, aber die *Kyberiade* und die *Robotermärchen* sind nicht nur ein literarischer Spaß (wenn auch ein hervorragender), denn aus der Verbindung zweier unterschiedlicher Gattungen resultiert eine bestimmte Steigerung des Sinngehaltes.

Das Märchen erschafft eine abstrakte Wirklichkeit außerhalb einer der Erfahrung zugänglichen Sphäre, meistens in der Vergangenheit. Es setzt dort eine bestimmte unveränderliche, unvergängliche Ordnung ein, einen bestimmten Moralkodex, den es der ganzen Welt aufzwingen will. Das Märchen begründet somit die Wiederholbarkeit zwischenmenschlicher Situationen, verweist auf mythische Zeit. Ganz anders hingegen die typische Science-fiction: Sie sucht nach neuen, die Erfahrungen des Menschen transzendierenden Situationen, in ihren ambitioniertesten Werken behandelt sie Grenzfälle, in denen die menschliche Moral zerbricht, und beweist ihre Unbrauchbarkeit. Barańczak macht aufmerksam auf den Verzicht Lems auf eine Konzeption der unbegrenzten Progression der Zeit wie in *Gast im Weltraum* zugunsten der Konzeption einer zyklisch verlaufenden Zeit – wie in der *Kyberiade*. Damit ist noch nicht alles gesagt. Die grotesken Stilisierungen geben – wer weiß, ob vom Autor gewollt? – die existentielle Situation der Lemschen Helden treffend wieder. Sie sind immer scheinbar extrovertiert, in Wirklichkeit aber kapseln sie sich ab. Erinnern wir uns noch einmal an die Astronauten aus *Eden*, Kelvin aus *Solaris,* Rohan aus *Der Unbesiegbare* oder Prof. Hogarth aus *Die Stimme des Herrn*. Erinnern wir uns schließlich an den Erzähler aus den *Memoiren, gefunden in der Bade-*

wanne. Alle sind sehr agil – zumindest intellektuell –, und ausnahmslos bezahlen sie unablässig ihren Drang nach Erkenntnis mit der schmerzlichen Erfahrung der Enge des eigenen Gefängnisses.

Seltsam eigentlich, daß bisher niemand (in Polen) das Schaffen Lems einer fundierten psychoanalytischen Untersuchung unterzogen hat. Denn das ganze Werk steht in Gegensatz zur Isolation – und zum offenen Raum. Ich kenne kein Werk, in dem sich Klaustrophobie stärker äußert, das so von dem ständigen Verdacht durchdrungen ist, daß das scheinbar weite Universum, das uns umgibt, in Wirklichkeit eine große, täuschende Kulisse sei, angepaßt an unsere Erkenntnisfähigkeit, während das Wesen der Dinge jedoch irgendwoanders, hinter den Kulissen dieser Szene steckt. Eines der bedeutendsten, vielfach wiederholten Motive im Schaffen Lems ist die Situation des Individuums, einer Gruppe von Individuen oder sogar einer ganzen Gesellschaft, die im künstlichen Raum eines Rechengehirns gefangen sind. Es beginnt mit der Möglichkeit, eine »exakte Beschreibung der atomaren Struktur« des Menschen zu erstellen – dieses Problem wird in den *Dialogen* aufgeworfen, realisiert wird es in den *Sterntagebüchern*. Wenn man einen Menschen kopieren kann, weshalb sollte es dann nicht gelingen, sein Bewußtsein in einer Maschine zu imitieren – so in »Der Hammer«, »Doktor Diagoras« oder im zweiten Abschnitt der Erinnerungen des Ijon Tichy. Ein Schritt weiter – und die Erschaffung ganzer Welten nach mathematischer Methode ist möglich: Die Persönlichkeiten der Menschen werden programmiert, ihr Bewußtsein mit Bildern einer in der Realität nicht existierenden Welt ausgefüllt – und diesen künstlichen Persönlichkeiten wird eine spontane Entwicklung erlaubt. Es entstehen folglich »Die Kästen des Prof. Corcoran« (in: *Sterntagebücher*, Aus den Erinnerungen . . ., I) oder die personetischen Experimente des Prof. Dobb (»Non serviam« in *Die vollkommene Leere*).

Nun gut, wird Lem jetzt sagen, wir wissen, daß es in einer Maschine außer bestimmten Strömen nichts gibt, aber der in diesen Strömen Person Gewordene bemerkt das nicht: Er hält sich für einen Menschen, sieht andere Menschen, Landschaften etc. Und, das ist das Wichtigste, er verfügt über keinerlei praktische Möglichkeit einer empirischen Überprüfung der

Natur seines Wesens. Der Schöpfer der Kästen ist für ihn Gott. Unser Selbstgefühl und unser auf Erkenntnis basierender Optimismus erlöschen jedoch, wenn wir tieferen Einblick in unsere eigene Situation nehmen: Denn wer könnte »mit Sicherheit« behaupten, daß er sich nicht selbst in einem solchen Kasten befindet? Corcoran schreckt uns mit der Vision einer Welt als Hierarchie von Kästen – hier haben wir die moderne Version des Berkeley-Dilemmas. Selbstverständlich hatte Berkeley seinen guten Gott, der »ihn nicht täuschen könnte«. In *Summa technologiae* schlägt Lem spöttisch einen »Deus ex machina« und eine künstliche Transzendenz sowie Unsterblichkeit vor.

»Ich wünschte, wie die meisten Menschen – gibt Lem in einem Interview für *Nurt* (Der Strom) zu –, daß unerschütterliche Wahrheiten existierten, daß nicht alles durch den Einfluß der historischen Zeit erodiert würde, daß irgendwelche ewigen wesentlichen Feststellungen existieren, und sei es auch nur im Bereich der Werte, denen der Mensch huldigt, der grundlegenden Werte etc. Man kann es kurz fassen: Ich dürste nach dem Absoluten. Aber gleichzeitig hege ich die tiefe Überzeugung, daß es nichts Absolutes gibt, daß alles historisch ist, daß man sich nicht der Geschichte entziehen kann.«[20]

Einstweilen spielt bei Lem das Motiv des Labyrinths die Schlüsselrolle: Erinnern wir uns an die Beschreibung der Orte auf anderen Planeten in *Die Astronauten* und *Eden,* die Eingeweide des kosmischen Monstrums in *Die Ratte im Labyrinth,* das Aerodrom in *Transfer,* das »Gebäude« aus den *Memoiren, gefunden in der Badewanne.* Dazu kommt die Gegenüberstellung des freien und des geschlossenen Raumes, die Hierarchie der Abkapselungen, Visionen im Traumzustand, die Besessenheit vom Biologismus in den Beschreibungen außerirdischer Landschaften.

Es scheint, daß niemand eher prädestiniert ist als Lem zur Aufdeckung der inneren Widersprüche des Menschen, der einerseits ein nüchterner »Verstandesmensch« ist, der die Welt nach Kategorien und Gesetzen ordnet, andererseits – ein animalisches Wesen, irrationalen Emotionen und Ängsten unterliegend, Gefangener der eigenen Körperlichkeit. Gerade Lem – weil er Rationalist bis ins Mark ist, gleichzeitig aber eine Neigung zur Phantasmagorie hat und über die Imagination eines Bruno Schulz verfügt. Einerseits beweist der Lemsche Held mit seiner Lebensgeschichte die These seines Autors, andererseits – wird er in eine Welt barocker Visionen, mächtiger sensueller und emotionaler Empfindungen gestoßen. Dieselbe Ambivalenz finden wir in der Sprache der Werke Lems, der hin- und hergerissen wird zwischen dem Streben nach Exaktheit und Präzision – und einer verborgenen Neigung zu stilistischer Üppigkeit. Selbst die wissenschaftlichen Essays dieses Autors strotzen vor überquellenden Metaphern und häufen ein Beispiel auf das andere.

Kehren wir zur *Kyberiade* zurück. Dieses Buch hat natürlich eine Reihe aktueller Ziele: Es ist, wie Grochowiak[21] bemerkt hat, »eine Parodie auf eine philosophische Parabel im Stil Voltaires, eine Parodie, notabene eine vortreffliche, auf Kindermärchen, in gereimter Prosa abgefaßt; eine Parodie auf eine pseudophilosophische Abhandlung und schließlich eine meisterhafte Nachahmung der Schubladenerzählung im orientalischen Stil«. Viele der sehr ernsthaften Einfälle aus der fast gleichzeitig veröffentlichten *Summa technologiae* werden in der *Kyberiade* und den *Robotermärchen* realisiert. Die Meisterkonstrukteure Trurl und Klapaucius haben ebensoviel mit den Zauberern aus den Märchen gemeinsam wie mit den Ingenieuren der Zukunft. So wie das Märchen eine moralische Ordnung einsetzt und danach strebt, sie der Gesellschaft aufzunötigen, stellen wiederum die Werke aus Lems Zyklus die tatsächlichen Degenerationserscheinungen und Widersinnigkeiten unserer Welt bloß. Das ist klar und selbstverständlich. Aber durch diese Kakophonie der Gattung »Märchen aus der Zukunft« scheint eine charakteristische Reflexion: Je mehr wir der »kosmischen Phantasie« die Zügel schießen lassen, desto schwerer bedrücken uns die Fesseln der irdischen, menschlichen Weltanschauung. Im formalen Aufbau der Werke Lems tritt dies folgendermaßen zutage: Je kühner der Autor sich von dem Grundsatz löst, den Ereignissen den »Anstrich der Wahrscheinlichkeit« zu geben, desto deutlicher ist er auf die literarische Konvention in der Erzählung angewiesen, d. h. indem er sich in seiner Vision der imaginären Welt vom Anthropo- und Geozentrismus befreit – muß er ihn statt dessen erneut durch die Hintertür einlassen.

Wie aus den letzten Werken ersichtlich, fällt es Lem immer

schwerer, »normale SF-Stories« zu schreiben. Die 1971 erschienene *Vollkommene Leere* ist eine Auswahl von Rezensionen nicht-existierender Bücher. 1973 veröffentlichte Lem *Die imaginäre Größe* – einen Zyklus von Einleitungen zu zwischen den Jahren 1990-2029 »erschienenen« Büchern. In seiner Phantastik kehrt Lem deutlich zur Erde zurück, und von nun an wird ihn die Entwicklung der menschlichen Zivilisation mehr interessieren als die Exploration des Kosmos. Enttäuschung? Ist ihm vielleicht die Erfindung immer neuer kosmischer Wesen und Abenteuer zu einer nicht mehr guten Gewissens vertretbaren literarischen Aktivität geworden? Im Augenblick zieht er es vor – abgesehen von einigen Erzählungen, die die alten Zyklen fortsetzen –, »Projekte« von Büchern zu entwerfen, anstatt sie auszuführen.

Die vollkommene Leere enthält 15 Rezensionen (die 16. ist eine Autorezension des Bandes), die – das ist selbstverständlich – die besprochenen Bücher mehr resümieren, als sie zu bewerten. Die Auswahl zerfällt in deutlich voneinander abgesetzte Gruppen: Einige Rezensionen bieten einen Extrakt von in ihrer Originalität wahrhaft frappierenden Einfällen aus dem Gebiet der Sozialpsychologie (»Les Robinsonades«, »Gruppenführer Louis XVI.«, »Der Idiot«). Vermutlich könnten auf der Basis dieser Skizzen *gute* Bücher entstehen. Lem wäre jedoch nicht er selbst, wenn er nicht bei dieser Gelegenheit die Anhänger bestimmter literarischer Trends mit Sticheleien gereizt hätte: »Gigamesh« als Parodie auf *Ulysses* oder *Finnegans Wake,* »Rien du tout, ou la conséquence« – als Persiflage auf den französischen nouveau roman, »Toi« – noch eine Inkarnation der jungen »Protest«-Literatur, »Die Publikumsbeschimpfung« – sind satirische Meisterwerke. Drei Rezensionen (»Sexplosion«, »Perycalypsis«, »Do Yourself a Book«) parodieren bestimmte groteske Paroxysmen der modernen Kultur, die restlichen fünf schließlich sind bereits nur mehr wenig kaschierte Abhandlungen über kulturelle und philosophische Themen.

Man sieht, daß Lem, welche Ausdrucksform er auch immer wählt, letztlich immer zu denselben Themen zurückkehrt: der Zufälligkeit und Notwendigkeit in der Entwicklung der Menschheit, Determinismus und Indeterminismus im Leben des Menschen (die vortreffliche Geschichte der drei Konzerne, die sich in den dreieinigen Gott verwandeln – »Being Inc.«), schließlich die Konzeption des Kosmos als *Spiel*. Die letztere, in *Summa technologiae* kurz angesprochen, wurde zuvor in der *Philosophie des Zufalls* eingehend dargelegt.

Ähnlich hat *Die imaginäre Größe* eine Spannweite von einem verblüffenden Einfall (»Nekrobie«) über einen futurologischen Scherz (»Extelopedia Vestranda«) zu einer Abhandlung (»Golem XIV«) und wird in ihrem diskursorischen Teil zu einer Fortsetzung der Gedankengänge aus *Summa technologiae* (insbesondere »Die Intelektroniker«, »Ingenieurwesen der Transzendenz« und »Pasquill auf die Evolution«).

Eine Rückkehr also zur Erde? Der Essayist Lem hat uns nicht minder Interessantes zu sagen als der Prosaiker[22], aber ich würde diese Wendung in seinem Schaffen als Intermedium auffassen. Es fällt schwer, sich dem Eindruck zu entziehen, daß dieser Schriftsteller, an die Wand gedrängt durch die Bewußtwerdung der Mystifizierung, die untrennbar mit der Literatur verbunden ist, beschlossen hat, diese Mystifizierung zur Dritten Kraft zu erheben und sich ihrer ganz ostentativ zu bedienen. Daher also diese fiktiven Rezensionen fiktiver Bücher, die – würden sie geschrieben – ebenfalls eine – fiktive – Welt beschreiben würden. Wenn Lem auch die frappierendsten Einfälle präsentiert – die danach kunstvoll durch eine Reihe von Prismen gebrochen werden –, so demonstriert er vorerst nur seine Leistungsfähigkeit – intellektuell wie handwerklich. Ob und was für eine Prosa daraus entsteht – die Zeit wird es erweisen.

Anmerkungen

1 Es ist interessant, daß Lem in letzter Zeit die Narratio »von oben« bevorzugt: aus der Position des großen Gelehrten *(Die Stimme des Herrn)* oder des genialen Computers (»Golem XIV«). Diese Feststellung verdanken wir Zdzisław B. Kępiński (»Das ›Mavo‹-Team oder die Antiastronauten Stanisław Lems«, in: *Nurt* 1972, Nr. 8. S. 25-29).
2 S. Lem: *Gast im Weltraum*

3 Ebendort.
4 Siehe den Beginn des Dialogs VI, in *Dialoge*.
5 S. Lem: *Gast im Weltraum*.
6 S. Lem: *Sterntagebücher* (frühe Ausgabe von 1961).
7 S. Lem: ebendort.
8 Ebendort.
9 So nannten die Kosmonauten die Bewohner des Planeten Eden.
10 S. Lem: *Eden*.
11 M. Szybist: Die Stimme des Herrn aus dem Radio, *Życie Literackie* 1969, Nr. 26.
12 S. Lem: *Die Stimme des Herrn*.
13 S. Lem: *Memoiren, gefunden in der Badewanne*.
14 E. Cassirer: *Essay über den Menschen*. Einführung in die Kulturphilosophie.
15 S. Lem: *Memoiren, gefunden in der Badewanne*.
16 S. Lem: Test, in: *Test*.
17 S. Lem: »Die Verhandlung«, in: *Die Jagd*.
18 R. Caillois: *Das Bild des Phantastischen. Vom Märchen zur Science-fiction*. In: insel taschenbuch 69.
19 S. Barańczak: »Elektritter und Kyberzengel«, in: *Nurt* 1972, Nr. 8.
20 »Glaubt nicht, daß ihr alles über Stanisław Lem wißt« (Interview mit Stanisław Lem), in: *Nurt,* 1972.
21 S. Grochowiak: »Wie lustig ist dieser Lem!« in: *Kultura,* 1965, Nr. 39.
22 Der beschränkte Raum gestattet mir nicht, die Essayistik Lems eingehend zu besprechen. Erwähnen wir nur, daß er nach den interessanten *Dialogen* und dem *Start in die Umlaufbahn* die überaus fesselnde *Summa technologiae* herausgegeben hat, deren Wert vor allem auf der intellektuellen Kühnheit beruht, mit der der Autor die eventuellen Folgen der technischen Entwicklung beurteilt: Die Möglichkeit einer »Umstellung« der Menschheit von natürlichen Körpern auf künstliche, das Sterneningenieurswesen, die Zucht von Informationen, eine künstliche Transzendenz etc. Unschätzbar sind unter anderem auch die Bemerkungen über den Einfluß der Technologie auf das System der humanistischen Werte, die Ethik, Ästhetik etc. In den folgenden Jahren entstehen: *Die Philosophie des Zufalls sowie Phantasik und Futurologie*. Im erstgenannten Werk versucht Lem, eine eigene Literaturtheorie zu schaffen, im darauf folgenden verwendet er diese Apparatur zu einer Analyse der SF-Literatur im Weltmaßstab. Lems Vorschläge lassen sich sehr allgemein dahingehend zusammenfassen, daß er die Prozesse der literarischen Kommunikation als Spiel sehen möchte und die ganze Anordnung des gesellschaftlich anerkannten Sinninhalts eines Werks als Prozeß der Stabilisierung von Bedeu-

tungen auf dem stets wechselnden Projektionshintergrund der Kultur. Bei dieser Gelegenheit widmet er einer Kritik des theoretischen Bezugsrahmens von Ingarden und den Strukturalisten viel Raum und rügt die unzulässigen Vereinfachungen in der semiotischen Theorie des literarischen Werks. Bei seinen Erörterungen nutzt er die Apparatur der Informations-, Wahrscheinlichkeits- und Spieltheorie aus – das macht die meisten Polonisten kopfscheu; erst recht aber stößt die Behandlung des Sinns eines literarischen Werks als Ergebnis eines stochastischen Prozesses der Rezeption gewöhnlich auf die instinktive Ablehnung der professionellen Literaturkritiker. Die Vorschläge Lems, der literarische Fragen außerhalb des Ghettos professioneller Forscher betrachtet, verdienen große Aufmerksamkeit.

Jan Józef Szczepański
Erstaunlicher Stanisław Lem

Nach über 30 Jahren einer dermaßen engen Bekanntschaft,
daß ich sie als Freundschaft bezeichnen darf, habe ich aufgehört, mich über Stanisław Lem zu wundern. Allerdings nicht
ganz. Nach wie vor halte ich die ungewöhnliche Persönlichkeit
und den Intellekt Stanisław Lems für ein bewundernswertes
Phänomen, vielleicht sogar für ein geheimnisvolles; doch der
nachhaltige Umgang mit ihm hat zur Folge, daß ich nicht
mehr dieses Gefühl von Betroffenheit erlebe, das unsere gemeinsame Vertrautheit zu Beginn begleitete.
  An gewisse Eigenschaften der Denkweisen des Autors
Cyberiada habe ich mich mit der Zeit gewöhnt, obwohl einige
von ihnen für mich bis auf den heutigen Tag schlechthin
unbegreiflich geblieben sind. Selbst Schriftsteller, der ich bin,
komme ich nicht umhin, mich ohne Anstöße persönlicher
Erfahrungen, anhaltender Kontrolle der literarischen Fiktion
mit unmittelbaren Erlebnissen der Wirklichkeit zu begnügen.
Lem hat das gar nicht nötig. Irgendeinmal versuchten sowjetische Kosmonauten, die ihn in ihrem Schulungszentrum zu
Gast hatten, dazu zu überreden, sich einer Schwerelosigkeits-
probe in einem für diese Zwecke vorgesehenen Simulator zu
unterziehen. Er lehnte kategorisch ab. Als ich ihn fragte, ob er
nicht neugierig auf eine solche Erfahrung gewesen sei, antwor-
tete er, daß sie ihm nichts gegeben hätte, da er sich ohnehin
vollauf alle damit verbundenen Erlebnisse vorstellen könne.
Er gebrauchte nicht einmal das Argument, daß er doch von
Haus aus Arzt sei und also wisse, wie der menschliche Organismus auf derlei Bedingungen reagiere. Mir jedoch hätte
dieses Argument allein nicht genügt. Es fällt mir sehr schwer,
an die völlige Übereinstimmung von Theorie und Empirie auf
dem Gebiet psychologischer Empfindungen zu glauben. Und
doch bestätigen all diejenigen Leser Lemscher Astronautenro-
mane, die über eine engere Kenntnis dieses Metiers verfügen,
die Treffsicherheit seiner Beschreibungen. Meiner Überzeugung nach ist dies nicht allein eine Frage des theoretischen
Wissens. Es ist dies die Intuition, die Lem als programmati-
scher Rationalist in hohem Maße besitzt. Diese Intuition be-

schränkt sich im übrigen nicht auf psychische und physische Lebenserscheinungen. Sie erlaubt Lem, erstaunlich treffende Schlüsse aus dem Verlauf von historischen Prozessen in ihren wirtschaftlichen, gesellschaftlichen oder politischen Aspekten zu ziehen, was des öfteren Ausdruck in den von ihm formulierten Prognosen findet. Die frappierendsten Beispiele dafür liefern diesbezüglich die *Dialoge*.

Ich sagte, daß gewisse Geisteseigenschaften Stanisław Lems mir geheimnisvoll vorkommen. Das Geheimnisvolle beruht – zumindest für mich – im hohen Maße eben auf dem so auffälligen Übergewicht des intellektuellen Faktors beim Wirklichkeitserleben und dem gleichzeitigen Fehlen von Merkmalen kühlen Szientismus in seinem literarischen Schaffen. Der Rationalismus Lems nämlich, obwohl offen und konsequent verfolgt, hat nichts mit Götzentum oder Doktrinismus zu tun, der seine Opfer aus gesundem Menschenverstand und dem Sinn für Humor sucht. Sämtliche feierlichen Zeremonien, die in seinem Namen stattfinden, sind das häufige Ziel höhnischen Spotts Lems und seiner grotesken Parodien. Der manchen Autoren der Science-fiction so teure Mythos vom unfehlbaren Computer findet keine Gnade in den Augen Lems. Alle Augenblicke mal deckt er dessen Naivität auf und führt die Logik mechanisierter Spekulationen ad absurdum.

Überaus reich an wissenschaftlichem und technischem Wissen, mißtrauisch gegenüber allem, was sich den Sanktionen wissenschaftlichen Beweises entzieht, ist Lem aber vor allem Humanist und am wenigsten zur Absolutierung der Güter rein materiellen Fortschritts geneigt. Daher gewiß sein sich ständig vertiefender Konflikt mit der Strömung technizistischer Utopie, die die Lösung jeglicher Probleme des gegenwärtigen Menschen auf dem Wege des Wachstums praktischer Wissenschaften und Fertigkeiten propagiert.

Die Etikettierung zum Science-fiction-Autor ärgert Lem und beleidigt ihn geradezu. Freilich verdankt er ihr seinen Weltruhm; aber jeder, der aufmerksam sein Schaffen verfolgt, wird mühelos feststellen, daß er seit langem dieses Schutzschild für Ziele benutzt, die wenig gemeinsam haben mit dem reinen Sensationsvergnügen. Das Abweichen vom Schema der phantastisch-wissenschaftlichen Belletristik zum Essay hin, ja sogar zum Traktat über Theorien von Kultur, Philosophie oder

Moralproblematik – das ist die charakteristische Entwicklungsrichtung des literarischen Schaffens Stanisław Lems. Ich glaube, daß das, was ihn am wirkungsvollsten davon abhält, mit der Gattung Science-fiction endgültig zu brechen, einfach sein kindlicher Spieltrieb ist. Lem verherrlicht »gadgets« und mechanisches Spielzeug – in dieser Hinsicht ist er niemals aus der Kinderstube hinausgewachsen.

Schließlich – um dieses sehr spärliche Inventar seltsamer Eigenschaften Stanisław Lems zu vervollständigen – noch eine Sache, die über längere Zeit meine Verwunderung weckte. Man könnte meinen, daß ein Schriftsteller, der so fasziniert ist von allem, was in die Zukunft weist, der so kühn ist im Spinnen futurologischer Visionen, in denen sogar die Biologie des Menschen wissenschaftlichen Modifikationen unterliegt, keinerlei Hemmungen von den reformatorischen Ambitionen im Bereich der Ethik fühlen dürfte. Indessen ist Lem ein verblüffend vorsichtiger, ja sogar konservativer Moralist. Mit großer Ehrfurcht begegnet er den Werten, die durch Jahrhunderte geprüft und durch die Kriterien des gesunden Menschenverstandes bestätigt worden sind. Das von unserer Zivilisation geschaffene Ideal der moralischen Ordnung, das sowohl für den einzelnen wie für ganze menschliche Gesellschaften verpflichtend ist, betrachtet er als ein übergeordnetes Gut, mit dem man nicht leichtsinnig spielen darf. Seine Abneigung gegenüber allen extremistischen Ideologien, die so beflissen die »Aberglauben der Vergangenheit« verurteilen, beweist, daß die literarische Phantasie Lems, durchdrungen mit Rationalismus und Humanismus, zugleich den Rigorosen strengen schriftstellerischen Verantwortungsbewußtseins untergeordnet ist.

Pierre Lachat

Literatur-Evolution als Stanisław Lem
oder Jenseits der Science-fiction

> Denn der Verstand, wenn er Verstand ist, das heißt,
> wenn er seine eigenen Prinzipien in Frage stellen kann,
> muß über sich selbst hinausgehen, zunächst nur in
> Träumen, ohne auch nur im geringsten zu glauben,
> geschweige denn zu wissen, daß diese Träume einmal
> Wirklichkeit werden. Das ist im übrigen unumgäng-
> lich: Es kann keinen Flug geben ohne vorangegangene
> Träume vom Fliegen.
>
> GOLEM XIV

Lem ist es vornehmlich um vernunftmäßige Erkenntnis und
die verzehrende Leidenschaft zu tun, die sie erzeugen kann. Sie
sind im weitesten Sinn das Hauptthema seiner meisten, auch
der parodistischen oder sonstwie unernsten erzählenden und
dramatischen Werke. Man kann sogar sagen, seine belletristischen Schriften seien gleichsam selbst nichts anderes als das,
wovon sie handeln, nämlich eine Form der brennenden theoretischen Vernunft (der »Raison ardente«). Die Ratio beugt
sich über ihr eigenes Wesen, ihren Glanz und ihre Nichtigkeit,
ja manchmal denkt das Denken nur noch sich selbst. Eine
solche Anlage bringt eine Literatur meist konventionellen
Typs hervor (aber dennoch von hoher Originalität), deren Stil
und Thema ständig aufeinander verweisen. Wenn ich mir jedenfalls ihre innere Funktionsweise plastisch vorzustellen versuche, kommt mir von selbst eine Kreisfigur in den Sinn.

Wenn denn eine solche Literatur vorwiegend Science-fiction
ist, so möchte man annehmen, daß ihre Helden ausnahmslos
Forscher von Beruf seien: doch treten sie auch als Abenteurer
des Weltraums und sogar Polizisten auf. Aber alle widmen sie
ihr Leben, manchmal bis zum Aberwitz, der Wissenschaft und
Philosophie. Der Wille und der Zwang zum Verstehen ist oft
ihr einziger vitaler Antrieb, was sie nicht immer sympathisch
macht und gern etwas verkrüppelt aussehen läßt. Sie mögen
sogar entfernt an den Baron Frankenstein erinnern; denn ohne
wirkliche Verbrecher zu sein, scheinen sie zu fast allem fähig,
um ihr Ziel zu erreichen. Daß es unter ihnen auch weniger

Unbedingte, Weisere und Gemütliche und natürlich die Lächerlichen gibt, ist ein Glück.

Was immer sie für eine Figur machen, die Lemschen Wahrheitssucher haben es allemal mit fremdartigen und rätselhaften Erscheinungen zu tun, die ihre Schulweisheit in Frage stellen. Den Inbegriff dieser Phänomene bilden die »andern Welten«, jene außerirdischen Zivilisationen, die in der alten Science-fiction noch weitgehend Travestien der unsern waren, bei Lem aber ein äußerstes an Andersartigkeit erlangen. Vor ihnen versagt das menschliche Verständnis, und die geläufigen Vorstellungen von einem Universum, darin wir einen besondern Platz einnähmen – weshalb die andern als »die andern« zu betrachten seien –, werden hinfällig. Es gibt in Wahrheit nur eine Welt. Die uns bekannte Erde samt astronomischer Nachbarschaft stellt allenfalls einen ihrer Hinterhöfe. Die andern sind je nachdem wir selbst.

Dennoch gibt der Lemsche Held nicht etwa sofort klein bei. Er geht an die Arbeit und trennt aus dem Unbegreiflichen dieses oder jenes, das sich denn doch erklären läßt, heraus. Wodurch seine Erkenntnis um ein geringes wächst, in noch höherem Maß aber die Einsicht, wie wenig er zu erkennen imstande ist. Je mehr er entdeckt, um so mehr entdeckt er auch, wieviel es noch zu entdecken gäbe. So gerät der Läufer auf dem paradoxen und aussichtslosen Rennen um so schneller in Rückstand, je besser er vorankommt. Auch wenn er nicht zur vorzeitigen Aufgabe neigt, bescheidet er sich doch zuletzt und macht kehrt.

Geschichten von der Technoevolution

Danach versichert er gern, da draußen sei alles viel zu riesig groß und unerschöpflich und unendlich kompliziert. Es könne einer genausogut aufhören, bevor er richtig angefangen hat. Doch wenn er auch nicht länger in den Makrokosmos hinausfährt oder den Mikrokosmos erkundet, so lassen ihm die Fragen keine Ruhe. Er fährt fort zu ergrübeln (ohne unwiderrufliche Antworten zu geben), wie weit die Kontinente reichen, von denen er gerade ein paar Küstenstriche kartographiert hat, und ob überhaupt jemals etwas an sein Ende komme.

Der Vorstoß des Wahrheitssuchers mündet so in einen Rück-
zug. Was bereits ahnen läßt, daß Lem selbst, ganz wie seine
Helden, zu wenig naiv ist, um an den Fortschritt zu glauben
(oder an den Rückschritt, was auch einfältig wäre). Wie er die
Science-fiction auffaßt, verstärkt sie längst keine bürgerliche
oder vulgärmarxistische Zukunftsbegeisterung mehr. Sie läßt
sich auch nicht auf der allzu simplen Alternative vom »Sinn
oder Unsinn« zivilisatorischer Entwicklungen behaften und
sagt weder Heil noch Unheil voraus. Sie geht von der Feststellung, daß es einen sogenannten Fortschritt gibt, nur einfach
aus und hält sich beim Entwickeln ihrer Themen peinlichst
daran.

Bloß daß gelegentlich eine weniger hoffnungsschwere Bezeichnung für den Fortschritt zu finden wäre. Beispielsweise
ließe sich, mit einem Begriff aus der theoretischen *Summa
technologiae,* von »Technoevolution« reden. Was sich auch
sonst empfiehlt, denn dieses kapitale Buch kommt einem bes-
sern Verständnis der Belletristik ohnehin zustatten. Es belegt
namentlich, auf was für eine ungewöhnlich hoch entwickelte
und phantasievoll gefaßte, durchweg originale und persönliche Vorstellung von der Technoevolution die Geschichten von
der Passion des Wissenwollens (sehr zu ihrem Vorteil) zurück-
greifen können. Im gleichen Zug macht die *Summa* deutlich, in
welch hohem Maß diese Geschichten, grad also solche, aus
innerer Notwendigkeit (nicht durch die Willkür des Autors),
auch stets Geschichten von der Technoevolution sind. Bis zu
dem Punkt, wo Maschinen wie die beiden eminenten Konstrukteure Trurl und Klapaucius an die Stelle der Helden aus
Fleisch und Blut treten und sich über die »Bleichgesichter«
einigermaßen despektierlich auslassen.

Die Menschen und ihr Leben treten ja dann bei Lem (wie in
jeder Science-fiction) ganz allgemein ein wenig hinter die imaginären Dinge, Einrichtungen, Ideen, Welten zurück. Hat man
sich mit der Psychologie der Helden einigermaßen vertraut
gemacht, werden jenseits der Figuren großzügig entworfene
künstliche Landschaften mit kompletten utopischen Staatswe-
sen sichtbar. Ja, das ganze Universum scheint in dem Bereich,
der sich neu eröffnet, phantastisch ausstaffiert. Er ist von
streng berechneten, komplizierten dramatischen Abläufen bestimmt, und es gilt jetzt höllisch aufzupassen.

Die brennende Vernunft prestiert hier nämlich in Form von jedwelchen Einfällen, Überlegungen, Vorstellungen, Konzepten, Gleichungen, Kalkulationen und Theoremen manchen ironischen, kniffligen, verteufelt verdrehten, verblüffenden, schwindelerregenden, wahnwitzigen Purzelbaum. Die wuchernden Konfigurationen machen bedenkenlos Anleihen bei Kybernetik, Linguistik, Informations-, Relativitäts- und Spieltheorie, bei Quantenmechanik, Unschärferelation, Astrophysik und sämtlichen Kosmogonien. Auch bedienen sie sich reichlich bei einer unbegrenzten Zahl fiktiver Disziplinen und ganzer imaginärer Wissenschaften und Super- und Metawissenschaften. Unbekümmert, aber listig und wissend vermengt Lem Wissenschaft, wie sie ist, nämlich trocken, mit Wissenschaft, wie sie sein sollte, nämlich fröhlich und glühend, durchdrungen von Witz und emotioneller Teilnahme. Er verwischt absichtlich die Grenzen zwischen »Science« und »Science-fiction« und führt einen dabei oft ganz schön hinters Licht.

Seine eigentlichen Protagonisten rekrutieren sich denn erst aus den Hervorbringungen seiner intelligenten, geschulten, disziplinierten, aber dennoch lebenskräftig reichen und monströs produktiven Phantasie. Lebendig sind bei ihm die absurden, tragischen außerirdischen Zivilisationen; die befremdlichen Knoten und Schlingen des Raum-Zeit-Kontinuums; die überwältigenden Weltraumrepubliken samt intergalaktischen Kongressen; die unüberblickbare Fauna verschiedenster Roboter- und Androidenrassen; die beunruhigende Verdoppelung und Aufhebung der Wirklichkeit durch kybernetische Simulation; der strenge Geruch und die bürokratische Komik der Forschungslaboratorien, Lehrstuhlhierarchien, Doktorandenseminarien und Akademieunterabteilungen. Alles in allem ein unglaublicher neuantiquarischer Barock der Moderne, etwas verwirrlich und ab und zu chaotisch, vor allem aber, wenn er noch an den Karsumpel auf einer Müllhalde des Überflusses erinnert, vielfältig, farbig, prachtvoll.

Die Lemsche Ratio hat durchaus, wie mehrfach angetönt, ihre zwei Seiten. Für mein Gefühl (auch für meinen Geschmack) drückt sie sich klarer und reiner in der Ironie, im Komischen und Grotesken aus. Der unvermittelte Ernst gibt sich hingegen ziemlich romantisch angekränkelt und erscheint leicht als bedrückende Düsternis und Hoffnungslosigkeit. Das Licht der Vernunft leuchtet merklich matter in dem atmosphärischen Helldunkel.

Sicher nicht zufällig ist das Tragische etwas untervertreten. Es beschränkt sich (abgesehen von diesen oder jenen Erzählungen oder Stücken für Radio und TV) im wesentlichen auf den losen Zyklus von Romanen um das Motiv der außerirdischen Zivilisation. Diese Bücher, nämlich *Die Astronauten, Eden, Solaris, Der Unbesiegbare* und (etwas mehr am Rand) *Transfer,* sind zwischen 1951 und 1964 erschienen und bilden die erste und ursprüngliche Hauptlinie des erzählerischen Werks. Hier folgt der Weg des Helden am deutlichsten dem Muster einer Hin- und Rückreise.

Ironie und Unernst bestimmen dagegen eine zweite, reicher bestückte Hauptlinie, die etwas später, 1957, von der ältern abzuzweigen beginnt. Sie reicht von den *Sterntagebüchern* über die *Robotermärchen,* die *Kyberiade,* die *Erzählungen vom Piloten Pirx* und die *Jagd* bis zum *Futurologischen Kongreß* von 1971. Diese jüngere Serie verfährt zumal auch mit dem wiederkehrenden Personal; sie läßt besonders zwei vorbildliche populäre Helden auftreten, nämlich den unerschrockenen Weltraumfahrer Ijon Tichy – als der in der christlichen Raumfahrt munter drauflosflunkernde Baron Münchhausen – und, als ihren ironischen, abgeklärten Moralisten, den nicht minder kühnen Piloten Pirx.

Von ansehnlicher Behaglichkeit und realistisch den guten Dingen im Leben zugetan, sind sie zwar beide ganz so neugierig wie Lems andere Helden, und ihr Geist ist nicht weniger wach und kritisch. Aber der wilde Heroismus der besessenen Forscher in den Romanen vom *Solaris*-Typ kann ihnen nichts anhaben. Dementsprechend ist ja auch ihre Wahrheitsliebe keineswegs über jeden Zweifel erhaben. Wie denn Lem sowieso entlang der Linie Tichy-Pirx (ganz passend) am freige-

bigsten unbekümmert und ohne Einschränkung drauflosfabu-
liert. Er legt in dieser besondern Disziplin sogar instinktive
Sicherheit und ein genießerisches Behagen an den Tag. Sie
stehen dem Rationalistischen, bisweilen Vernünftelnden, das
er oft pflegt, als willkommener Ausgleich deutlich entgegen.

Vom frivolen Geist Tichys und Prix' leitet sich (aus einer
gewissen Distanz jedoch) auch die dritte Folge der Schriften
her. Sie setzt 1969 mit den *Erzählungen* ein und umfaßt dann
vor allem die *Vollkommene Leere* von 1971 und die *Imaginäre
Größe* von 1973. Allein die Titel der beiden letztgenannten
Bände klingen ja ziemlich ominös. Tatsächlich sind in dieser
jüngsten Serie die Versuche Lems gruppiert, sich von Formen
abzusetzen, die mittlerweile klassisch, ja historisch geworden
sind, nämlich von der eigenen romanesken Science-fiction wie
überhaupt von erprobten Erzählverfahren.

Die fortgeschrittene Schreibweise, die an ihre Stelle tritt,
zeitigt recht eigentümliche Prosastücke an der Grenze zur
ausgesprochenen experimentellen Literatur. Sie täuschen bereits glaubwürdig nicht belletristische Gattungen des Geschriebenen vor, so daß sich manches etwa wie ein wirkliches
philosophisch-wissenschaftliches Essay oder Fachtraktat liest.
So versammelt die *Vollkommene Leere* Rezensionen von – die
Imaginäre Größe – Vorwörter zu inexistenten, fiktiven Büchern – ein Schwindel, der dem listig-treuherzigen Weltraumfahrer Ijon Tichy wohl anstünde.

Der Text *Die neue Kosmogonie* aus der *Vollkommenen Leere*
erreicht vielleicht das äußerste an »fiktiver Wissenschaftlich-
keit« oder (wenn es das gibt) »wissenschaftlicher Fiktionali-
tät«. Es handelt sich um die erfundene Rede eines erfundenen
Nobelpreisträgers bei einer erfundenen Übergabefeier. Ähnliches gilt für den Bericht *Golem XIV* aus der *Imaginären Größe*.
Es umfaßt Belehrungen, wie wir Bleichgesichter sie zu Beginn
des dritten Jahrtausends von einem besonders hochgestoche-
nen und eigenwilligen Computer erteilt bekommen. Literatur
hört da keineswegs auf, Literatur zu sein. Täuschung bleibt
Täuschung. Aber sie fallen zusammen mit einer Art des Denkens und Schreibens, die der wissenschaftlichen bis fast zur
Identität nahekommt. Lem spricht von »Meta-Literatur«;
man könnte zum Beispiel auch »Literatur-fiction« sagen.

Mit solchen Methoden ließe sich am Ende wohl alles »fiktio-
nalisieren«, ein bißchen so, wie man in der Kybernetik alles
simulieren kann (um auf eine von Lems Lieblingsideen hinzu-
weisen). Was zeigt, daß jeder gut beratene Schriftsteller früher
oder später überlegen muß, wie die Realität eigentlich beschaffen ist, und die Zweifel am Gewicht der Welt in Bilder zu fassen
versucht, die ihn angesichts vollkommener Leeren und imaginärer Größen ankommen. Lediglich literarische Flachmaler
wie die »nur abbildenden« Realisten bleiben von derlei An-
fechtungen verschont. Lem hat ihnen natürlich gerade als
Science-fiction-Autor manches voraus. Er gewährt (mit einem
Ausdruck von Siegfried Lenz) »Urlaub von der Schwerkraft«,
was Dogmatiker gern mit »Eskapismus« verwechseln.

Weitere Absetzversuche, die er unternommen hat, fügen sich
im übrigen zu einer etwas heterogenen, vage aber doch erkennbaren Nebenlinie. Sein einziges, folgenlos gebliebenes Stück
Pseudo-Science-fiction, die *Memoiren, gefunden in der Badewanne* von 1961, sind hier zu erwähnen (und vielleicht auch
seine etwas blassen Kindheits- und Jugenderinnerungen *Das
Hohe Schloß* von 1966), vor allen Dingen aber *Die Untersuchung* und *Der Schnupfen* von 1959 und 1975. Von diesen
beiden Kriminalromanen greift der neuere das Thema des
ältern wieder auf. Indem er es aber viel einleuchtender und
radikaler (auch geraffter) abhandelt, zweifelt und greift der
Schnupfen die »Wirklichkeit des Wirklichen« grad so wirksam
und subversiv an, wie es die »meta-literarischen« Texte tun.
Bloß hält er sich, im Unterschied wiederum zur quasi-experi-
mentellen »Literature-fiction« (und nicht anders als die *Untersuchung*), sehr wohl an vereinbarte Formen, namentlich an
gewisse tatsächliche Konventionen des Kriminalromans.

Mit andern Worten, es kommt sichtlich je länger je weniger
darauf an, ob die neuere Lemsche Prosa noch als Science-
fiction zu gelten hat und ob sie einen klassischen oder sonsti-
gen Aufbau beobachtet. Egal wie »etwas von Lem« jetzt aussieht, immer mehr ist es zuvorderst eben das: etwas von ihm,
und allenfalls in zweiter Linie etwas anderes. Seine erste Periode, in den fünfziger und sechziger Jahren, war noch vom
Gebundensein an vorgegebene literarische Kategorien be-

stimmt. Heute, da er 58 Jahre alt ist, über dreißig Bücher veröffentlicht hat und gar als der »dialektische Weise aus Krakau« angesprochen wird, scheint jene Zeit (mit ihren Vor- und Nachteilen) endgültig überlebt.

Die theoretischen Schriften ihrerseits konnten bei uns das Bild vom ausschließlichen Fabulierer und »Science-fictioneer« erst in den letzten Jahren erweitern und korrigieren helfen. Vor 1976 waren kaum ein paar Aufsätze übersetzt, während Romane und Erzählungen teils schon seit zwanzig Jahren deutsch vorlagen. Heute kann man immerhin den ersten von zwei Bänden der umfänglichen *Phantastik und Futurologie,* vor allem aber (wie gesagt) die gut 650seitige *Summa technologiae* einsehen. Sie erlaubt es, ein Bild von den Qualitäten und Zielen des Essayisten Lem zu gewinnen, das noch unvollständig, aber bereits etwas mehr als provisorisch ist. Denn hätte er auch, nebst dieser, keine anderen Abhandlungen mehr geschrieben, das Buch von den Grenzen der Technoevolution würde sehr wohl allein belegen, daß der Denker hält, was der Erzähler verspricht.

Wir brauchen keine einzelnen Thesen aus dem komplexen und schwierigen längeren Gedankenspiel zu erläutern (das sich im übrigen nicht leicht erschließt). Doch läßt sich wenigstens vom einfachsten Ansatz her zeigen, was Lem da für ein typisches »Tour de force« gedreht hat. Der dicke und gescheite Band über die Zukunft geht nämlich davon aus, daß leider nichts Kommendes genau vorhersehbar ist, weswegen sich die darin enthaltene illusionslos-windige Futurologie bloß zu denkbaren, möglichen, wahrscheinlichen Dingen äußern kann, zu solchen, die also eventuell ausbleiben werden. So daß die *Summa* nicht zur Prophetie gerät, sondern einmal mehr zur Phantasie, freilich diesmal zu einer »nicht belletristischen«. Aber noch als solche ist sie unweit entfernt (Lem selber macht diese Annäherung) von einer »Fiction« des Typs »Neue Kosmogonie« oder »Golem XIV«.

Selbst die Theorien scheinen sich also mehr als »Lemsches Geschriebenes« denn als Beiträge zu bestimmten Genres erweisen zu wollen. Wie die Belletristik bringen sie offenbar die asketische mit der fröhlichen, die faktische mit der phantastischen, die leidenschaftslose mit der brennenden Vernunft zusammen, und die genau genommene Wahrheit mit der weniger genau genommenen. Auch sie fänden, wenn Ijon Tichy eine reale Figur wäre, seinen sichern Beifall.

»Summa Lemologiae«

Gleich welche Form die Lemsche »Wissenschaftsliteratur« nach außen hin annimmt, sie kann sich je nachdem (wie wir gesehen haben) wissenschaftlicher gebärden als die Wissenschaft selbst, und sei's nur zum Schein und für den schieren provokativen Effekt. Sie hat indessen gut chargieren; ihr Autor ist ja in mancher Disziplin einer zünftigen akademischen Kapazität ebenbürtig und könnte sich ohne Mühe für das eine oder andere Ordinariat qualifizieren. Aber statt unter die Gelehrten zu gehen, wird er doch wohl lieber ein Weiser bleiben, mehr der Kritiker und Satiriker des Einsteinschen Zeitalters als sein Verkünder. Bei allem Wissen, scheint es, ist sein Scharfsinn doch zu glatt geschliffen, und es fehlt ihm der rechte Glaube an die letztliche Unfehlbarkeit der Methode »Versuch und Irrtum« im besondern wie des forschenden Beginnens überhaupt.

Schließlich ist er 1948 in Krakau als Mediziner abgesprungen, indem er gleich nach dem Examen seinen literarischen Erstling *Das Hospital der Verklärung* schrieb (eine Paraphrase auf den *Zauberberg* von Thomas Mann). Damals mochte keiner der eben verstaatlichten polnischen Verlage den autobiographischen Arztroman veröffentlichen, jedenfalls nicht umgehend. Er wurde zwar nicht formell verboten, doch verlangte man Ergänzungen zu dem bereits vorhandenen Material hinzu, sogenannte Gegengewichte im Sinn des »sozialistischen Realismus«. Lem genügte dieser Forderung und ließ sich nicht weniger als zwei Fortsetzungsbände abnötigen. So entstand eine unfreiwillige Trilogie, die 1955 als *Die nicht verlorene Zeit* herauskam (ausgerechnet). Erst 1974 erschien das Werk unter dem ursprünglichen Titel *Das Hospital der Verklärung* und der beiden leidigen Anhängsel entledigt.

Solche grotesken Anstände könnten Lem mit bewogen haben, sich auf das phantastische Genre zu verlegen, das zwar den geläufigen Vorstellungen von Realismus auch nicht genügt, aber wenigstens unverdächtiger und zensurfester ist als die allgemeine Literatur. Die Erscheinungsfolge seiner frühen Werke scheint eine derartige Möglichkeit jedenfalls anzudeuten. Denn der Ärger mit dem *Hospital* (das zunächst den Aufpassern noch als Trilogie zu wenig ausgewogen schien) erreichte um 1951 seinen Höhepunkt – gleichzeitig aber gingen die *Astronauten,* der erste vollgültige Science-fiction-Roman desselben Autors, ohne weiteres in Druck.

Dieser Widerspruch gibt zweifellos zu denken. Doch war es nicht etwa die Zensur, die Lem überhaupt erst auf die unverfänglichere Gattung brachte. Im Gegenteil, schon 1946 war eine Erzählung von ihm, *Der Marsmensch,* in einer Groschenheftserie erschienen. Sie verrät (auch wenn sie später nie wieder neu aufgelegt wurde), daß schon seine allererste Schriftstellerei mit Science-fiction befaßt war. Wenn also das *Hospital,* im Gegensatz dazu, ein früher Versuch in Hochliteratur war, so ist wiederum nicht sicher, daß er wirklich umständehalber der einzige seiner Art geblieben ist (abgesehen vielleicht vom *Hohen Schloß*). Er hätte von allem Anfang an als Zwischenspiel gedacht sein können.

Man stößt beim Mustern dieser Wurzeln der Lemschen Science-fiction samt ihren Weiterungen sichtlich auf ungestellte Fragen teils biographischer, teils politischer Natur, mithin an eine Grenze. Zugleich aber schaut ein nicht minder lohnendes Resultat heraus, indem ein anderer Ursprung derselben Sache zum Vorschein kommt, nämlich ihre letztlich triviale Herkunft. Die vorhin erwähnten *Astronauten* sind ja als der Lem-Roman bekannt, der den angelsächsischen Weltraumopern der dreißiger und vierziger Jahre ähnlicher ist als jeder andere. Und der *Marsmensch* ist wohl kaum ohne Grund so gut wie verschollen – er hat in einem Groschenheft ohne Frage den zustehenden Platz gefunden.

Beide Momente eröffnen erst richtig die ganze große Spannweite zwischen den Anfängen und beispielsweise *Golem XIV* oder dem *Schnupfen* und lassen erst vollends erkennen, in was für eine Richtung das Lemsche Geschriebene als ein Ganzes von jeher gesteuert hat, nämlich auf eine allmähliche Überwindung der eigenen Science-fiction-haften Gewöhnlichkeit zu. So etwas wie eine äußerst erfolgreiche »Literatur-Evolution« findet da offenbar statt. Die relative Isoliertheit eines Krakauer Intellektuellen in sicherer Distanz vom internationalen

Science-fiction-Betrieb und seinen atmosphärischen Wechsel-fällen dürfte eine ihrer Grundbedingungen, vielleicht die för-derlichste sein. Wäre ich jemand wie Lem selbst, ich schriebe gar ein großes Buch darüber, wohin die Entwicklung, ohne jede Gewähr, nur denkbarer – und möglicherweise, wahr-scheinlich führen wird – eine »Summa Lemologiae«.

Dominique Sila
Lems Spiele mit dem Universum

Nietsche schreibt über Heraklit und die vorsokratischen Philosophen: »(...) der immer neu erwachende Spieltrieb ruft andre Welten ins Leben.« Wenn es stimmt, daß das Spiel des Kindes und das Spiel des Künstlers, die sich beide damit »unterhalten«, Universen zu schaffen und zu zerstören, die Tugend der Unschuld gemeinsam haben, läßt uns Stanisław Lem die Welt der Science-fiction durch die enge Tür der Philosophie betreten. Mit Blick auf Wissenschaft und Wissen, stellt er Reflexionen über den Menschen, die Gesellschaft und die Literatur an – denn es handelt sich oft in Aussage und Form um eine Fabel; man könnte das Werk des polnischen Schriftstellers in seiner Vielfalt, seinen Widersprüchen, seiner ständigen Bewegung einfach in folgender Formel zusammenfassen: Ein weitgespanntes Spiel, in dem Ernst und Spott so dicht verwoben sind, daß man sie nicht mehr voneinander trennen kann. »Die gnostische Lehre«, sagt Raymond Ruyer in *The Gnosis of Princeton* »(...) betrachtet die Einstellungen, die der Kern moralischer oder religiöser Philosophien sind, als ›Spiele mit dem Universum‹.« Bei Lem stehen wir, wie auch in der *Gnosis,* an einer seltsamen Kreuzung; einer neuen Wegkreuzung des Denkens, nur drückt sich dieses Denken hier durch die Literatur und da insbesondere unter der scheinbar harmlosen Maske der Science-fiction aus.

   Zuallererst: Man muß dieses Spiel mit dem Universum beim Autor wörtlich nehmen. Im Verlauf seines gesamten Schaffens treibt er die Science-fiction auf die Spitze und ersinnt imaginäre Kosmogonien, deren phantastische, kühne und ironische Erscheinungsform jedoch keinesfalls rein willkürlich ist. Beginnen wir mit der berühmten Theorie der »Spieler«, die den stärksten Eindruck hinterläßt, denn sie wird in Form einer angeblich von einem Wissenschaftler der Zukunft formulierten kosmogonischen Theorie klar ausgesprochen. Man findet sie in einer der Erzählungen der *Vollkommenen Leere (Doskoɫała proznia),* einer Sammlung von Kritiken über fiktive Werke, die Lem selbst erfunden hat. Das Buch ist 1971 erschienen und stellt eine wichtige Etappe dar: Lem hat endgültig den

Rahmen der Science-fiction gesprengt, die den Ausgangspunkt der meisten seiner Werke bildet. In dieser Geschichte mit dem Titel *Die neue Kosmogonie* hält Professor Alfred Testa eine Rede, die durch seine Memoiren inspiriert ist: »From Einsteinian to Testan Universe.« Es handelt sich um eine radikale Überprüfung unserer Vorstellungen, um ein posteinsteinsches Universum, wie wir heute von der post-euklidischen Geometrie sprechen. Dieser Theorie zufolge wäre der Kosmos, wie er sich uns heute darstellt – das heißt in dem uns heute zugänglichen Raum-Zeit-Kontext –, mit seinen noch wenig bekannten oder unerklärten Phänomenen (schwarze Löcher, Quasare, Pulsare, abnormale Rotverschiebungen, usw.) zum größten Teil künstlich: Er wäre das Ergebnis einer umfassenden, stummen Konfrontation mehrerer Superzivilisationen; diese hätten im eigenen Interesse allmählich die Ordnung und die Gesetze geschaffen, die es vorher nicht gab, die wir aber heute wahrnehmen und zu Unrecht für natürlich und ewig halten. Seinerzeit, das heißt »am Anfang«, herrschten andere physikalische Gesetze im Universum, und überdies variierten sie je nach den verschiedenen Zonen des Kosmos: Die Lichtgeschwindigkeit stellte zum Beispiel keine allgemein unüberschreitbare Barriere dar. Da indessen die Superzivilisationen, von denen die Rede ist, wissenschaftliche und technologische Kenntnisse erlangt haben, die für uns unvorstellbar sind, haben sie wechselseitig ihre Existenz entdeckt und das Spiel begonnen, das noch heute fortgesetzt wird, und an dem automatisch jede Zivilisation teilnimmt, die reif genug ist, sich von sich aus daran zu beteiligen. Im Verlauf von Millionen und Abermillionen Jahren, in denen man beispiellose Katastrophen verursacht hat, ist man schließlich zur Schaffung eines einheitlichen Kosmos gelangt, in dem überall die gleichen physikalischen Gesetze herrschen. Dieser kosmische *status quo* setzt voraus, daß unser Universum von nun an zur Gänze von der strengen Raum-Zeit-Regel beherrscht wird, mit der »Lichtmauer«, die dafür sorgt, daß eine Kommunikation über gewisse Entfernungen hinaus unmöglich ist. Die »Spieler« haben selbst um ihrer Sicherheit willen stillschweigend beschlossen, diese Kluft zwischen einander zu schaffen; das würde im übrigen das rätselhafte »Silentium Universi« erklären, von dem alle Menschen, die den Himmel abhorchen, überrascht sind, denn es ist ja sehr unwahrscheinlich, daß wir die einzigen im Kosmos sind. Aus allen diesen Gründen wäre es unmöglich zu unterscheiden, was im heutigen Universum »natürlich« und was »künstlich« ist, was da war, »bevor« die Spieler etwas geschaffen haben. Und dennoch sind diese kosmischen Spieler keineswegs Götter, warnt uns Lem durch den Mund von Professor Testa; selbst wenn sie über Kenntnisse verfügen, von denen wir nicht einmal träumen können. Und ihr Spiel mit dem Universum ist in Gefahr, ein böses Ende zu nehmen ... Dieser Prozeß stimuliert nämlich, ohne es zu wollen, die Negentropie, mit anderen Worten, er fördert die Explosion von Leben überall im Kosmos: Es ist also möglich, daß dieses gefährliche Spiel zum Zusammenbruch des Universums führt, falls sich Zivilisationen an dem Unternehmen beteiligen, die noch nicht den notwendigen Reifegrad erreicht haben. Lange nachdem dann alles zum ursprünglichen Chaos zurückgekehrt ist, erscheint eine neue Gruppe von Spielern, und das Ganze beginnt von vorn ... Unter diesen Umständen kann man unmöglich von einem echten Anfang des Universums sprechen. Und nun gelangt Testa zu folgendem Schluß: Es ist möglich, daß seine Hypothese falsch ist und später durch eine andere ersetzt wird, wie es schon oft in der Geschichte der Wissenschaft der Fall war; aber es ist auch möglich – falls es die »kosmischen Spieler« nicht gibt –, daß diese Theorie mehr eine Art Projekt, ein Plan ist und daß das alles erst später verwirklicht wird ...

Das von Lem geschaffene »testianische« Spiel-Universum bezweckt nicht nur, uns zu »unterhalten«. Es dient als Veranschaulichung für einige Überlegungen, die der Autor anstellt.

Zunächst: Der Mensch gelangt bei seiner Suche nach wissenschaftlicher Wahrheit nie an das Ende des Realen: Die Grenzen des Wissens weichen in Raum und Zeit ununterbrochen zurück. Das ist übrigens nicht neu. Aber hier findet man eine der wesentlichen Ursachen der Urangst. Unsere Schöpfer (die Spieler) sind von anderen geschaffen worden, und so weiter. Vor allem kann man die »Neue Kosmogonie« als Metapher eines Universums betrachten, in dem alles Spiel ist: die Schöpfung wie die Existenz. Und das führt natürlich dazu, daß wir den »Ernst« aus unserem Geist verbannen, selbst auf einem so strengen Gebiet wie dem der exakten Wissenschaften. Wenn der Kosmos das Ergebnis eines großen Spiels ist, erklärt dies die Bedeutung des Spiels im Leben des Menschen, oder umgekehrt ... Diese großartige Entdramatisierung, die gleichzeitig die Säkularisierung des unendlich Großen ist (in bezug auf die Religion, aber auch auf die Wissenschaft), das, wie Lem sagt, für gewöhnlich vor Spott und Lächerlichkeit sicher ist, ruft uns natürlich eine im menschlichen Denken und in der Literatur schon sehr lange vorhandene Vorstellung ins Gedächtnis. Diese Vorstellung findet man zum Beispiel unter einem besonderen Gesichtspunkt bei Shakespeare: die ganze Welt ist Bühne, usw. Denn es handelt sich um einen Dramatiker, einen Theatermann. »Lems Spiele mit dem Universum« sind jedoch in ihrem metaphorischen Sinn nicht einfach eine Erklärung, sondern eine aktive Handlung des Geistes: darin stehen sie schließlich Pascal näher. Es stimmt, daß die berühmte Wahrscheinlichkeitsrechnung geboren wurde, weil er etwas so Triviales wie das Hasardspiel studierte. Wenn man bedenkt, daß ein ungeheurer Teil der modernen Physik – ganz zu schweigen von der Statistik – sich auf diese Theorie stützt, ohne die vieles in unserer heutigen Zivilisation undenkbar wäre, kann man Lems Intentionen begreifen. Dieses große »Konstruktionsspiel« führt zu einer echten Manipulation der Realität, zu einer Analyse, die man nicht vornehmen kann, ohne zu schwindeln oder sogar, wenn man will, ohne sie zu sabotieren. Eine Sabotage, die letzten Endes unbemerkt durchgeht. Das zeigt uns, daß die Umwandlung des Natürlichen in das Künstliche ohne große Mühe vonstatten geht: Wir stehen vor einer Gleichung, das heißt vor einer absolut reversiblen Bewegung.

Von da ist es nur noch ein Schritt zur allgemeinen Vorstellung des Künstlichen als Stammbegriff der Welt: Wenn das ganze Universum eine Art Konstruktionsspiel, ein riesiges Schachbrett oder eine »Lotterie von Babylon« nach Art von Jorge Luis Borges ist, dann ist es offensichtlich kein reines Naturprodukt. Es ist verfälscht, manipuliert, und zwar so weit, daß man unmöglich unterscheiden kann, was vor dem Eingreifen der Intelligenzen vorhanden war und was von ihnen geschaffen wurde. Dann ist es allerdings absurd, wenn man das Natürliche radikal dem Künstlichen gegenüberstellt, da es sich eigentlich um zwei relative Begriffe handelt und der Unterschied winzig oder gar nicht vorhanden ist. Also eine scharfe Kritik an der Mode, die das Natürliche als höchstes Gut im Gegensatz zu allen Übeln der »künstlichen« Zivilisation in den Himmel hebt; eine Mode, die im achtzehnten Jahrhundert geboren wurde und heute ein ungewöhnliches Comeback erlebt; laut Lem hat sie sich auf vollkommen falscher Basis aus einem Irrtum entwickelt.

Die Theorie der »kosmischen Spieler« regt schließlich auch dazu an, von neuem über die große Klippe der Philosophie nachzudenken: das Induktionsprinzip. Ohne dieses Prinzip gäbe es heute kein physikalisches Gesetz, keine Evolution im heutigen Sinn. Ist es immer so gewesen? Lem stellt diese Frage aufs neue, und unter seinem Angriff geraten die Barrieren des Absoluten wahrhaftig ins Schwanken – der Begriff des kosmischen oder philosophischen Absoluten selbst. Kein Anfang, kein Ende, kein Natürliches, kein Künstliches. Wir befinden uns mit einem Wort auf schwankendem, auf trügerischem Grund.

Kehren wir zum Ausgangspunkt zurück: Wenn also die griechische Zivlisation – eine der Wiegen der denkenden Menschheit – diese »ästhetische Vorstellung vom Spiel des Universums« hervorgebracht hat, dann kann diese Vorstellung, laut dem Schriftsteller, nur auf die Kindheit zurückgehen; denn »ein Werden und Vergehen, ein Bauen und Zerstören, ohne jede moralische Zurechnung in ewig gleicher Unschuld, hat in dieser Welt allein das Spiel des Künstlers und des Kindes«, schreibt Nietzsche. Man kann ohne Übertreibung behaupten, daß *Wyosi Zamek (Das Hohe Schloß),* das kurze, 1966 erschienene autobiographische Werk, in dem Lem von seiner Kindheit erzählt, eine Art magischen Schlüssel darstellt, der uns Zugang zu einigen der intimsten und faszinierendsten Winkel dieser Persönlichkeit verschafft, und teilweise die Spiele und Besessenheiten enthüllt, die später den Kernpunkt seiner Werke bilden werden.

Während der in Lwów verbrachten Kindheit – eine der in der polnischen Kultur beinahe mythisch gewordenen Städte – entdeckt Lem, dessen Vater Kehlkopfspezialist war, die Merkwürdigkeit und die groteske Ungehörigkeit der Prothesen, als er in einem medizinischen Buch blättert; dann erfindet er die Spiele eines einsamen Kindes: mechanische, chemische und ... philosophische Experimente. Denn der Gymnasiast unterhält sich im geheimen damit, eine symbolische Welt zu errichten, in der alles durch das lächerliche und diabolische Element vertreten ist, auf dem unsere Zivilisation gefahrenvoll beruht: dem Papier, dem Dokument. Dieses Spiel nimmt er ernst und schwindelt nie … Er gelangt so, wie er selbst sagt, mit dieser »bürokratischen Liturgie« an die Schwelle der Kunst und des Absoluten: »Obwohl ich wußte, daß ich keine authentischen Dokumente erzeugte, fühlte ich, daß sie trotz allem ein kleiner Schein von Wahrheit erhellte.« Später wird man im Werk Stanisław Lems diesen Taumel des Spiels an der Grenze des Heiligen und des Grotesken wiederfinden – des Spiels mit dem Absurden und dem Absoluten.

Alle Elemente, die das große, ergreifende Bild von Lems Kosmogonie vervollständigen, tragen in sich den furchtbaren Keim, der alles mit seiner entmystifizierenden und destruktiven Macht ansteckt: daß das Universum – das heißt die Sterne, die Sternnebel – nur ein großer Misthaufen ist, der Abfall gigantischer kosmischer Zivilisationen, daß er das Ergebnis eines Irrtums, einer Reihe von Verwechslungen ist, wie Professor Dońda erklärt – einer der zufälligen Gefährten Ijon Tichys, einer jener ketzerischen Wissenschaftler, die Lem so liebt, und dem der interstellare, voltairesche Reisende der *Dzienniki gwiazdowe (Sterntagebücher)* und der *Wspomninia I. Tichego (Erinnerungen des Ijon Tichy)* begegnet … *errare humanum est* … Was liegt schon daran, wenn, wie Dońda behauptet, dieses Glücksspiel zum Schicksal des Universums wird! Trotz der offensichtlich spaßhaften Seite dieser Theorie klingt die Überlegung in ihrem satirischen Kontext wie ein kaum verändertes Echo von *Zufall und Notwendigkeit* von Jacques Monod … Lem stellt sich also anscheinend auf die Seite der Probabilisten und gibt den Deterministen unrecht, die mit Einstein erklären: ich weigere mich zu glauben, daß Gott mit dem Universum Würfel spielt. Für Lem ist im Gegenteil alles nur Spiel. Freiwilliges Spiel, das Werk allmächtiger kosmischer Spieler oder blindes Spiel des Universums.

Wenn man im Grotesken weitergeht, wenn man noch tiefer in die komplizierte, knirschende Mechanik der »Spiele Lems« eindringt, gelangt man unvermeidlich zum Absurden: ein Absurdes, das an die berühmten mathematischen Paradoxa denken läßt. So erfahren wir auf einer der Reisen Ijon Tichys, daß der Held selbst am Anfang der Weltschöpfung steht... Er findet, daß unser Universum schlecht gemacht ist (weil man bei jedem Schritt auf Ungerechtigkeit stößt) und beschließt, die Idee eines Wissenschaftlers in die Tat umzusetzen, dem es gelingt, für den gesamten Kosmos die Zeit zurückzudrehen, und zwar bis zu dem Originalatom, aus dem er entstanden ist. Tichy programmiert dieses Atom so, daß die daraus hervorgehende neue Schöpfung so weit wie möglich vollkommen ist, das heißt ohne Abscheuliches, Häßliches, Leid. Unglücklicherweise sabotiert in dem Laboratorium, in dem Tichy experimentiert, im letzten Augenblick ein Assistent das Projekt: Mr. Boels E. Bubb führt in das »reine« Modell des Originalatoms, das zur Explosion bereit ist, eben jene Elemente ein, die Tichy ausschließen wollte. Deshalb entsteht der Kosmos zum zweitenmal genauso wie zuvor: keineswegs vollkommen, dem Bösen verhaftet. Die Allgegenwart des Irrtums. Außerdem, kann man die Geschichte, die Zeit neu schaffen? Ijon Tichy schließt tief beschämt seine Erzählung und entschuldigt sich dafür, daß er die Schaffung der Welt unverzeihlicherweise verpatzt hat; einfach aus Nachlässigkeit. Hier könnte Nietzsches Vision von der Philosophie in der Epoche der griechischen Tragödie wie ein Leitmotiv wiederkehren: »Und so, wie das Kind und der Künstler spielt, spielt das ewig lebendige Feuer, baut auf und zerstört, in Unschuld – und dieses Spiel spielt der Aeon mit sich.« Deshalb wird die Schuldfrage fallengelassen. Aber mit ihr auch der Anspruch auf Dauer, auf Ernst.

Die Realität? Wieder in Frage gestellt, steht sie nicht im Gegensatz zum Traum oder zur Fiktion. Es ist eher eine Frage des Grades. An die Stelle des krassen Gegensatzes zwischen Realität und Fiktion muß subtile Abstufung treten. Mit anderen Worten: Ein Phänomen kann, strenggenommen, konventionell empfunden oder aber für realer als ein anderes gehalten werden, genau wie ein Gegenstand wärmer oder kälter, leichter oder schwerer erscheinen kann: Es wäre selbstverständlich absurd, von absoluter Wärme oder absolutem Gewicht zu sprechen. Das ist eine Vereinfachung, auf die man verzichten mußte. Indem Lem so die Realität auf den ihr zustehenden Platz verweist, hört er nicht auf, uns daran zu erinnern, daß die Realität und der Traum sowieso nur durch ein Gitter wahrgenommen werden: das menschliche Gehirn.

Deshalb schafft er das Image einer Welt, die einem ungeheuren Palimpsest ähnelt, der aus einer sehr großen, sogar unendlichen Zahl von Schichten besteht und bei dem jede Schriftebene einen Grad der Wahrnehmung darstellt, der sich zwischen den folgenden und den vorhergehenden drängt. Das geschieht im *Futurologischen Kongreß,* in dem sich die Menschen zum Wohl der Menschheit damit vergnügen, die Realität zu verfälschen, sie allmählich mit Hilfe von kollektiven Halluzinogenen zu verschleiern. Man erhält dadurch eine Welt, in der die Realität geschichtet ist wie ein geologisches Terrain oder eine archäologische Grabungsstelle. Ebenso muß der Held in den *Memoiren, gefunden in der Badewanne* aufeinanderfolgende Kreise durchschreiten, um das Geheimnis zu lüften, um den Sinn seiner Mission zu erkennen: Rund um ihn erscheint jede Person, jeder Gegenstand ebenfalls wie ein komplizierter Palimpsest: Doppel-, Dreifach-, Vierfach-, Fünffachagenten etc. Jeder Mensch ähnelt einer russischen Puppe oder, wie es eine Figur des Romans ausdrückt, einer Zwiebel.

Der Autor scheint von seiner eigenen Angst, von der schwindelerregenden Unermeßlichkeit, von dem Ineinanderschachteln von Welten fasziniert zu sein. Er erneuert die alte metaphysische Besessenheit einerseits, indem er, von ihr ausgehend, eine Anzahl Originalmodelle – nennen wir sie Varianten – baut, und andererseits, indem er eine groteske, satirische Dimension hinzufügt.

Das Bild des Palimpsestes führt logischerweise zur Vorstellung, daß die Realität ein Text ist, der ohne Unterlaß über einen anderen Text darübergeschrieben wird. Nun scheint dieses Bild aber vollkommen mit Lems Anschauung in Einklang zu stehen, für den die Sprache, das »Wort«, ein wesentliches Element ist, das es nicht nur möglich macht, die menschliche Gesellschaft zu erklären, sondern auch, das Universum zu erforschen.

Es ist nicht erstaunlich, daß der Mensch, dessen Denkvermögen zum Großteil begrifflicher Art ist, die Realität – willentlich oder nicht – von der Sprache abhängig macht. Die Sprache ist sozial, konventionell. Sie ist also ein Code, etwas, das keineswegs absolut, allgemein ist, das an sich keine Bedeutung hat. Und das wird auch der naive Geheimagent aus den *Memoiren, gefunden in der Badewanne* zu seinem Schaden erfahren: Er hat seine Instruktionen wörtlich genommen und vergessen, daß sie natürlich als Vorsichtsmaßnahme verschlüsselt waren für den Fall, daß sie dem Feind in die Hände fallen sollten. Man schickt also den Helden zum Chiffrierungsdienst, damit er dort initiiert wird. Er erfährt aus dem Mund eines Offiziers, daß eine Chiffre nicht einfach, wie er geglaubt hat, »ein System von Zeichen ist, das man mit Hilfe eines Schlüssels in die gewöhnliche Sprache übertragen kann«. Die Absicht des Absenders ist unwichtig: der Duft einer Rose, der von einem Stern ausgehende Lichtstrahl können ebenfalls Chiffren sein. Ja aber, meint der Held besorgt, wenn man dieser Beweisführung folgt, gelangt man zu dem Schluß, daß alles Chiffre ist! »Ganz richtig, mein Herr. Alles, alles ist Chiffre – oder Tarnung. Auch sie«, erhält er zur Antwort.

Demzufolge wäre das Universum, der Mensch inbegriffen, mit allen Objekten, die es enthält, ein großes verschlüsseltes System. Lems ätzende Feder verschont auch nicht die Kunst, denn er bemüht sich eifrig, ein weiteres Vorurteil zu zerstören. »Kunst, Literatur – wissen Sie, wozu sie dient? Die Aufmerksamkeit abzulenken.« In Wirklichkeit ist »eine gesprengte Chiffre weiter eine Chiffre. Unter dem Auge des Fachmanns schält sich Schale um Schale heraus. Sie ist unerschöpflich. Es gibt kein Ende. Keinen Boden. Man kann sich in ihre immer unergründlicher werdenden Schichten vertiefen, aber es ist eine Wanderung ohne Ende.«

Wenn also die Gestalten Lems an der Realität im absoluten Sinn zu zweifeln beginnen, widmen sie sich demiurgischen Spielen, deren Zweck darin besteht zu beweisen, daß sie selbst nur eine Illusion sind.

In der Erzählung aus den *Erinnerungen des Ijon Tichy (Sterntagebücher),* in der Professor Corcoran auftritt, in *Non serviam (Vollkommene Leere)* heißt dieses Spiel »Personetik«, »die grausamste Wissenschaft, die der Mensch bis jetzt geschaffen hat«, warnt uns Lem. Seine Grundlage ist nicht mehr die Chemie oder die Mechanik, sondern die Mathematik und die Informatik. Corcoran, ein weiterer Häretiker, hat »denkende Schachteln« erzeugt, die Professor Dobb in der Erzählung *Non serviam* »Personoiden« tauft. Die gesamte Vorstellung beruht auf folgender Hypothese: ». . . und man kann ebenso einen vier-, fünf- oder n-dimensionalen geometrischen

Körper schaffen. (...) Diese besitzen keine realen Entspre-
chungen mehr, und wir können uns davon überzeugen, weil es
wegen des Fehlens der physikalischen Dimension Nummer
vier unmöglich ist, einen wirklichen vierdimensionalen Würfel
zu bauen. Dieser *Unterschied* (zwischen dem physikalisch
Konstruierbaren und dem nur mathematisch Machbaren) existiert *für die Personoiden* überhaupt nicht, weil ihre Welt als
Ganzes eine rein mathematische Konsistenz hat ...«, erklärt
Professor Dobb. Desgleichen verleiht Corcoran mit einer
Reihe komplizierter elektronischer Apparaturen und geeigne-
ter Stimuli rein mathematischen Wesen Scheinleben.

 Sobald aber einmal das Schöpfungs-Spiel begonnen hat, er-
wacht das sittliche Bewußtsein, so durchdringend, so schmerz-
haft, daß es zu folgendem Schluß führt: Der Schöpfer kann
nicht in die geschaffene Welt eingreifen; er hat nicht mehr das
Recht dazu. Nun aber sind wir selbst Personoiden, und Gott
ist nur der zigste Schöpfer auf dieser unendlichen Stufenleiter,
in diesem palimpsestartigen Universum. Die Unschuld des
Spiels führt schließlich zur Grausamkeit und löst sich durch
die kontemplative Weisheit auf: das Nicht-Handeln.

 Die Tatsache, daß man die Realität anzweifelt, ist gleichzeitig
eine Prüfung an der Grenze zwischen dem Sichtbaren und dem
Nicht-Sichtbaren, dem Menschlichen und dem Nicht-Menschlichen; im *Futurologischen Kongreß* ist die nackte oder beinahe nackte Realität, die ihrer zahlreichen Masken beraubt
wurde, unmenschlich; eine eisige, elende Hölle. Shakespeares
Verse werden demaskiert und verwandeln sich semantisch in
eine Anhäufung von rohen und absurden Worten. Man gelangt zu der Erkenntnis, daß jedes wissenschaftliche oder pseu-
dowissenschaftliche Vorhaben, das darauf abzielt zu analysieren, aufzulösen, zu teilen, um die Welt zu verstehen, gleichzeitig eine destruktive Handlung ist. Gegen Ende der *Memoiren,
gefunden in der Badewanne* befindet sich der Held während
eines improvisierten Zechgelages in Gegenwart von Karne-
valsfiguren (Masken ...), Spionen zigsten Grades, Verrätern,
die nur schuldig sind, den Verrat verraten zu haben, etc. Allmählich, während die seltsame Zusammenkunft abläuft,
»hakt« der eine seine Ohren aus, der andere »knöpft« seine
Nase ab, der dritte gesteht, daß er falsche Beine hat. Der
verwirrte Held kommt nicht mehr dazu zu erfahren, was hier

natürlich und was künstlich, was echt und was falsch ist. Er erinnert sich zweifellos daran, daß ein Offizier, der in dem Gebäude auf geheimnisvolle Weise gestorben ist, eine Perücke trug, obwohl er keinesfalls kahlköpfig war, und daß ein anderer, der ebenfalls dahingegangen ist, einen künstlichen Finger hatte, den er ablöste und der auf bizarre Weise als Beweisstück diente . . . Er erinnert sich in dem Augenblick, in dem sich die große Mystifizierung enthüllen soll, an das Museum, das er nach seiner Ankunft im Pentagon unter der Führung eines jungen Offiziers besichtigt hat. Letzterer hatte ihn damals zu der »Natürlichkeit« seines Gesichts beglückwünscht, »vor allem der Nase«, und der Novize hatte sich innerlich gestanden: »Ich bemerkte schließlich, daß die seine eher künstlich wirkte.« Das Museum des Gebäudes quillt vor merkwürdigen Ausstellungsstücken über: »Hinter Glasplatten ruhten (. . .) auf samtenen Unterlagen künstliche Organe, Zahnbrücken, Nasen, Imitationen von Fingernägeln, von Warzen, von Augenwimpern, nachgeahmte Fluxionen und Buckel . . .« Das Metapher-Museum von Lem führt uns in seine Kindheit zurück, der die Entdeckung der faszinierenden medizinischen Werke über die Prothesen ihren Stempel aufgedrückt hat: »Das mutet mich an«, schreibt Lem im *Hohen Schloß,* »wie eine Maskerade, wie ein Spiel für Erwachsene, das nicht ganz verständlich ist, wie eben viele ihrer Bräuche.« Lem kehrt in den *Memoiren, gefunden in der Badewanne* zum ursprünglichen Erstaunen, zur ersten Initiation zurück. Dieser Satz enthält die »Metaphysik des Karnevals«, die eines der wichtigsten Leitmotive seines Werks darstellt, in der Potenz.

Es erweist sich, daß der aufgelöste, verrenkte, zerstückelte Mensch nur eine Mechanik ist, eine vielleicht komplizierte Maschinerie, die aber letzten Endes tot, absurd ist. Dafür ist es möglich, daß ein unbelebter Teil, eine Prothese oder ein Tumor, ein lebendes Gewächs, beginnt, den Namen, das Leben eines ganzen Menschen zu usurpieren, sich für ein unabhängiges, intelligentes Ganzes zu halten. So erscheinen beim alten »Admiradier« der *Memoiren* alle Warzen, knollenhaften Auswüchse, die tausend Unvollkommenheiten des Gesichts wie Ungeheuerlichkeiten, die die Lupe des analytischen, zerstörerischen, Verwirrung schaffenden Geistes vergrößert (der Held hat sich über den Greis gebeugt): »Ein Aufruhr, eine Revolte, eine Panik in den Provinzen des Organismus, ein Versuch zu entkommen, eine Flucht (...) bemüht, sich um jeden Preis so weit wie möglich von der vergreisten Mutterschaft zu entfernen (...), um auf eigene Faust (...) dem Unerbittlichen zu entgehen.«

In der zweifelhaften und trügerischen Realität, in der wir uns bewegen, hat Lem durch seine Gestalten nicht nur Universen geschaffen, sondern auch die Wesen, die sie bevölkern. Denn wenn schließlich der Künstler ein Schöpfer ist, so ist er es vor allem im ontologischen Sinn, im Sinn der Schöpfung.

Deshalb wimmelt es im Werk Lems von Gelehrten, Demiurgen, Konstrukteuren, Manipulatoren der Materie – vergröberte und karikierende Symbole des erfindenden Menschen. Hier könnte man interessante Parallelen zum *Traktat über die Mannequins oder die zweite Genesis* von Bruno Schulz in *Die Zimtläden,* einem 1934 erschienenen Werk, ziehen. Lem hat auf seine Weise Ideen entwickelt, die mit den phantastischen Thesen vergleichbar sind, die Jakub, der Vater-Prophet von Schulz, äußert: »Wenn ich mich damit unterhalten wollte, seine Schöpfung zu kritisieren (die Gottes), würde ich rufen: weniger Wesentliches, mehr Form!« sagt er, »(...) Schöpfung ist ein Privileg aller Geister (...). Der Materie ist eine unendliche Fruchtbarkeit gegeben (...), eine verführerische Macht der Versuchung, die uns zum Formen verlockt (...), sie ist wollüstig biegsam und geschmeidig (...) und sie bildet ein Terrain außerhalb des Gesetzes, das jeglicher Art von Scharlatanerie und Dilettantismus offensteht, eine Domäne für Übergriffe jeglicher Art und *zweifelhafte demiurgische Manipulationen*« (die Hervorhebung stammt von mir). Was Schulz interessiert (auf dem Gebiet der Kunst), interessiert auch Lem im Licht der Wissenschaft: etwas Neues schaffen und nicht den abgedroschenen Ablauf der Evolution wiederholen. So kritisiert Professor Diagoras (in der gleichnamigen Erzählung aus dem Zyklus *Die Erinnerungen Ijon Tichys*) Corcoran, den Erfinder der Personoiden (dessen Werk uns gleichwohl beeindruckt hatte), und beschuldigt ihn des Plagiats. Um ihn für seine Grausamkeit zu bestrafen, dafür, daß er gewagt hat, das menschliche »Ich« zu manipulieren, steckt er ihn seinerseits »in das Kästchen«, indem er ein Modell von Corcorans Gehirn in eine Spieluhr sperrt: auf diese Weise schafft er einen zweiten

Corcoran, der in der Materie gefangen ist. Was Diagoras selbst betrifft, so wälzt er wesentlich ehrgeizigere Projekte, wenn man von dem bißchen kybernetischen Hokuspokus absieht, den er mit seinem Rivalen veranstaltet hat. Wie die Gestalt Schulz' hat er nicht die Absicht, »mit Demiurgen zu konkurrieren«, sondern will Originalwerke schaffen. Es kommt also nicht in Frage, daß er den Menschen, so wie er ist, noch einmal schafft. »Mit einem Wort«, hat der Vater des *Traktats über die Mannequins* zwanzig Jahre zuvor ausgerufen, »wir wollen zum zweiten Mal einen Menschen schaffen, nach dem Bild und Gleichnis eines Mannequins.« Wenn wir das zweite Wort durch »Maschine« ersetzen, haben wir eine ungefähre Vorstellung davon, was der Demiurg Diagoras erreichen wollte: die Materie dazu anregen und sogar dazu zwingen, sich von sich aus zu entwickeln, ohne ihr auch nur einen menschlichen Stammbegriff aufzuoktroyieren. Der Gelehrte erhält daraufhin ein originales, ungeheuerliches (in unserem Sinn) Geschöpf, das ihn überflügelt und das er sehr bald nicht mehr versteht. Sein Geschöpf bedient sich daraufhin seiner, manipuliert ihn seinerseits und vernichtet ihn schließlich.

Eine Entwicklungsstufe weiter geraten die beiden parallelen Zivilisationen (man weiß am Ende nicht, ob der Mensch die Maschine oder die Maschine den Menschen geschaffen hat) manchmal durcheinander: Der Mensch spielt einen Roboter (er verkleidet sich) und der Roboter einen Menschen, und das sind dann die blendenden Verwechslungen, deren Zeuge Ijon Tichy wird. Unvermittelt gleitet die ernsthafte Überlegung über die Kybernetik ins Groteske ab, in die tollste Unwahrscheinlichkeit: Man lasse sich nicht täuschen, hier ist es immer der Mensch – das einzig Erkennbare –, der Ausgangspunkt und Ziel zugleich ist, ganz gleich, welche Maske er trägt. Das ist die Geburt der *Bajki robotow (Robotermärchen)* und der *Cyberiada (Kyberiade)*, jenes vielseitigen, heroisch-komischen Epos, jenes Spiels, in dem Lem auch mit der Literatur spielt, indem er an das Polen des 17. Jahrhunderts anschließt, an seine Zivilisation, seine Sprache, und es dem unwiederbringlichen Zusammenstoß mit der Zukunft aussetzt; das Ergebnis: Diese »zweite Genesis«, um den Titel von Bruno Schulz zu verwenden, ist wesentlich spektakulärer und besser geglückt, sie explodiert wie zu lange unterdrücktes Gelächter. Sie ist in Wirklichkeit nur das kaum veränderte, kaum übertriebene Bild des Zeitgeschehens, der Gegenwart Polens, und darüber hinaus der gesamten menschlichen Zivilisation, in ihrer seltsamen Permanenz.

Innerhalb dieses umfassenden Spiels, immer gemäß dem von Lem so gern verwendeten Einschachtelungssystem – der Taumel der Einschiebe-Universen –, findet man unendlich viele weitere Spiele; zunächst das Spiel der legendären Königs-Roboter in der *Kyberiade:* König Genialion, dessen Geist ausschließlich auf die Liebesspiele gerichtet ist, spielt, daß er träumt, und verliert sich im onirischen Labyrinth, in dem er die Wirklichkeit nicht mehr vom Traum unterscheiden kann; König Baleryon, ein fanatischer Anhänger aller Arten von Spielen, begründet seine Regierung auf einem Ludus-System: die höchsten Würdenträger sind Meister des Versteckspiels, der Bilder- und der Kreuzworträtsel . . . Aber auch ihn vernichtet seine Leidenschaft, als Strafe für seine Oberflächlichkeit. Majmasz Samosyn (»Der Selbstgezeugte«), ein zufällig entstandenes Wesen, preist den Solipsismus und spielt, daß es einen bevölkerten Kosmos erfindet, bevor es vergeht; es fällt dem gleichen Zufall, das heißt dem großen kosmischen Spiel, zum Opfer und kehrt ins Nichts zurück. Man könnte die Beispiele unendlich lang aufzählen; wer spielt, verliert schließlich immer, früher oder später, scheint uns Lem zu sagen. Wo bleibt dann die Unschuld?

Was soll man da von den *Memoiren, gefunden in der Badewanne* (1961) sagen, die – im Widerspruch zu jeder Chronologie – diese Allegorie des Universums und des Werks von Stanisław Lem in seinen vielfachen Facetten vollkommen darstellen? Denn hier wird das Spionagespiel mit seiner schwindelerregenden Kompliziertheit in einem geschlossenen, aber unendlichen Universum – dem Gebäude – bis zum Absurden und zum Tod geführt. Ein Spiel der Masken, ein Spiel der Maschinen, ein Spiel der menschlichen Beziehungen, in dem nichts garantiert authentisch ist, ein Spiel der Gesellschaft, die zu einem ungeheuren, symbolischen »Gulag« geworden ist – das Bild aller utopischen Mißerfolge: der Totalitarismus. Wer spielt, verliert. Und nur eine extreme, verzweifelte Tat wird versuchen, den letzten Funken von Glaube und Reinheit zu retten – beinahe wie die Wette Pascals –, nur ist hier das Schicksal schwer, endgültig; der Tod, der Selbstmord. Wider Erwarten ist es der Tod, der die Perversionen, die Sünden auslöscht, es ist das Opfer, das zur Wiedergeburt der Unschuld führt. Wir befinden uns an der Schwelle des Heiligen, und der Name Pascal ist nicht umsonst gefallen.

Um diese burlesken und unbarmherzigen Welten auszudrücken, auch um sie zu retten, mußte der Autor konsequent bis ans Ende gehen: Also sind die Spiele der Sprache, die Neologismen und vor allem die Wortspiele, die in zahlreichen Werken Lems vom *Futurologischen Kongreß* bis zur *Kyberiade* und zur *Imaginären Größe* im Überfluß vorhanden sind, ihr Abbild. Es handelt sich um kein dazugestelltes, angefügtes Element: die tiefgründige Substanz dieser Universen ist in das Herz der Worte, der Sprache eingebettet. Sie ist also sehr tief gebettet, denn es handelt sich hier um die Strukturen unserer Gedanken. Nun, der Pole, der einer slawischen Sprache Angehörende, war seit langer Zeit zu diesen unglaublichen Manipulationen bereit ... »Am Anfang war das Wort«, scheint Lem zu sagen, für den manchmal das Wort vor der Realität existiert, die es bezeichnet. Und es stimmt, daß das alles an die Kabbala erinnert, an ihre Zahlen- und Konsonantenspiele, an die Vorstellung einer »chiffrierten« Bibel. Wieder das Heilige. Wie in Lems Kindheit, zu Beginn, an der Quelle, als ein beinahe göttlicher, beinahe mystischer Funke aus einer banalen, aber komplizierten Manipulation des Papiers, aus dem Dokument, entspringt. Es handelt sich natürlich weder um Judentum noch um Christentum, noch um eine andere Religion – obwohl ihre Spur vielfach vorhanden ist; nicht einmal um Gott *strictu sensu,* wenn man es so ausdrücken kann. Denn man findet die Spur des Heiligen ebenso bei den Griechen. Aber die futurologischen Spiele der Sprache haben eine andere, furchterregende Facette: sie demaskieren ein absolut aktuelles Phänomen, die Mystifikation der Sprache in den totalitären Staaten des Ostens, die Slogan-Sprache, wie Michael Heller sie nennt, die Masken-Sprache und die Fiktion-Sprache, die droht, in unsere Welt einzudringen. Dank dieser unbarmherzigen Säkularisierung einerseits, dank der schüchternen, aber unbestreitbaren Annäherung an das Heilige andererseits (als wäre Lem ein Mystiker, der sich absichtlich selbst nicht erkennt . . .) gewinnen die Spiele, alle Spiele, ihre Unschuld wieder. Keine endgültige Antwort. Das Böse wird durch das Lachen, die Kunst und das Heilige wiedergutgemacht, die ihrerseits durch das Böse korrumpiert werden, und so weiter, *ad infinitum.*

Um so mehr, als Stanisław Lem noch nicht aufgehört hat zu spielen. Welches neue Spiel wird er erfinden, um uns zu überraschen? fragt man sich. Denn die Partie fängt nach einer kurzen Pause immer wieder an. Lems Gedanken? Im Zusammenhang mit den vorsokratischen Philosophen sagt Nietzsche über die Idee des Spiels: »Das scheint immer die den Griechen auf der Lippe schwebende letzte Lösung oder Auskunft gewesen zu sein.« Um den deutschen Philosophen zu paraphrasieren, könnte man sagen, daß diese Gedanken »der Pessimismus oder der Optimismus des Künstlers« und schließlich ein »Spiel der Kunst« sind.

Wir wissen nicht, ob Lem seine Schachpartie mit dem Leben – mit dem Tod – gewonnen hat. Aber wir sind bereit zu wetten – um uns ebenfalls am Spiel zu beteiligen –, daß dieser Grenzfall der Science-fiction, dieser ebenso geschätzte wie angefeindete Schriftsteller bereits eine wesentliche Schachpartie mit der Literatur gewonnen hat.

Michael Kandel
Über Stanisław Lem

Eine riesige Rechenmaschine versteift sich darauf, daß zwei und zwei sieben ist. Eine Maschine bringt, um ihren faustischen Erkenntnisdrang zu befriedigen, Wahrheiten in Form einer erdrückenden Flut von Bagatellen hervor. Eine winzige Maschine, die man sich als Ratgeber und Gefährten ins Ohr steckt, geht ihrem Besitzer maßlos auf die Nerven und rät ihm zum Selbstmord, als er auf einer wüsten Insel strandet. Ein Zeitreiseprojekt zur Verbesserung der Vergangenheit führt infolge von Mißwirtschaft, Unfähigkeit und Eifersüchteleien unter den Projektmitarbeitern zu einem Fiasko, das heißt, zur Weltgeschichte, wie wir sie kennen. Ein Mittel, mit dem man auf telepathischem Wege den Schmerz anderer mitempfindet, führt nicht dazu, daß in einer Stadt die goldene Regel »Was du nicht willst, daß man dir tu . . .« verwirklicht wird, sondern ruft statt dessen heilloses Durcheinander und tätliche Auseinandersetzungen hervor.

In Lems literarischer Welt schlagen Erfindungen unweigerlich fehl, insbesondere dann, wenn sie in bester Absicht gemacht werden. Sie schlagen infolge des menschlichen Elements fehl.

Lem sieht das menschliche Element auf zweierlei grundlegende Weise: optimistisch und pessimistisch. Der Optimismus gründet sich auf eine Vorstellung, zu der er mittels Kybernetik und Informationstheorie gekommen ist: Jedes hinreichend komplexe System, ob seine Bestandteile nun biologisch oder nicht biologisch sind, ist unvorhersagbar. Daher ist jedes System, das genügend komplex ist, um Bewußtsein zu entwickeln, autonom. Für Lem macht das die Eigenart des Menschlichen aus – und die läßt sich nicht, wie Dostojewskis Mensch im Kellerloch befürchtet hatte, in Logarithmen zerlegen. Das Geheimnis der Persönlichkeit (obosowość – Person, Individualität) entzieht sich eigentlich dem Seziermesser der Wissenschaft. Lem feiert diesen Sachverhalt entweder spielerisch, wie in den *Robotermärchen,* oder im Tenor poetischer Affirmation wie in *Solaris* oder *Die Maske.* Den Triumph des menschlichen Elements, des Geistes.

Lems Pessimismus läßt sich folgendermaßen ausdrücken. Dieses kybernetisch garantierte Menschsein existiert in einem Weltall, das von Grund auf mangelhaft ist. Bewußtsein bedeutet unweigerlich Leiden (wiederum Dostojewski). Daher ist es verwerflich, Bewußtsein zu schaffen, etwa durch den Bau einer denkenden Maschine. Derartige Schöpfer sind in Lems Erzählungen immer schuldgeplagt. Schuld trifft selbst einen unpersönlichen Schöpfer. Daher personifiziert Lem häufig die natürliche Evolution – Mutter Natur –, um sie anzugreifen. Zweierlei Anschuldigungen werden gegen Mutter Natur vorgebracht. Die erste läuft darauf hinaus, daß unser kostbares Bewußtsein zeitlich begrenzt, d. h. zum Untergang verurteilt ist. Die zweite ist die, daß unser Bewußtsein – unsere Persönlichkeit, unser Menschsein, unser Geist – auch qualitativ begrenzt ist. Es wird von seiner *physischen* Beschaffenheit versklavt.

Die Naturgesetze des Universums verschwören sich zu unserer Einkerkerung, sie setzen unserer Erkenntnis und Handlungsfreiheit Schranken – die Lichtgeschwindigkeit ist eine derartige Schranke. Ebenso erlegt die Biologie unserem Bewußtsein Beschränkungen auf; es deformiert die Universalität unseres Denkens. Wir sind sozusagen vorprogrammiert, ohne daß man uns um unsere Zustimmung gefragt hätte. Aus diesem Grunde behandelt Lem die Geschlechtlichkeit im gesellschaftlichen Zusammenhang immer auf satirische, verächtliche Weise. Der abscheuliche und einfältige Imperativ des Geschlechtlichen mindert unser Menschsein. Zur Kategorie der physischen Beschaffenheit lassen sich auch die politischen Herrschaftssysteme zählen. Politische Tyrannei – die Tyrannei *unserer* Biologie – die Tyrannei der Physik.

Anders ausgedrückt, Lem macht der Natur zum Vorwurf, daß wir erstens sterblich und zweitens animalisch sind. In dieser Hinsicht und in bezug auf diese Gleichsetzung von Menschsein mit Bewußtsein gehört Lem zur Aufklärung des 18. Jahrhunderts. Für die Aufklärer lagen die Würde und der Wert des Menschen in seiner Vernunft. Aus diesen Gründen beklagte Pascal unsere Sterblichkeit und Swift unsere Animalität. Lems Werk weist mit dem Pathos, der Bitterkeit und der Satire von Schriftstellern wie diesen große Übereinstimmung auf. Auch dem Geist Voltaires zeigt er sich zutiefst verwandt.

Wie sie alle hat Lem eine A-priori-Vorstellung von der menschlichen Vollkommenheit, und hegt daher, wie sie alle, ein tiefes Gefühl der Enttäuschung. Daher der Widerschein des Zynismus, das hämische Gelächter.

Es ist gut, daß wir menschlich sind, aber leider sind wir nicht menschlich genug – weil wir in unserem Menschsein nur allzu menschlich sind. Das ironische Paradoxon dieses Doppelsinns des Menschlichen findet in Golems Antrittsvorlesung in *Imaginäre Größe* seinen Ausdruck. Der Golem, ein Computer-Genie, prophezeit, daß der Mensch seine Wissenschaft und seine Technik gegen sich selbst wenden wird – und wahrhaftig, die Menschheit hat bereits damit begonnen – und seine Evolution selbst in die Hand nehmen wird. Der Mensch wird folglich einen neuen Menschen schaffen. Dieses Unternehmen wird jedoch scheitern, weil der in seinem existentiellen Selbst gefangene Mensch sich nichts wahrhaft Neues ausdenken kann, keinen grundneuen Einfall hervorbringt. Wenn es ihm jedoch andererseits gelingen sollte, diese Fessel abzuschütteln, würde er etwas hervorbringen, was nicht mehr menschlich wäre.

Es ist ein Teufelskreis. Um anders zu sein, muß der Mensch zuerst anders sein. Lem entwirft viele Zivilisationen, die den Versuch unternehmen, sich selbst zu erschaffen – in der 21. Reise Ijon Tichys zum Beispiel, und das Ergebnis ist unweigerlich eine tolle Posse. Die Freiheit, behauptet Lem, ist ein Hohn, weil man nur das tun kann, was man sich vorzustellen vermag. In seinen Erzählungen begegnen wir häufig allmächtigen Schöpfern, die durch ihren Mangel an Allwissenheit entweder lächerlich oder bedauernswert ausfallen – je nachdem, ob die Art der Darstellung komisch oder tragisch ist.

Warum kehrt Lem nichtsdestoweniger so oft zum Thema zurück und wiederholt es so oft, wenn er von der Vergeblichkeit schöpferischen Tuns überzeugt ist? Weil er – wie Dostojewski – im Herzen noch immer das erhofft, was sein Verstand leugnet. Er bewundert zum Beispiel immer wieder die Mathematik, diesen reinsten Ausdruck des schöpferischen Geistes. Die Mathematiker sind Lems Helden und Champions – in *Transfer, Die Stimme des Herrn, Die Kyberiade,* »Die neue Kosmogonie«. Die Mathematik bedeutet eine Flucht vor unserer physischen Beschaffenheit – und ein zeitweiliger Triumph über sie. Sie ist eine immaterielle Kraft. Und Lem stellt – an einigen Stellen seiner Essays – beinahe sehnsüchtige Überlegungen an, daß die höchste Stufe der Technologie imstande sein wird, völlig ohne alles Instrumentelle auszukommen. Der Akt des Wollens allein wird ausreichen. Am Anfang war das Wort. Und auch in seinen Erzählungen werden uns flüchtige Blicke auf diese Vorstellung zuteil, etwa dort, wo eine letzte Waffe ehrfurchtgebietende Unstofflichkeit hat (siehe *Zwei Ungeheuer*). Mit Hilfe der reinen Mathematik besiegen Trurl und Klapaucius den politisch wie physisch mächtigen König Grausamius *(Die zweite Forschungsreise)*.

Das grenzt jedoch ans Übernatürliche, und für den aufgeklärten Lem bedeutet das Sich-Abfinden mit dem Übernatürlichen eine Abdankung der Vernunft. Er sehnt sich nach dem Spirituellen, ist jedoch unfähig, daran zu glauben. Alles, was ist, ist von dieser physischen Welt – und doch ist das Physische das Gebrechen im Gefüge des Daseins, die Quelle unseres Leidens.

Lem interessiert sich nicht nur für die Erschaffung der natürlichen Welt oder die Schöpfungen der Wissenschaft – Gen-Technik, Kybernetik; alle Aspekte des Schöpferischen ziehen ihn in ihren Bann, folglich auch die geistigen. Wie Ideen entstehen (das Problem des »Genies«). Das Schaffen von Kunst, von Literatur. Selbst die schattenhafte Schöpfung der Träume. Aber bei Lem sind Träume durchaus nicht bloße Schatten; in seinem Werk kommt ihnen eine beunruhigende Wirklichkeit zu. Das mag teilweise auf die kybernetische Vorstellung zurückzuführen sein, daß das System wichtig ist, nicht das Material, aus dem es besteht, und daß in einem komplexen System wie dem Gehirn ein der Phantasie entsprungenes Wesen selbst auch komplex sein und eine »kybernetische« Autonomie haben könnte, daher »Gleichberechtigung« mit allen anderen Wesen hätte. (Vgl. die Geschichte von der Traummaschine des Königs Zipperupus oder das Märchen vom König Murdas.) Aber geistige Schöpfungen sind nicht weniger als physische einem existentiellen Gebrechen unterworfen.

In seinen diskursiven Schriften stellt Lem eine allgemeine Theorie der Schöpfung auf, spekuliert über die Gesetze, die vielleicht für alle möglichen Typen von Schöpfung gelten – und vor allem für die Evolution zieht er Analogien: die Geschichte der Literatur, die Geschichte der Wissenschaften, die Entstehung der Arten in der Biologie – sie werden ständig miteinander verglichen. Überdies gibt es in beinahe jedem Buch, das Lem geschrieben hat, eine Darstellung der Schöpfungsgeschichte oder einer Schöpfung.

In den letzten Jahren scheint der Pessimismus über den Optimismus zu siegen. Dafür spricht nicht nur der Tenor von Lems Werk, sondern sein zunehmendes Schweigen. In mancher Hinsicht mag Lems Pessimismus eine Widerspiegelung des gegenwärtigen politischen Klimas in seinem Land sein; oder sogar, könnte man behaupten, der vergangenen zweihundert Jahre polnischen Nationalschicksals. Polnischen Schriftstellern ist die Vergeblichkeit, das Gefühl, in einem Vakuum zu schaffen, gewiß nie fremd gewesen. Ideen an sich wohnt jedoch die Macht inne, dem Schriftsteller, von den Zwängen der Zeit und des Ortes ganz abgesehen, die Freude an seinem Handwerk zu verleiden. Wenn die Schöpfung eine Übung in Vergeblichkeit ist und wenn die Gesellschaft auf ewig in den Torheiten ihres Menschseins gefangen ist, was für einen Sinn hat es dann, seine Gedanken zu Papier zu bringen? Vielleicht verhält es sich so, daß jede schöpferische Tätigkeit ein Akt des Glaubens an die Welt und ihre Zukunft ist und daß jeder Künstler, wenn er etwas schaffen will, von einem Traum, das heißt einem Idealismus beseelt sein muß.

Lems *Die vollkommene Leere* ist, wie er in seiner Einleitung feststellt, »ein Buch voll unerfüllter Träume«. Jede einzelne Erzählung, eine erfundene Rezension eines erfundenen Buches, befaßt sich mit einer Art von Schöpfung.

Ein Mann auf einer einsamen Insel umgibt sich mit einer Gesellschaft von Wesen, die seiner Phantasie entsprungen sind, um seinen Verstand vor der Erosion der totalen Einsamkeit zu retten (siehe auch die 28. Reise Ijon Tichys). Eine Gruppe ehemaliger Nazis klammert sich im Herzen des südamerikanischen Dschungels an ihre Macht und ihren Ruhm, indem sie so tut, als wären sie der Hof Louis XVI. Eine Mutter und ein Vater bauen gemeinsam die Illusion auf, ihr unheilbar debiles Kind sei völlig normal. Alle diese Erfindungen sind sorgfältig errichtete Gebäude, die eine feindselige Wirklichkeit fernhalten sollen.

Dann sind da literarische Schöpfungen. Ein Schriftsteller

versucht, Joyce mit Hilfe eines Computers zu übertrumpfen, der mit der Library of Congress in Verbindung steht. Eine Schriftstellerin versucht, einen Antiroman zu schaffen, der so radikal ist, daß er alles verneint – den Erzähler, die Sprache, sich selbst – und mit dem Verfall endet. Wieder ein anderer Schriftsteller will originell sein, indem er den Leser persönlich angreift. Und es gibt einen Romanbaukasten, bei dem der Autor gänzlich abgeschafft wird, da der Leser das Werk zusammenstellt.

In die Kategorie der gesellschaftlichen Steuerung (oft mittels der Technik) fallen verschiedene Vorhaben. Die Versexung und die folgende Entsexung der Gesellschaft. Die Rettung der Gesellschaft vor der modernen Informationsüberflutung durch eine großangelegte Bücherverbrennung. Die Computerisierung der Gesellschaft, in der nichts dem Zufall überlassen bleibt und jeder Mensch sein Schicksal bei einer Firma bestellt, indem er einen Antrag ausfüllt.

Es finden sich Angriffe gegen Mutter Natur. Eine heftige Auseinandersetzung über die Schlamperei der biologischen Evolution mündet in einen Appell für die Auto-Evolution (durch Gen-Technik). Ein unglaublich hirnrissiger Versuch, die Gesetze der Wahrscheinlichkeit und der Statistik zu stürzen, tritt im Namen existentieller Individualität an.

Ein Wissenschaftler erschafft in einem Computer Wesen, die sich über ihren Ursprung, über Gut und Böse, und ob es einen Schöpfer gibt, den Kopf zerbrechen.

Und schließlich erweist sich das Weltall, in dem wir leben, mit allen seinen Naturgesetzen als Ergebnis eines Spiels, das von Jahrmilliarden alten Zivilisationen gespielt wird. Gespielt wird es, um im Urchaos ein gewisses Ausmaß an Ordnung herbeizuführen und diese Ordnung aufrechtzuerhalten.

Warum spricht Lem, betrachtet man diese kurze Zusammenfassung seines Buches, von unerfüllten Träumen? Weil die darin enthaltenen Schöpfungen alle Ausdruck seiner im 18. Jahrhundert wurzelnden Hoffnung sind, das Menschsein sei ohne Abstriche zu verwirklichen, das heißt, die Befreiung des Geistes, des Bewußtseins von den ihm durch das Universum auferlegten Grenzen sei möglich. Eine Befreiung, mit anderen Worten, von den Beschränkungen der Wirklichkeit. Lem sagt:

– Wenn der Mensch nur, auf vollkommene Art und Weise,

seine eigene Welt schaffen *könnte;* einen wahrhaft neuen Einfall; ein wahrhaft neuartiges literarisches Werk; ein wahrhaft neues Ich.

– Wenn sich der Mensch nur von seiner Biologie, seiner animalischen Abstammung, seinem Geschlecht befreien *könnte;* freimachen von der Gesellschaft, die unfähig ist, das Genie zu erkennen; freimachen von den Gesetzen der Physik und der Statistik.

– Wenn wir nur mit anderen Zivilisationen in Verbindung treten *könnten.* Und warum ist es wünschenswert, mit ihnen in Verbindung zu treten? Weil sie uns vielleicht etwas *Neues* zu sagen haben. Eine Neuheit, die uns den Hebel liefern könnte, den wir in unserem Kampf gegen eine einkerkernde Wirklichkeit brauchen, wenn wir wahre Freiheit erreichen wollen.

– Kurzum: Wenn der Mensch nur ein Gott sein *könnte.*

Pascal sprach vom Engel im Menschen. Die Aufklärer, die Gott aus ihrer Weltanschauung verbannten, machten damit aus dem Menschen einen Anwärter auf die Göttlichkeit. Weil dieses Vakuum gefüllt werden mußte.

Dieser Eindruck der Verheißung unendlicher Möglichkeiten durchdringt noch immer einen Großteil des modernen Denkens und liegt gewiß unserer Vorstellung von gesellschaftlichem und wissenschaftlich-technischem Fortschritt zugrunde; er zeigt sich heute am deutlichsten in den biologischen Naturwissenschaften. Lem hat immer, von allem Anfang an, diese Begeisterung geteilt. Für ihn war die Wissenschaft das entscheidende große Abenteuer des Menschen. Er ist jedoch in wachsendem Maße überzeugt von ihrer Hoffnungslosigkeit. Und unglücklicherweise – unglücklicherweise zumindest für seinen Seelenfrieden – ist Lem, anders als Dostojewski, nicht imstande, den verbannten Gott wieder in seine Rechte einzusetzen. Lem lebt in einer öden, trostlosen Welt, in der es keinen Gott gibt – und keinen Gott geben kann. Daher begnügt er sich vorläufig mit der Ironie.

John Rothfork
Kybernetik und humanistische Literatur:
Stanisław Lems »Kyberiade«

> Die Dichtkunst ist zur höheren Algebra der Metaphern geworden.
>
> *Ortega y Gasset*

> Das Problem bleibt jedoch. Wie kann die Literatur der Menschheit in Gegenwart und Zukunft am meisten nützen?
>
> *Robert Scholes*

Zu der Zeit, als die Philosophie des Humanismus die Strukturen der Erfahrung definierte und eine Terminologie bereitstellte, die ihre eigenen Werte verborgen in sich trug, hätte man Robert Scholes' Frage, welchen Wert die Literatur habe, wahrscheinlich so ausgelegt: »Welche Art von Literatur ist bei der sokratischen Aufgabe, unser Leben zu verstehen, am nützlichsten?« Im Lichte des logischen Positivismus und einer weltumspannenden Technokratie muß die ganze Frage jedoch weitaus grundlegender gesehen werden. Bevor er diese Frage stellt, beschreibt Scholes in seinem Buch *Structural Fabulation* die Sackgasse der modernen Literatur, die diese Frage unausweichlich aufkommen läßt. Einerseits vertritt der New Journalism die Metaphysik des Solipsismus und schwelgt im Narzismus. Andererseits geht der neue Roman von der Phänomenologie aus und wird treffend Antiroman genannt. Der eine Typus kichert und der andere gähnt vor Langeweile. Der springende Punkt liegt darin, daß keiner der beiden Typen nützlich ist, da beide, aus verschiedenen Gründen, die herkömmliche moralische Funktion der Literatur scheuen; nicht in dem Sinn, der Wayne Booth in seinem *The Rhetoric of Fiction* anscheinend vorschwebt, nämlich des christlichen Bekehrungseifers, sondern in dem fundamentalen Sinn des Geschichtenerzählers, zur Vermittlung einer Moral, um zu erzählen, wie die Welt beschaffen ist, und warum etwas so geschieht, wie es geschieht. Im neunzehnten Jahrhundert wandte sich die Literatur der Psychologie zu, um fundiertere Antworten zu erhalten. Heutzutage wird sie, wie Ortega y Gasset es vorausgesagt hat, so sehr von der analytischen Philosophie in An-

75

spruch genommen, daß sie ihre raison d'être preisgegeben hat.

Stanisław Lem ist ein polnischer SF-Schriftsteller, dessen Werk unmißverständlich demonstriert, daß die Literatur weder im Sterben liegt, noch notwendigerweise zu theoretischen Extrempositionen getrieben wird. Lem studierte ursprünglich Medizin, hat aber seit 1946 mehr als dreißig Bücher veröffentlicht. Bis jetzt liegen in englischer Sprache dreizehn Bücher vor, von denen die meisten auch als Taschenbücher erhältlich sind. *Solaris,* sein tiefsinnigster Roman, wurde von den Russen als langer Film produziert und war in den Vereinigten Staaten einigermaßen erfolgreich. Zwar kennen die amerikanischen Kritiker Lem nicht sehr gut, aber dennoch ist er ein wichtiger Schriftsteller. *Science-Fiction Studies,* eine Hochschulzeitschrift, die 1974 gegründet wurde, um die SF einer ernstzunehmenden Literaturkritik zu unterziehen, setzt sich laufend für Stanisław Lem und Ursula Le Guin ein, wie es ja auch sein soll. Lems Bedeutung ergibt sich daraus, daß er in der Literaturtheorie gut beschlagen ist, und um ihre Herausforderung durch den logischen Positivismus und die Technik im allgemeinen weiß, und anstatt die technisch verwandelte Welt nicht zur Kenntnis zu nehmen, wie es die meisten Romanciers weiterhin halten, oder vor ihr zu kapitulieren, behandelt Lem das Problem im Kontext herkömmlicher Literaturformen; im Falle der *Robotermärchen* und der *Kyberiade* im Märchen. Das ist keine geringe Leistung. Man bedenke, daß Saul Bellows Roman *Mr. Sammlers Planet* ebenfalls die durch die Technik hervorgerufenen Probleme darstellt. Denn vom Standpunkt des Humanisten der Aufklärung scheint die moderne Welt aus den Fugen geraten zu sein. Daher gesteht Sammler seine Niederlage ein und gibt zu, daß er, auch wenn alles verrückt ist, keine Antwort darauf weiß. Im Gegensatz zu Bellow ist Lem in der zweiten Hälfte des 20. Jahrhunderts heimisch, und seine Sicht beschränkt sich strukturell darauf; das heißt, er zieht nicht einfältige Binsenwahrheiten aus dem 18. Jahrhundert heran, um das zwanzigste zu verdammen. Doch wäre es ein unverzeihlicher Irrtum, sich einzubilden, daß Lem auf die Verantwortung des Romanciers verzichtet, aus der Erfahrung eine Moral zu ziehen, wie es Bellow tut. Ursula Le Guin findet denn auch, daß »die Ethik den Schwerpunkt von Lems Büchern bildet«.[1]

Obwohl Lem Interesse für die Phänomenologie zeigt, »betrügt« er weiterhin, wie es Frank Kermode ausdrücken würde. Das soll heißen, er verwendet zwar eine phänomenologische Definition des Bewußtseins als höchste epistemologische Struktur seiner Charaktere, zieht es aber vor, eine präphänomenologische und herkömmliche Art von Literatur zu schreiben, eine Literatur, die auf metaphysischen Prämissen beruht, die durch die Phänomenologie ungültig geworden sind. In dem Roman *Der Unbesiegbare* zum Beispiel muß Rohan entdecken, daß die Erkenntnis nicht unendlich ist, sondern durch die Struktur des wahrnehmenden Bewußtseins selbst begrenzt wird: »Nicht überall ist alles für uns bestimmt.«[2] In diesem wie in anderen Romanen erfährt der Leser wie in Colin Wilsons mißglücktem Roman *The Mind Parasites* etwas über die Phänomenologie. Wohingegen in Robbe-Grillets Werk zum Beispiel die Phänomenologie dem Buch ontologisch vorausgeht und festlegt, was in einem Antiroman ausgesagt werden kann, so daß dem philosophischen Neuling nichts anderes übrigbleibt, als in dessen Essays nach den Gründen für die Form des Antiromans zu suchen. Offensichtlich ist Lem nicht der Ansicht, daß eine Philosophie, die einer Erzählung das Thema liefert, der Erzählung vorangehen sollte. Überdies kritisiert Lem SF-Autoren, die sich bemüßigt fühlen, einen Stil zu schreiben, der sich von der zeitgenössischen Philosophie herleitet: »Schriftsteller mit höchsten Ambitionen und zugleich erstaunlichem Talent wie Ray Bradbury oder der jüngere J. G. Ballard [setzen] konzeptuelle und rationale Mittel, die die Science Fiction schuf, [ein],. . . um sie dem ›optimalen‹ Pol der Literatur zuzuführen.«[3]

Alfred North Whitehead hat die Vermutung geäußert, daß seit der Zeit Miltons und während der ganzen Romantik die Künste, vor allem die Dichtung, die Wissenschaft mutwillig und arrogant ignoriert haben, da sie mit der Determination des Menschen, die sich scheinbar unumstößlich aus ihr ergab, nicht fertig wurden. Wir scheinen jetzt Zeugen des Umgekehrten zu werden: daß Künstler in die Philosophie vernarrt sind, die als Folge des wissenschaftlichen Fortschritts entstanden ist. In konsequenter Fortentwicklung der beiden Literaturlagen Realismus und Naturalismus haben wir es zu einer rein theoretischen Literatur gebracht, die sich auf die Analyse ihrer eigenen Methoden beschränkt: ».. . das Werk ist kein Zeugnis von einer äußeren Realität, sondern stellt seine eigene Realität dar.« An anderer Stelle schreibt Robbe-Grillet: »Die Wirklichkeit wurde nicht mehr unaufhörlich anderswo gesucht, sondern *hier und jetzt,* ohne Zweideutigkeit.«[4] Herkömmliche Literatur kann aber ohne Zweideutigkeit, vor allem ohne moralische Zweideutigkeit, nicht geschrieben werden.

Ein Mittel zur Wiedergewinnung humanistischer Literatur ist die Heranziehung »des Fabelhaften, um über das Phänomenologische hinaus vorzudringen«.[5] Das ist Lems Strategie. In seinem Essay »Science Fiction – strukturalistisch gesehen« erörtert Lem drei Arten von Literatur: die realistische, die mythische und das Märchen. Entgegen dem ersten Eindruck hält er Mythen und Märchen potentiell für bedeutungsvollere Arten, weil sie am weitesten davon entfernt sind, bloß physische Prozesse zu erhellen, »Prozesse, die jeder Intention bar sind; sie haben keinen Sinn als ›message‹, sie wünschen uns weder Gutes noch Schlechtes, sie sind nur da«.[6] In der Welt des Mythos ersetzt die Moral die Physik als System zur Erklärung von Kausalzusammenhängen. Dadurch wird uns die Möglichkeit zurückgegeben, Sinn und Bedeutung in eine Wirklichkeit einzuführen, die phänomenologisch gesehen ebenso lebensfähig ist wie die »objektive« Wissenschaft, denn wie Husserl sagt, »Realität und Welt sind . . . eben Titel für gewisse gültige Sinneseinheiten, nämlich Einheiten des ›Sinnes‹«.[7]

Sobald man Robbe-Grillets Prämisse, daß es außer der Sprache vielleicht nichts gibt, akzeptiert, kann man Lems Märchen auf ihrem ureigensten Gebiet genießen, ohne ständig in Versuchung zu verfallen, diese oder jene erzählerische Gegebenheit ihrem nichterzählerischen Gegenstück gegenüberzustellen. Zentrales Thema seiner *Kyberiade* ist der Nachweis, daß eine Technik und eine Literatur, die der Technik nacheifern, zum Scheitern verurteilt sind, sofern sie nicht von humanistischen Prinzipien und Werten getragen werden.

Das Buch schildert die Abenteuer zweier »Konstrukteure« oder Supertechniker namens Trurl und Klapaucius. In beinahe jeder Fabel ersinnt Trurl eine unwahrscheinliche Maschine, die allen unweigerlich Schwierigkeiten bereitet. Klapaucius ist ein verhältnismäßig »gerader Michel«, er rettet

entweder Trurl aus seinen Schwierigkeiten oder erklärt ihm:
»Das habe ich immer gesagt.« Sie sind ein Komikerduo wie
Laurel und Hardy oder eher noch wie Ralph Cramden und
Eden Norton in *The Honeymooners,* wo Ralph regelmäßig
Pläne ausheckt, um schnell reich zu werden, die aber unweiger-
lich fehlschlagen. Beim Lachen über die Märchen übersieht
man leicht, daß die beiden Konstrukteure selbst konstruiert
worden sind. Sie sind Roboter oder intellektronische Wesen,
die genauso wenig bedrohlich wirken wie Jerry Lewis oder
Dean Martin.

In der ersten Fabel »Die Rettung der Welt«, dem ontologisch
notwendigen ersten Mythos in jedem System, erbaut der Kon-
strukteur Trurl eine Maschine, die alles erschafft, was mit dem
Buchstaben »N« beginnt. Vom Standpunkt des naiven Realisten ist ein derartiges Verfahren absurd, denn Dinge, die lediglich mit N beginnen, haben vom Standpunkt der Physik aus
nichts gemeinsam. Vom Standpunkt eines Semantikers oder
modernen Schriftstellers, der immer um seine theoretischen
Grenzen und Möglichkeiten weiß, ist ein solches Vorgehen
keineswegs absurd. Denn eine jede Erzählung besteht nur aus
sprachlichen Zusammenhängen. Wie ein fiktionaler Realist
bemüht sich die Maschine zunächst ganz naiv, die Natur im
Computer oder dem sprachlichen Modell (der Computer bedient sich mathematischer Symbole, das sprachliche Modell
der Buchstabenzeichen) nachzuahmen und zu wiederholen.
Mit wachsender Weltklugheit schafft die Maschine sodann
eine negative Welt. Wie der Phänomenologe sieht sie anscheinend ein, daß die Welt, die in der Literatur erschaffen wird,
von grundlegend anderer Beschaffenheit ist; sie besteht eher
aus Antimaterie als aus nonverbaler Wirklichkeit. Schließlich
fordert Klapaucius, ein befreundeter Erfinder mit philosophischer Ader, die Maschine auf, »Nichtsein, Nichtexistenz, also
Nichts an sich«[8] hervorzubringen. Die Maschine eliminiert die
»Natongwien, die Narschen, die Nautrixen« aus der Welt,
bevor ihr Einhalt geboten wird. Am Schluß verkündet die
Maschine die Moral der Geschichte:

»Schau dir doch einmal die Welt an, wie sie ist, voller riesiger
schwarzer Löcher, ausstaffiert und vollgestopft mit Nichts,
das die gähnenden Schluchten zwischen den Sternen ausfüllt

und an jedem Existenzzipfelchen lauert. All das ist dein Werk, du Bösewicht!«

Die Maschine gibt Klapaucius an diesem existentiellen Ennui und dieser Verzweiflung die Schuld. Das Unglück war anscheinend die Folge seiner Eifersucht auf Trurls Konstrukteursgenie. In Wahrheit ergab es sich aus Klapaucius' semantischem und philosophischem Interesse. Wie der Fall Prometheus zeigt, liegt das entscheidende Problem im Bewußtsein selbst. Intelligenz oder Intentionalität ist ein technischer Prozeß. Er teilt Sinnesdaten zu, ordnet sie, richtet sie aus und stellt sie nebeneinander, um eine Gestalt hervorzubringen. Dabei wird einem Teil Wert beigemessen und ein anderer notwendigerweise abgewertet. Weiß und Schwarz, Gut und Böse, Yin und Yang, das Sein und das Nichts – das alles sind semantische Kategorien, die sich aus dem Prozeß des Erzählens ergeben: Die Sprache dient dazu, um in unserer Erfahrung Sinn zu entdecken und ihr Sinn zu verleihen.

In der nächsten Fabel erbaut Trurl den dümmsten Computer, den es je gab. Klapaucius sagt ihm: »Du hast eine andere Maschine gebaut, als du gewollt hast.« Faustus und Frankenstein fallen einem als Wissenschaftler ein, deren Absichten ihre technischen Fertigkeiten überstiegen. Die Maschine, die eigensinnig darauf beharrt, daß 2 und 2 sieben ist, versucht den beiden Konstrukteuren diese paradigmatische Realität aufzuzwingen oder sie umzubringen. Hier haben wir unser neues Ungeheuer: ein Computernetz, das die Kategorien unserer Erfahrung erschafft. Vergessen wir nicht, daß bereits mehr Menschen in Laboratorien arbeiten als in der Landwirtschaft. Ohne uns über ihre Natur oder ihren Wert den Kopf zu zerbrechen, haben wir bereits angefangen, eine kybernetische Gesellschaft entstehen zu lassen. In einem anläßlich der Veranstaltung »Hundert Jahre Wissenschaft« an der Notre-Dame-Universität gehaltenen Vortrag sagte der Physiker Philip Morrison:

»Ich behaupte, daß die Maschine, ob zum Guten oder zum Bösen, bereits zu unserer Lebensweise geworden ist. Wir werden es erleben, daß sich unsere Metaphern, unsere Bilder, unsere Probleme, sogar unser Wesen als Antwort auf diese neuen Erfahrungen verändern.«[9]

Die Kyberiade könnte sehr wohl eines jener zukunftsträchtigen Werke sein, die neue Metaphern prägen, neue Probleme herausarbeiten und selbst zur Entstehung eines neuen Genres führen, das sich diesen nie dagewesenen Erfahrungen widmet.

Wie die industrielle Maschinerie von heute richtet Trurls Computer unter den überlieferten Lebensweisen Verheerungen an. Die Dorfbewohner, deren Häuser zerstört werden, verwandeln sich in militante Maschinenstürmer. Sie wollen Trurl an die Maschine ausliefern und wollen von Technikern und der Bürde des Bewußtseins nichts mehr wissen. Trurls Reaktion ist dieselbe wie die Buckham Fullers und anderer Technokraten: »Was denn, warum sollen wir umkommen, etwa durch diese eiserne Idiotin? Auch was.« Aber das ist nur vorgetäuschtes Heldentum, und wie wir wissen, bestraft die Maschine diejenigen, die sich weigern, ihre Herrschaft anzuerkennen. Trurl sucht schließlich in einer Höhle Zuflucht, aber selbst dort versucht die Maschine, ihn herauszuholen, und verlangt von ihm: »Sieben! Gleich sagst du es, wenn ich dich packe!« Der Schluß ergibt sich rein zufällig und ist eine erzählerische Konvention, die erforderlich ist, damit das Buch weitergeht. Die Maschine löst einen Felssturz aus, der sie zerschmettert. Trotz dieses sinnlosen Endes haben wir und die Konstrukteure uns die Moral gemerkt:

»... und sie starb, in einen toten Eisenklumpen verwandelt. Beide Konstrukteure blickten einander an und gingen dann stumm am ausgetrockneten Bach entlang.«

Die Moral der »Tracht Prügel« gehört zu den einleuchtenderen und zentralen der *Robotermärchen*. Trurl konstruiert, was die Technik schon immer versprochen hat: eine Maschine zur Erfüllung aller Wünsche. Klapaucius zeigt die ethischen Probleme des egotistischen Hedonismus auf, aber der springende Punkt ist, daß die Maschine ein Schwindel ist. Trurl konstruierte ein trojanisches Pferd, in dem er sich verbarg, um Klapaucius auszuspionieren. Wichtiger ist, daß dieses Wunderding als Symbol dient, das dieses und andere Märchen prägt: der Mensch lebt in der Technik, wie Trurl im Bauch der Maschine zur Erfüllung aller Wünsche lebt. Das Problem liegt darin, daß die Technik niemals ihr eigenes theoretisches oder strukturelles Potential verwirklichen kann, und das ist nebenbei vielleicht auch ein Segen für den Menschen, weil die Wünsche des Menschen mit einer schlecht verstandenen protoplasmischen Physiologie und Psychologie verkettet sind, anstatt mit einer mathematisch exakten Physik. Wie der Religion und der Kunst vor ihr, ist es der Technik bislang gänzlich mißlungen, den Menschen zu verwandeln. Wie die Ereignisse der Gegenwart zeigen, sind die Absichten des Menschen hoffnungslos unausgegoren, was sich vor allem zeigt, wenn man sie mit der Technik vergleicht, die zur Erfüllung all seiner Wünsche zur Verfügung steht. Wir benutzen Computer dazu, um stumpfsinnige Spiele zu spielen und Eheanbahnung zu betreiben. Techniker bauen Cadillacs und ein ständig größer werdendes nukleares Waffenarsenal. Erst wenn die Technik den Menschen buchstäblich zu einem Teil ihres eigenen Bereiches gemacht hat, zu einem Kyborg, werden wir lernen, wozu die Technik fähig ist. Nicht nur SF-Autoren wie Samuel R. Delany und Stanisław Lem spielen mit der Idee einer solchen Umwandlung. Kenneth Sayre fragt sich in *Philosophy and Cybernetics,* »ob der Mensch selbst mehr ist als ein kybernetisches System, das aus organischen anstatt anorganischen Bestandteilen besteht«.[10] Lem drückt es bündiger aus: »Manchmal bauen Menschen Roboter, manchmal bauen Roboter Menschen. Was für eine Rolle spielt es im Grunde, ob man mit Metall oder mit Protoplasma denkt?«

»Die Tracht Prügel« endet mit der Enthüllung des Schwindels. Die Technik wird, wie vorauszusehen war, von der Politik pervertiert. Die Kunststückchen der Techniker sind immer ein Schwindel, weil die Techniker, wie der Name der Maschine andeutet, letztlich von niedrigem Geltungsdrang motiviert sind, und nicht selbstlos den Möglichkeiten der technischen Gebilde ergeben sein können, solange sie nicht so rein vernünftig wie ihre Maschinen sind.

J. G. Ballards Erzählung *Studio 5, The Stars* beschäftigt sich vorgeblich mit der Auswirkung der Computertechnik auf die Literatur. Die technische Beherrschung der Dichtung wird zum Beispiel »eine Frage des Knöpfedrückens, der Auswahl von Metrum, Reim und des vokalischen Gleichklangs auf einer Wählscheibe«. Der Erzähler, der Herausgeber einer Lyrik-Zeitschrift, könnte Norbert Wiener abwandeln, wenn er von dichterischem Wert und dichterischer Leistung behauptet: »Es spielt keine Rolle, ob der Autor ein Mensch oder ein Roboter ist, das Prinzip bleibt dasselbe.«[11] Leider ist Ballard nicht bereit, das Problem ernsthaft anzugehen und versteckt es daher hinter einem Mischmasch mythischer Anspielungen und einer eidetischen Romanze.

»Die Reise Nr. 1A oder Trurls Elektribald« ist eine ernsthaftere Untersuchung der Möglichkeit, die Sache des litararischen Werts in diesem beginnenden Zeitalter der Kybernetik weiterhin zu verfechten. Zunächst einmal erinnert Lem uns immer wieder daran, daß die Literatur semantische Zusammenhänge hat, sich aber nur nebenbei auf etwas richtet, was außerhalb ihrer eigenen Struktur liegt. Daher können wir nicht wie früher naiverweise von der Literatur mehr erwarten, als theoretisch in ihr steckt. Einmal unterläuft dem elektronischen Dichter bei einem Modell der Evolutionsgeschichte ein Irrtum, und anstatt großer Affen produziert sie graue Laffen. In einer nichtliterarischen Welt wäre es absurd, das eine mit dem anderen zu verwechseln, da sie grundverschieden sind. Sprachlich gesehen handelt es sich aber fast um Homonyme, und sie sind daher eng verwandt. In einem anderen Märchen heißt es, »schon manchem war in solcher Bestrahlung an Stelle eines Nichtdrachens ein Nichtlachen der Hohn, und wie soll auch von zwei Buchstaben soviel abhängen«. Was festgehalten zu werden verdient, ist, daß Literatur wie Computerwissenschaft Modelle erzeugen, und daß Sinn, Ordnung und Geschichte des Modells von der Sprache bestimmt sind. Deshalb muß sich unsere Aufmerksamkeit auf die künstlerische Auswahl und Ordnung bei der Hervorbringung der Struktur richten, und es darf nicht vernachlässigt werden, daß wir naiverweise glauben, wir hätten es mit einer nichtliterarischen Wirklichkeit zu tun.

Lem skizziert sodann die Evolution der Literatur. Weil die Schriftsteller des 17. und 18. Jahrhunderts die Wissenschaft im allgemeinen ignorierten, könnte jene historische Periode als Epoche beschrieben werden, die »schlechterdings die Hälfte der Logikschaltkreise nicht einsetzte, und das Bewegende mehr elektrobewegend machte«. Diese Tendenz kulminiert in der Romantik des 19. Jahrhunderts in einer Parodie auf Shelley (in der amerikanischen Übersetzung): »Die Maschine schluchzte, bekam Schreikrämpfe und stieß endlich unter entsetzlichen Zähren hervor, was für eine grausame, entsetzlich grausame Welt das sei.« Die moderne Literatur entsteht, nachdem Trurl »die semantischen Felder verstärkte«. Die Maschine fügt dann noch »sechs Stockwerke zu den bereits vorhandenen neun hinzu, damit sie besser über den Sinn des Daseins nachdenken konnte«. Der Ausstoß existentieller Literatur kommt zum Erliegen, als »Trurl ein philosophisches Drosselventil« einbaut. Die Maschine beginnt Antiliteratur hervorzubringen, »ich hatte einen kleinen Froschfresser«, wird aber sofort mit »sechs Klischeefiltern« und durch volles »Aufdrehen der Semantik« umprogrammiert. Nun aber will die Maschine die Literatur sein lassen und sich der Religion zuwenden. Der Verzweiflung nahe, versucht Trurl etwas Neues: »Er riß alle logischen Schaltkreise heraus und ersetzte sie durch selbstregulierende egozentripetale Narzissistoren.« Die Maschine druckt jetzt natürlich New Journalism aus.

Im Verein mit ihrer Supersemantizität führt das jedoch zu einem Neuanfang. Klapaucius gibt der Maschine Unterricht in experimenteller Dichtung, indem er von ihr verlangt, Gedichte zu Themen wie »Liebe und Tensoralgebra« zu schreiben. Die mit »zwölftausend Tonnen der herrlichsten Gedichte« programmierte Maschine kann es zwar den Avantgardeschriftstellern nicht recht machen, verwandelt aber die Gesellschaft im Nu in einen utopischen literarischen Frauenverein, und die elektronisch erzeugten Gedichte wurden ihnen »von den Lesern aus der Hand gerissen. Auf den Straßen sah man verzückte Gesichter und nachdenkliches Lächeln, manchmal hörte man sogar ein stilles Seufzen«. Ironischerweise haben sowohl die Technik wie die Literatur einen totalen Sieg davongetragen, aber um den Preis, daß sie selbst überholt sind. Wenn die Technik ein Utopia erschafft oder es ihr gelingt, Elektroden in das Lustzentrum des Gehirns einzuführen, hat sie nichts mehr zu bieten. Wenn die Dichtung die Menschen in einen »Zustand der Stanzenverzückung« versetzt, muß sie die eigene Stimme unterdrücken und sich aus dem folgenden Schweigen zurückziehen. Implizit wird die Literatur als dialektischer Prozeß definiert, der die moralische oder humanistische Wahrheit synthetisch erzeugt. Unsere nichtliterarische Welt bildet die Ausgangsplattform für die Schaffung eines unsteten und essentiell grundverschiedenen literarischen Modells. Die Punkte, in denen sie sich unterscheiden, enthalten die moralische Wahrheit. Jedwede Literatur funktioniert theoretisch auf diese Weise, aber diese Unterschiede sind weitaus deutlicher in der Science-fiction oder im »strukturellen Fabulieren« auszumachen als in der naturalistischen Literatur.

In »Die zweite Reise oder das Angebot des Königs Grausamius« wird Trurl von einem futuristischen König in der Art Ludwigs XIV. damit beauftragt, für sein Versailles elektronische Spiele zu ersinnen. Die Technik ist dann schon fähig, Sterne als Superneonanzeigen zu verwenden: »Das erste Wort bestand aus lauter blauen Riesen – um die Aufmerksamkeit des kosmischen Lesers zu erregen –, für die anderen genügte weniger auffällige stellare Materie.« So hochentwickelt, daß schon alle wichtigen Probleme gelöst sind, hat die Technik ein langweiliges und vorhersagbares Utopia geschaffen und dient jetzt einem nichtigen Hedonismus, dem sie »neue und bessere Spiele« liefert. Der König wünscht sich für die Hatz ein neues und größte Anstrengungen erforderndes Jagdwild. Zweifellos ginge die präkybernetische Erwartung dahin, Menschen zu jagen, die so verschlagen und fintenreich sind wie der Jäger selbst. Nicht so auf dieser literarischen Ebene. Der Kampf wird zunächst als mathematisches Modell geplant:

»Zornig wälzte und wand sich die Bestie unter den polynomischen Schlägen des Königs in sich wiederholenden Integralen, brach in eine unendliche Reihe unbestimmter Glieder auseinander, stand dann wieder auf, indem sie sich selbst zur nten Potenz erhob, aber der König bedrängte sie mit Differentialen und Teilableitungen so heftig, daß sich ihre Fourierkoeffizienten alle gegenseitig aufhoben . . .«

Da sich ihre Konstruktion als mathematisch möglich erwiesen hat, wird die Bestie gebaut und in den »wirklichen« Kampf geschickt. Die Wirklichkeit ist natürlich eine literarische Wirklichkeit, was uns ins Gedächtnis gerufen wird, als am Schluß das Ungeheuer, nachdem es den König überwunden hat, auch seine Schöpfer bedroht und durch Worte außer Gefecht gesetzt wird, die schon immer sein einziger Daseinsgrund waren:

»›Eni, meni, mini, mu, Input, Output, weg bist du!‹ Das phantastisch komplexe eletromagnetische Wellensystem, das die Atome der Bestie zusammenhielt, zerfiel unter der Wirkung dieser Worte . . .«

Die Funktion des Künstlers in einer phänomenologischen Epistemologie besteht darin, das Erwartete zu vermeiden, die psychologische Abgeschlossenheit zu widerlegen, und sich davor zu hüten, das zu produzieren, was man sich schon erwartet und was daher abgedroschen ist. Er hat die Pflicht, ein Spiel mit gewissen Regeln und Erwartungen zu schaffen, und dann jene Form zu durchbrechen, die sich als die offensichtlichste und wahrscheinlichste anbietet. Seine Aussage muß unstetig, schockierend oder überraschend sein. Genau in dem Augenblick, da sich der Betrachter anschickt, nach den Angaben des Künstlers eine Gestalt zu vollenden, kommt der Augenblick des Noumenons, der Komplexität, der Faszination, wenn der Autor, anstatt das Bekannte und Alltägliche zu bestätigen, das Einzigartige schafft und damit Spiel wie Betrachter bereichert. Lem erzielt ständig ein solches Ergebnis, am deutlichsten vielleicht in diesem Märchen. Zunächst erwarten wir uns eine Wiederholung der bekannten Fabel vom Menschen, der einen anderen Menschen jagt, aber statt dessen haben wir es mit einer verdrehten Variante der Technik zu tun, die anscheinend harmlose Spiele hervorbringt, die sich letztlich als äußerst gefährlich erweisen. Dann erwarten wir, daß das Ungeheuer des Spieles, das sich selbständig gemacht hat und symbolisch für die Technik steht, auch nach dem Schluß der Geschichte weiterhin eine Gefahr bildet. Statt dessen werden wir dazu gebracht, neuerlich über die Ähnlichkeit zwischen Literatur und Technik nachzudenken, denn wir erkennen, daß wir an einem Spiel teilgenommen haben und daß es das Ungeheuer und jeden Begriff einzig und allein in der Sprache gibt. Ebenso wie die Mathematik eindeutig ein analytisches Spiel ist, das Probleme aufstellt und sie dann auf geistvolle Art zu lösen versucht, ist auch die Literatur ein Spiel, das das Buchstabenalphabet anstatt Zahlen zur Aufstellung moralischer Rätsel heranzieht, um sie dann, wenn sie dazu imstande ist, zu lösen.
Der Grund dafür, daß Trurls Bestie Erfolg hat, während alle

früheren Ungeheuer gescheitert sind, liegt in dieser Kunsttheorie. In dem Augenblick, da sich der König gerade anschickt, seine gewaltigste Antimaterieartillerie vom Kaliber achtzig gegen die Bestie einzusetzen, verwandelt sie sich in drei ganz gewöhnlich aussehende Polizisten, die, im Vertrauen auf den vom König selbst anerzogenen Unterwürfigkeitsreflex, dem »verdatterten König« Handschellen anlegen und ihn fortschaffen, während »die ganze Jagdgesellschaft eine oder zwei Minuten lang wie angewurzelt dastand«, unfähig, die überraschende Wendung der Dinge zu verstehen, geschweige denn, auf sie zu reagieren. Schließlich wird einem die Moral der Geschichte immer vertrauter. Es lassen sich immer Techniker finden, die alles ausführen, was die Politiker von ihnen verlangen. Der Politiker, der das wirtschaftlichste Produkt einkauft, kommt unweigerlich darauf, daß der Herstellungsprozeß sowohl unerwünschte wie erwünschte Auswirkungen hat. Der Politiker würde die ganze Abmachung zweifellos am liebsten vergessen, aber inzwischen betrachten seine Wähler den technischen Luxus als unbedingte Notwendigkeit. Daraufhin erhält der Techniker Blankovollmacht zur Lösung der erst von ihm geschaffenen Probleme.

In der dritten Reise »Von den Drachen der Wahrscheinlichkeit« erschafft Trurl Drachen und erteilt damit dem naiven Kritiker, der genau weiß, daß es so etwas wie Drachen nicht gibt, die gebührende Antwort. »Die Neantische Hochschule befaßt sich überhaupt nicht mit dem, was existiert; die Banalität der Existenz ist längst erwiesen, als daß man auch nur ein Wort darüber verlieren sollte.« Es ist viel interessanter, die Drachen, »bekanntlich gibt es keine«, literarisch zu untersuchen. Wie Trurl erschaffen die Schriftsteller Ungeheuer und Drachen und Helden, die diese töten, um das gewöhnliche Volk, das ihre Ursprünge und Daseinsbedingungen nicht versteht, aber für das voyeuristische Erlebnis gut zu zahlen bereit ist, zu erschrecken und zu kitzeln. Denn sie glauben, daß sie nichts dabei riskieren, weil sie die Ungeheuer für nicht ganz »wirklich« halten, trotz Lems geduldigem Nachweis, wie »das Bild zur Wahrheit wird, das Vorgegebene Wirklichkeit!«

Nachdem ich versucht habe, die Erkenntnisdimension einige Lemscher Märchen auszuloten und zu zeigen, daß sie mehr sind als bloß »possenhaft und kindlich« oder »verblüffend«, möchte ich zur Ausgangsthese zurückkommen: daß Lem, der sehr wohl weiß, wie sehr die zeitgenössische Literatur um eine moderne metaphysische Grundlage ringt, ein Exemplum humanistischer Literatur anzubieten hat die unserer Erfahrung mit der Technik gerecht wird, die aber mehr tut, als sie bloß platt zu wiederholen. Die meisten modernen Schriftsteller, die der Wissenschaft feindselig gegenüberstehen, stimmen darin überein, daß eine technische Gesellschaft auch eine deterministische ist. *Schöne neue Welt, 1984, Mother Night, Facial Justice, Wir, Anthem, Fahrenheit 451* und unzählige andere antiutopische Romane geben stillschweigend dem Behaviorismus recht und denken sich eine Welt aus, die der in *Moderne Zeiten* beschriebenen entspricht: Arbeiter, die in groteskem Gleichklang zur Begleitmusik kakophonischen Industrielärms herumhüpfen wie ein Frankensteinungeheuer, das zu tanzen versucht. Utopische Literatur ist dagegen schwierig zu finden und wegen ihrer wissenschaftlichen Unglaubwürdigkeit und unweigerlichen Langeweile gewöhnlich schal. Doch schreibt Kenneth Sayre, daß »die Kybernetik den Determinismus im menschlichen Verhalten zu einer höchst unwahrscheinlichen Annahme macht«.[12] Sein Beweisgang ist für unseren Zweck allzu technisch, doch hängt Lem ebenfalls der Theorie des freien Willens an, die durch den Umstand, daß er eine Literatur mit moralischen Absichten schreibt, unweigerlich impliziert ist.

In »Vierte Reise oder wie Trurl ein Feminatron anwandte, um Prinz Pantarktis von seinen Liebesqualen zu erlösen, und wie es zur Anwendung des Kinderwerfers kam« stellt sich heraus, daß sich ein Prinz in die Tochter eines feindlichen Monarchen verliebt hat. Man erwartet von Trurl, daß er das Hormongleichgewicht des Prinzen wiederherstellt und ihm die Liebe austreibt, und zwar durch Anwendung eines »Feminatrons, eines erotisierenden Apparates, der stochastisch, elastisch und orgiastisch ist, mit allerhand Rückkopplung; wer auch immer in den Apparat gelegt wurde, lernte sofort den Charme, die Verlockungen, die Schliche, Winke und die Verhexung des schönen Geschlechts der ganzen Welt auf einmal kennen«. Trotz dieser Supersexmaschine erweist sich die Liebe des Prinzen als »stärker als alle Megamoren und Kilozärtlichkeiten, die das Feminatron erzeugen konnte«. In herkömmlich humanistischer Art und Weise wird erklärt, daß die Liebe stärker ist als eine quantifizierbare physiologische Formel. Wie im Märchen überwindet die Liebe des Prinzen alle Hindernisse. Daher werden die Techniker im Dienste der Liebe eingesetzt und schaffen Kinderwerfer, um neues Leben ins All hinauszuschießen.

In einem der späteren Märchen läßt Trurl alle »möglichen Hypothesen über den Ursprung des Universums« Revue passieren und gesteht ein, »daß ich in alledem nichts von Bedeutung entdeckt habe«. Denn Bedeutung oder Wert ist menschlichen Ursprungs. Wie Sinn oder Logik sind sie das Resultat der Sprache und der Intentionalität. Sie liegen nicht irgendwo in den Dingen verborgen, sondern werden ihnen beigefügt, wenn sie in Sprache umgesetzt werden. In der *Untersuchung* schreibt Lem, »die mathematische Ordnung der Welt ist unser Gebet an die Pyramide des Chaos«.[13] So ist auch die Literatur unser Gebet an die moralische Neutralität des Universums. Der Prozeß der Literatur ist eine Verdoppelung. Er verspricht, Sinnzusammenhänge aufzudecken, indem wirkliche Dinge auf eine exaktere oder wissenschaftlichere Weise beschrieben werden. Es ist jedoch der Prozeß selbst, der, ähnlich einem sokratischen Dialog, den Wert hervorbringt und zuteilt. Trurl drückt das alles in seiner apokryphen *Geißel der Vernunft* recht treffend aus:

»Ich habe gezeigt, daß jeder Zivilisation zwei Entwicklungswege offenstehen: sich entweder zu Tode zu ärgern oder zu Tode zu freuen. Und während sie das eine oder andere tut, frißt sie sich ins Weltall hinein, verwandelt den Zunder und Plunder von Sternen in Klosettdeckel, Dübel, Zahnräder, Aschenbecher und Kissenüberzüge, und sie tut das deswegen, weil sie, unfähig, das Universum auszuloten, diese Unauslotbarkeit in etwas Auslotbares zu verwandeln sucht, und nicht früher einhalten wird, bis nicht alle Nebelflecken und Planeten in Wiegen, Nachttöpfe und Bomben verwandelt sind, alles im Namen der erhabensten Ordnung, denn nur ein Universum mit Pflaster, Kanalisation, Schildern und Katalogen ist für diese Ansicht annehmbar und völlig respektabel.«

Lem zieht es vor, sich nicht zu ärgern. Und das dionysische

Gelächter der *Kyberiade* entsteht auch nicht aus der Erkenntnis der Absurdität menschlicher Zustände. Oder genauer gesagt doch, aber ohne die traurigen Obertöne von Camus und den anderen Existentialisten. Es kichert auch nicht bloß wie der New Journalism. Lem geht aus von der Erkenntnis der phänomenologischen Struktur des Bewußtseins, sieht darin aber keinen Anlaß zur Verzweiflung. Wenn die Struktur die Möglichkeit ausschließt, die Wahrheit entweder zu entdecken oder zu erfinden, warum dann verzweifeln oder sich weigern, das Spiel mitzumachen? Vielleicht macht das Spiel, auch wenn es an und für sich sinnlos ist, dennoch Spaß.

Die Wahrheit ist lediglich die Aussage innerer Schlüssigkeit. Es gibt jedoch so viele Logiken oder Strukturen, wie sie die Menschen nur projizieren wollen. Wenn die Struktur in erster Linie an logischer Wahrheit interessiert ist, wird sie mathematisch. Für Erzähler fabelhafter Geschichten wie Lem, Nabokov und Borges wäre die schlechteste aller möglichen Welten eine grimmige, humorlose, streng deterministische Welt, die von einer unabänderlichen Wahrheit oder dem gesunden Menschenverstand geleitet wird, denn:

»Der sogenannte gesunde Menschenverstand beruht auf der programmatischen Nichtwahrnehmung, Unterdrückung oder Verhöhnung alles dessen, was nicht zur aus dem neunzehnten Jahrhundert stammenden Konvention einer ›bis ins letzten erklärten Welt‹ paßt.«[14]

Die Maschinen mögen ruhig humorlos sein und ganz den Berechnungen und der Wahrscheinlichkeit gehorchen. Wie Harvey Cox meint, gehört der Mensch jedoch zur Spezies *homo festivius:* er wurde geboren, um zu lachen, zu spielen und sich fabelhafte Geschichten auszudenken.

Anmerkungen:

1 Ursula Le Guin, »European SF: Rottensteiner's Anthology, the Strugatskys, and Lem«, *Science-fiction Studies*, Vol. 1, Teil 3 (Spring 1974), S. 184.

2 Stanisław Lem, *Der Unbesiegbare* (Frankfurt/Main: Insel Verlag 1976), S. 222.

3 Stanisław Lem, *Phantastik und Futurologie I* (Frankfurt/Main: Insel Verlag, 1977), S. 331.

4 Alain Robbe-Grillet, *Argumente für einen neuen Roman.* (München: Hanser, 1965), S. 41, S. 104.

5 Robert Coover, *Pricksons and Descants* (New York: E. P. Dutton, 1969), S. 78.

6 Stanisław Lem, »Science Fiction – strukturalistisch gesehen«, in: Franz Rottensteiner, Hrsg.: *Quarber Merkur* (Frankfurt/Main: Suhrkamp Verlag, 1979), S. 19.

7 Edmund Husserl, *Ideen zu einer reinen Phänomenologie und Phänomenologischen Philosophie.* 1. Buch, *Allgemeine Einführung in die reine Phänomenologie* (Haag: Martinus Nijhoff, 1950), S. 134.

8 Stanisław Lem, *Die phantastischen Erzählungen* (Frankfurt/Main: Insel Verlag, 1980), S. 297. Die nicht mit Fußnoten versehenen Zitate sind dem Band *Robotermärchen* (Frankfurt/Main: Suhrkamp Verlag, 1973) entnommen bzw. freie Übersetzungen, da die *Kyberiade* noch nicht in deutscher Übersetzung vorliegt.

9 Philip Morrison, »Science, Education, and the Future of Mankind«, in *Science and Contemporary Society*, hrsg. Frederick Crosson (Notre Dame: University of Notre Dame Press, 1967), S. 221.

10 Kenneth Sayre, *Philosophy and Cybernetics* (Notre Dame: University of Notre Dame Press, 1967), S. 18.

11 J. G. Ballard, »Studio 5, The Stars«, *Billenium* (New York: Berkley Books, 1962), S. 23, 54.

12 Sayre, S. 29.

13 Stanisław Lem, *Die Untersuchung* (Frankfurt/Main: Insel Verlag, 1975), S. 230. In der amerikanischen Übersetzung *The Investigation* und damit auch im Original dieses Essays steht statt »Gebet« das neutrale »Antwort«.

14 Lem, *Die Untersuchung*, S. 176.

Anthony Burgess
Das Spiel mit nicht existierenden Büchern

Stanisław Lem: A Perfect Vacuum

Lem ist der andere bedeutende Pole unserer Zeit, ein Wissenschaftler, Philosoph, Futurologe, Romancier und Possenreißer, grundverschieden von John Pole. Sein neues Buch ist das erste, das in dieser Sammlung fiktiver Rezensionen besprochen wird. Lem ist nicht Lem, der Nicht-Lem als Lem rezensiert, oder vielleicht faßt Lem 1 Lem 2 in sich oder umgekehrt. Der Titel des Buches besagt, daß es ein Buch »über nichts« ist. Insofern, als es die rezensierten Bücher nicht gibt und nicht geben kann, kann es auch die Rezensionen nicht geben. Noch kann es meine eigene Rezension geben. Tun wir so, als gebe es sie.

Man findet da die lange Besprechung eines Romans mit dem Titel »Gigamesh« von Patrick Hannahan (Transworld Publishers, London). Es handelt sich um den Roman eines Iren, der sowohl den *Ulysses* wie *Finnegans Wake* (den der wirkliche Lem oder sein Übersetzer mit einem Apostroph schreibt, was nicht entschuldbar ist) zu übertrumpfen sucht. Die ganze Handlung des Romans umfaßt 36 Minuten, die Zeit, die nötig ist, um Maesch, einen wegen verschiedener Verbrechen verurteilten amerikanischen Soldaten, von seiner Zelle zum Ort der Exekution zu bringen. Hannahan benötigt 395 Seiten, um seine Geschichte zu erzählen, und weitere 847, um sie auszulegen.

Dieser kritische Apparat, der dadurch zustande kommt, daß Computer, die mit den 23 Millionen Bänden der Library of Congress gefüttert worden sind, eingeschaltet werden, bildet eine so umfassende Interpretation, daß sie nach Ansicht Lems den Unmut der Herren Professoren erregen wird, da sie dann arbeitslos werden. Schon der Name Gigamesh, eine durch Weglassung des l entstandene Fassung von Gilgamesh, des mythischen babylonischen Heros, enthält GIG, das Ruderboot, in dem Maesch seine Opfer zu versenken pflegte, nachdem er sie mit Zement überschüttet hatte, GIGA (Milliarde, bezeichnet die Größenordnung des Bösen in einer technologi-

92

schen Zivilisation), GAME (das Spiel der Menschenjagd), GIGolo (Maeschs Beruf in jungen Jahren) – und weit, weit mehr. Wenn, behauptet Lem, Mel, Elm oder wer auch immer es sein mag, die Joyceschen Literaturrätsel großen literarischen Wert haben, so folgt daraus, daß »Gigamesh« die Summe der Literatur ist; überdies liefert es für seine Rätsel die Lösung mit.

»Sexplosion« von Simon Merril (Walker and Company, New York), ist, behauptet Lem, die Geschichte des großen Sex-Krachs von 1998, als sich die Öffentlichkeit »in einem Reflex des Ekels« von der Erotik abwendet:

»Nachkommenloses Aussterben drohte der Menschheit. Es begann mit einer Wirtschaftskrise, gegen welche die von 1929 eine Lappalie gewesen. Als erste zündete sich die Redaktion des ›Playboy‹ selbst an und kam in den Flammen um; die Mitarbeiterinnen der Striptease-Lokale hungerten und sprangen aus den Fenstern; Illustriertenverlage, Filmproduktionsstätten, große Werbekonsortien, Schönheitsinstitute machten bankrott, die gesamte Kalotechnik- und Parfümerie-Industrie brach zusammen, dann die Unterwäschefabrikation. 1999 hatte Amerika 32 Millionen Arbeitslose.«

Das Essen tritt an die Stelle des Sexus. Die Gastronomie besteht aus der normalen und der obszönen. Aus Dänemark werden pornonährische Bildbände eingeschmuggelt, in denen wahre Gräßlichkeiten zu finden sind (gefesselte Esser, Finger in knoblauchgewürztem Spinat, Verzehr von Rührei durch Röhrchen). Das ist lustig, Lem, aber Aldous Huxley beschrieb das schon vor Ihnen, und Woody Allen auch – die Pornographie der Juden, die Schinken mit Hummer essen. Und nun kommt mir ein Verdacht. Diese nicht existierenden Bücher sind nicht unmöglich. Lem selbst hat sie möglicherweise zu schreiben versucht, hielt es aber für besser, sie statt dessen zu besprechen. Um sicher zu gehen.
Ich will damit sagen, Alfred Zellermanns »Gruppenführer Louis XVI.« ist nicht unmöglich, und ich wäre mir nicht zu gut gewesen, es selbst zu schreiben. Siegfried Taudlitz setzt sich aus dem in Trümmern liegenden Deutschen Reich mit dem SS-Schatz nach Südamerika ab, wo er den Hof Louis' XVI.

wiedererstehen läßt, von dem er, da er sich nicht mit Geschichte befaßt hat, nur mäßige Kenntnisse hat.

Lem ist ein zu konstruktiver Schriftsteller, als daß er durch Zuspitzung ins Absurde etwas vernichten könnte. Außerdem wird die Literatur mit der Absurdität jetzt spielend fertig. In seiner Rezension von Mme Solanges »Rien du tout, ou la conséquence« haben wir vor uns den Antiroman, der allen Antiromanen den Garaus macht. Die Literatur lügt, weil sie erfunden ist; schaffen wir daher eine Verifikation der Verneinung: »Er wurde nicht geboren, also hatte er auch keinen Namen; deshalb sagte er weder in der Schule vor, noch mischte er sich später in die Politik.«

Was bleibt also? Nur die Sprache, »die mutmaßt, daß sie eine Form des Inzests ist, der blutschänderischen Verbindung des Nichtseins mit dem Sein, verleugnet sich selbstmörderisch selbst«. Im Verlauf seiner Rezension bezieht sich Lem jedoch auf Borges, der bei diesem Spiel mit nicht existierenden Büchern nicht zu schlagen ist.

Dann gibt es ferner die Geschichte von »Do yourself a book«, einem Roman-Baukasten, der einem gekürzte Fassungen klassischer Romane wie *Anna Karenina* und *Schuld und Sühne* an die Hand gab und auf den Gedanken brachte, sich die Charaktere anzueignen und mit ihnen auf eine Art umzuspringen, von der sich die ursprünglichen Autoren nichts träumen ließen, so daß zum Beispiel Anna Karenina mit einem Lakaien und nicht mit Wronskij Ehebruch begeht, oder daß Raskolnikow mit Sonja in die Schweiz fährt. Das Vergnügen, das man daran fand, leistete auf gräßliche Weise dem Vandalentum des Lesers Vorschub: »›Do yourself a book‹ ermöglicht es dir, eine gottähnliche Macht über Menschenschicksale zu gewinnen, wie sie bisher das Privileg nur der größten Weltgenies war.« Man konnte das Laster verherrlichen und die Tugend in den Schmutz ziehen.

Das breite Publikum war jedoch zu ungebildet, um zu wissen, wer Jane Eyre (die man ins Bordell schicken konnte) oder Natascha (die abscheulicherweise mit Swidrigailow verheiratet werden konnte) waren. Sie waren einfach völlig neutrale Figuren, es gab keinen Kitzel. »Das Publikum«, behauptete ein Schweizer Kritiker, »ist schon viel zu träge, um sogar eigenhändig jemanden ausziehen, vergewaltigen oder quälen zu wollen. Das alles tun jetzt stattdessen die Fachleute. ›Do yourself a book‹ hätte vielleicht Karriere gemacht, wäre es vor 60 Jahren erschienen. Zu spät geboren, ist es bei der Entbindung gestorben.«

Sie haben jetzt eine gewisse Vorstellung davon, welche Spiele Lem spielt, aber gegen Ende zu werden sie nicht literarisch, was nicht schwer ist, sondern philosophisch-wissenschaftlich, was ungemein schwierig ist. Am Schluß, und ziemlich ausführlich noch dazu, wird uns die neue Kosmogonie des Professors Alfred Testa erläutert, der sie in einer Ansprache zusammenfaßte, die er anläßlich der Nobelpreisverleihung an ihn hielt. Die Ursprünge dieser neuen Kosmogonie sind im Werk des Acheropoulos zu finden, eines nicht existierenden Menschen, der von einem nicht existierenden Menschen erörtert wird. Dieser Grieche hielt das Universum für das Werk von Protozivilisationen, die an einem Spiel teilnehmen. »Die Wissenschaft«, erklärt Professor Testa, »sieht den Kosmos derzeit als einen Palimpsest von Spielen; das ihnen gegebene Gedächtnis ist tiefer, als das Gedächtnis des einzelnen Spielers reichen kann.«

Hier haben wir unter anderem eine wissenschaftliche Rechtfertigkeit für Lems eigene Klarheit. Damit sind wir auch beim Heiligen Thomas angelangt, der es für möglich hielt, daß Gott die Welt in einem lichten Moment geschaffen hatte. Der springende Punkt bei Lems Spielen ist, daß sie ernsthafter sind als die Ernsthaftigkeit anderer Leute, daß wir sie jedoch nicht zu ernst nehmen sollten.

· Er ist einer der intelligentesten, gebildetsten und humorvollsten Schriftsteller, die heute schreiben, und man fragt sich, was er in Polen verloren hat (*lebt* er in Polen?). Er kennt den freien Westen sehr gut und steht offenkundig in engem Kontakt mit seinem Übersetzer, der hervorragend ist. Oder ist er vielleicht auch der Übersetzer? Es ist jammerschade, daß er von Natur aus so zur Skepsis neigt. Unverzüglich zum Priester geweiht, ins Amt eingeführt, einen Purpurhut auf dem Kopf, würde er im Vatikan keine schlechte Figur machen.

Manfred Geier
Stanisław Lems Phantastischer Ozean

*Ein Beitrag zur semantischen Interpretation
des Science-fiction-Romans »Solaris«*

> Er liest uns die Wünsche von den Hirnen ab, und nur
> zwei Prozent der Nervenprozesse sind ja bewußt. Also
> kennt er uns besser, als wir selbst. Also haben wir auf
> ihn zu hören. Beizupflichten. Hörst du? Du willst
> nicht? Warum – seine Stimme überschlug sich weiner-
> lich – warum rasierst du dich nicht?
> – Hör auf – knurrte ich. – Du bist betrunken.
>
> *Solaris*, S. 215

Die Anwendung linguistischer Modelle und Methoden auf
Gegenstände, die von ihrem geistigen Ursprung weit entfernt
sind, ist immer ein heikles, meist ein enttäuschendes Unternehmen. Oft werden bei einer solchen Anwendung die linguistischen Systeme, Entwürfe, Episteme, Verfahren usw. unergie-
big oder trügerisch. Besonders wenn man versucht, erzählerische oder literarische Ereignisse durch linguistische Überlegungen zu erhellen, läuft man Gefahr, alle Welt zu verprellen:
die Literaten, die Leser, und die Sprachwissenschaftler selbst.
  Denn die Literaten halten eine linguistische Analyse in der
Regel für überflüssig oder abwegig, vielleicht sogar für belei-
digend. Die sprachwissenschaftliche Sezierung eines Textes
erscheint gleichsam als Vergehen gegen seine erzählerische
oder ästhetische Lebendigkeit und Würde. Diese Abwehr ist
nur zu verständlich angesichts der sterilen Perfektionierung
einer linguistischen Methodik und Epistemologie, die jede
sprachliche Gegebenheit zum beliebigen Material vergleich-
gültigen. – Auch der Leser sperrt sich nicht ohne Recht gegen
linguistische Analysen. Er sucht seine Lust am Text, nicht das
formale Skelett, das ihm zugrunde liegt. – Die Sprachwissenschaftler ihrerseits halten es oft für ausreichend, die strukturalen Funktionen von »Sprache überhaupt« freizulegen, und
kümmern sich nicht gern um die anregende, meist ja auch
irritierende Vielfalt besonderer literarischer Texte. Es werden
Beispiele bevorzugt, die das Allgemeine der Sprache zu de-

monstrieren helfen. Ein einzelner, unvergleichlicher Text scheint der linguistischen Mühe nicht wert zu sein.

Gegen solche Bedenken versucht die folgende »semantische Interpretation« des Science-fiction-Romans *Solaris* von Stanisław Lem, in dem übrigens das Problem des sprachlich Bedeutbaren selbst Thema ist, zu zeigen: daß die literarische Praxis auf sprachlichen Strukturen beruht, die ihre Effekte und ihr Spiel beherrschen, auch jenseits des schöpferischen Bewußtseins; daß die Lektüre durch linguistische Erhellungen nichts an ihrer Lust verlieren muß, im Gegenteil; und daß einige zentrale sprachwissenschaftliche Fragestellungen anhand eines besonderen Textes wesentlich genauer expliziert werden können als es jemals anhand »rein« linguistischer Reflexion der Fall sein könnte.

Es geht um die *Frage nach dem Sinn und der Verstehbarkeit fiktionaler Texte,* in denen eine rein imaginäre Welt experimentell erprobt wird. Es geht um das Spiel einer Schrift, deren gegenständliche Bezugspunkte »abwesend« sind, um das Verhältnis zwischen Fiktion und Welterfahrung, um das literarische Basteln und Werkeln mit sprachlichen Zeichen, die im fiktionalen Text neue, anregende und überraschende Verbindungen eingehen.

Wir werden dabei *drei* verschiedene *Lesarten* des Romans feststellen: eine plasmatische, eine vaginale und eine schizoide. Auf ihrer Grundlage findet der phantasievolle Austausch der Zeichen statt. Durch die Fixierung dieser drei Lesarten wird dabei auch objektiviert, was sich bei einer ersten Lektüre des Romans als äußerst verwirrend aufdrängt: daß es sich bei der Beschreibung und Analyse der solarischen Ereignisse um eine naturwissenschaftliche Phantastik ersten Ranges handelt; daß die Sprache von *Solaris* von einer unbestimmbar sexuellen Spannung ist; und daß das Ganze doch eigentlich recht verrückt ist.

I. Einleitung

Es gehört zu den alltäglichen Selbstverständlichkeiten, daß sich das menschliche Bewußtsein auch auf etwas beziehen kann, das es *nicht* unmittelbar gibt. Das bloß vorgestellte oder gedachte Objekt kann dabei gleichsam verschieden weit von dem entfernt sein, was sich in der Ich-Jetzt-Hier-Perspektive des wahrnehmenden Bewußtseins als Realität zeigt: die Vorstellung kann sich auf etwas beziehen, das als Gegenwärtigkeit erfahrbar war und jetzt *abwesend* ist (»Monika lebt hier nicht mehr, sondern in Hamburg«); oder auf eine Wirklichkeit, die *anderswo* existiert, an deren Existenz ich jedoch nicht zweifele, obwohl ich selbst sie nicht als Gegebenheit sinnlich erfahren habe, sondern nur aus Berichten oder den täglichen Nachrichten kenne (»Beim Überfliegen palästinensischer Flüchtlingslager im Süden der libanesischen Hauptstadt sind zwei israelische Militärflugzeuge unter Beschuß genommen worden«); oder auf eine *nicht-existierende* Welt, die durch eine dichterische Einbildungskraft geschaffen worden ist, eine Roman-Welt zum Beispiel, deren fiktive Personen und Ereignisse mir in der konkretisierenden[1] Lektüre so erfahrbar werden, als ob es sich um reale handeln würde (»Eines Morgens um acht Uhr stand ein junger Mann vor der Tür eines alleinstehenden, anscheinend schmucken Hauses«); oder aber schließlich auf eine *phantastische* Wirklichkeit, wie sie unter anderem[2] in der Science-fiction-Literatur konstruiert und imaginiert wird (»Der ›Unbesiegbare‹, ein Raumkreuzer der schweren Klasse, das größte Schiff, über das die Flottenbasis im Sternbild der Leier verfügte, durchflog mit Photonenantrieb den äußersten Quadranten der Sterngruppe«).[3] In all diesen Fällen ist ein Akt der *Negation* enthalten, wenngleich in verschiedenen Graden. Nicht die unmittelbare Realität, wie sie in der Wahrnehmung sinnlich präsent erscheint, ist der Gegenstand des Bewußtseins, sondern eine bloß vorgestellte, imaginierte Wirklichkeit, die sprachlich re-präsentiert oder entworfen wird. Zwar bleibt das Bewußtsein in jedem Fall intentional. Es ist Bewußtsein von Etwas. Aber sein Gegenstand erscheint zugleich nur als das *sprachlich Bedeutete,* dessen realer Bezugspunkt *nicht da* oder *nicht existent* ist.

In all den zitierten Fällen, von der Vorstellung abwesender Objekte bis hin zur Imagination phantastischer Welten, die noch niemand gesehen hat noch jemals sehen wird, spielt die *Sprache* eine herausragende Rolle. Indem sie das bloß Vorgestellte, Gedachte oder Imaginierte als Inhalt des Bewußtseins fixiert, verhindert sie, daß es ins Nichts verschwindet. Das sprachlich Bedeutbare läßt das Bewußtsein, gerade wenn es sich aus der augenblicklichen Beziehung zur wahrnehmbaren Situation gelöst hat, *intentional* bleiben, auf etwas hin gerichtet. Nur so ist auch jene Verständigung zwischen Menschen möglich, für deren gesellschaftliche (arbeitsteilige) Produktion und Kooperation die Getrenntheit von der unmittelbaren Situation kennzeichnend und wesentlich ist.[4] Während dabei die Verständigungsmöglichkeit über das, was abwesend oder anderswo ist, noch keine besonderen Probleme aufwirft, da die entsprechenden bedeuteten Welttatbestände als reale Bezugspunkte *referentiell da* sind (die mit »Monika«, »Hamburg«, »palästinensisches Flüchtlingslager«, »israelische Militärflugzeuge«, »Überfliegen der libanesischen Hauptstadt« bedeuteten Realitätspartikel und -ereignisse werden als existierend behauptet, was sich auch daran zeigt, daß die entsprechenden Aussagen wahr oder falsch sein können), lassen der literarische oder phantastische Text die Frage stellen, auf was sie sich beziehen, signalisieren sie doch gerade, daß es die gemeinte Wirklichkeit (»der junge Mann vor der Tür des schmucken Hauses«, »der Raumkreuzer mit Photonenantrieb«) *nicht gibt*. Es handelt sich hier um fiktionale Entwürfe, die zwar die gleiche sprachliche Form wie wahrheitsfähige Aussagen besitzen, weshalb Roman Ingarden von »Quasi-Aussagen«[5] spricht, die aber doch keine Referenzobjekte darstellen. Deshalb stellt sich bei ihnen auch nicht die Frage der Wahrheit, sondern nur die der semantischen Stimmigkeit oder Kohärenz.

In der sprachanalytischen Philosophie hat dieses Problem, zum Beispiel bei Gottlob Frege zur Trennung von *Bedeutung* und *Sinn* geführt, wobei das mit dem sprachlichen Zeichen bedeutete Referenzobjekt seine Bedeutung ist, während der ausgedrückte Sinn nur die »Art des Gegebenseins«[6] des sprachlich Gemeinten ist, die »gemeinsames Eigentum von vielen«[7] sein kann, welche die fiktionalen oder phantastischen Aussagen verstehen. »Trotz fehlenden Namensträger verständlich zu sein, heißt nichts anderes als einen Sinn zu besitzen.«[8] In der philosophischen Phänomenologie, zum Beispiel bei Edmund Husserl, ist dieses Problem verallgemeinert durch die Einführung des »*Noemas*«[9] als einer intentionalen Größe zu lösen versucht worden, über die jeder (nicht nur der sprachlich vermittelte) gerichtete Bewußtseinsakt verfügt, auch wenn es kein entsprechendes Objekt gibt.

Wie diese Ebene des verstehbaren sprachlichen Sinns in fiktionalen Texten entworfen werden kann, stellt sich grundsätzlich für eine Sprachtheorie als Schwierigkeit dar, die Sprache und sprachliche Bedeutung auf die Erfahrung von wirklichen Welttatbeständen zurückführt. So verweist etwa die kritisch-psychologische[10] Redeweise von selbständigen Symbolwelten oder »verselbständigten Sprachstrukturen«[11], in die das sprachliche Zeichen (»obzwar in ihm seiner Herkunft gemäß stets reale Eigenschaften der objektiven Welt auf irgendeine Weise erfaßt sind«[12]) sich hineinentwickelt, zwar auf den fraglichen Tatbestand, liefert aber selbst noch keine ausreichende Antwort.[13] – Jedoch führt auch die konkrete Reflexion der Möglichkeit von fiktionaler Literatur immer wieder auf das nämliche Problem. Speziell die Science-fiction (SF), der sprachliche Entwurf von phantastischen Wirklichkeiten mit den Mitteln einer allgemein verstehbaren Sprache, in der die verallgemeinerten Erfahrungen einer gegenständlichen Realität tradierbar fixiert sind, stellt hier eine Herausforderung dar.

Um so erstaunlicher ist es, daß in der Fülle von SF-Sekundärliteratur[14] diese Schwierigkeit kaum gesehen wird. Wenn überhaupt, so begnügt man sich mit dem Hinweis, daß es sich hier um ein »semantisches Spiel ohne klaren Bezug«[15] handle, »deren formales Hauptstilmittel ein imaginativer Rahmen ist, der als Alternative zur empirischen Umwelt des Autors fungiert«.[16] Besonders eine Untersuchung, die das »Realismusproblem« utopisch-phantastischer Literatur von einem explizit materialistischen Standpunkt aus behandelt, die Untersuchung von Hartmut Lück, überrascht durch ihre sprachtheoretische Naivität.[17] Denn gegen die auch von ihm zitierte Überlegung Reimer Jehmlichs, daß die Erzählsituation der SF insofern irreal und paradox sei, als die Zukunft erzählt werden soll (»Der Erzähler und sein Publikum müßten eigentlich Zeitgenossen der Romanhelden sein, um sich über deren Taten verständigen zu können. Denn wie sollte der heutige Erzähler sonst wissen, was in der Zukunft geschieht? Selbst wenn er sich als Futurier posierte, bliebe unklar, warum er sich an ein heutiges Publikum wendet, wieso dieses ihn überhaupt verstehen sollte und wie er und sein Bericht in die Gegenwart gelangen sollten«[18]), gegen diese Überlegung, in der das Problem des sprachlichen Verstehens zumindest angedeutet wird, verweist Lück nur auf eine scheinbare Trivialität: »Da jeder Leser sich ohnehin über den fiktiven Charakter der Literatur im klaren ist . . ., besteht keine Notwendigkeit, über den speziell zukunftsfiktiven Charakter des Erzählens in der utopisch-fantastischen Literatur zu reflektieren, es sei denn, der Autor wollte dies aus inhaltsfunktionalen Gründen zu einem Moment des künstlerischen Verfahrens machen. Aber das ist wiederum keine Sache der Logik, sondern der Ästhetik. Jehmlichs Problem, auf das er selbst keine Antwort weiß, hat sich somit in Wohlgefallen aufgelöst.«[19] Lück selbst überspringt das sprachtheoretische Problem. Seine Frage, »auf welche Weise . . . in der utopisch-fantastischen Literatur Widerspiegelung stattfindet«[20], kann er dann konsequenterweise nur mittels einer weitgehenden Gleichsetzung von SF-Literatur und wissenschaftlich-marxistischer Prognostik zu beantworten versuchen. Die »Frage nach dem Realismus«[21] erscheint als Postulat: »Realistische utopisch-fantastische Literatur setzt an die Stelle früherer utopischer Gedankenspiele die wissenschaftliche Prognose.«[22] Und Friedrich Engels Schrift »Die Entwicklung des Sozialismus von der Utopie zur Wissenschaft«[23] kann dann als Maßstab dienen, an dem der Realismusgehalt der utopischen Sprache gemessen werden soll. So zwingt die Ausschaltung sprach- und bedeutungstheoretischer Überlegungen Lück dazu, das Realismusproblem »auf dem Weg der Erkenntnis außerliterarischer Sachverhalte«[24] lösen zu wollen. »Wohlgefällig« hat er die interessante Besonderheit der SF-Literatur »aufgelöst«.

Die Frage nach dem Realismus soll hier als *semantische Frage nach dem verstehbaren Sinn eines SF-Romans* gestellt werden. Als Beispiel dient die deutsche Übersetzung des polnischen Romans *Solaris* von Stanisław Lem, meines Erachtens einer der interessantesten, reflektiertesten und spannendsten Romane der SF-Literatur überhaupt.[25] Besonders die fiktionale Beschreibung des *Ozeans,* der als phantastisches Objekt thematischer Mittelpunkt des Romans ist, soll sprachtheoretisch analysiert werden. Was ist, mit Gottlob Freges Worten gefragt, die »Art seines Gegebenseins«, die uns verstehbar ist? Die folgende Analyse versteht sich damit zugleich als Beitrag zum »Spektrum der Auslegungen«[26], die der Roman Solaris provoziert hat und die Lem selbst so kommentiert hat: »Ein phantastisches Werk, das von dem Empfänger semantisch noch nicht stabilisiert ist, kann gleichsam zu einer Leinwand werden, auf die man die Bedeutungen projiziert, die der Leser für wichtig und aktuell hält.«[27] Selbst eine Interpretation wie die, »daß die Schwierigkeiten der Kontaktaufnahme zwischen den Menschen und dem Ozean ... die Widerspiegelung der Beziehungen zwischen Individuum und Gesellschaft sei«,[28] ist möglich, wenngleich nicht überzeugend. Sie »kann als inadäquat empfunden werden, aber nicht als unsinnig angesehen werden, weil ›Solaris‹ sich noch nicht eine feste Petrifizierung der Bedeutungen im gesamten Spektrum der Auslegungen hat erwerben können.«[29]

II. Der Phantastische Ozean

Lems Roman *Solaris* liegt thematisch ein genialer Einfall zugrunde: Solaris ist ein (planetarischer) Ort der *Materialisierung*. Real, nicht nur halluziniert oder geträumt, erscheinen Gedächtnisspuren von Personen in gegenständlicher Gestalt. In der neutralen Sprache der drei Wissenschaftler der Solaris-Raumstation werden sie »F-Gebilde« genannt. »Was sind die F-Gebilde? Das sind weder Personen, noch Kopien bestimmter Personen, sondern materialisierte Projektionen dessen, was zum Thema der betreffenden Person in unserem Gehirn enthalten ist.« (120) So wird auch der junge Psychologe Kris Kelvin, neu auf der Raumstation des Planeten eingeflogen, von seinem »Gast« besucht, einer Vergegenständlichung seiner Geliebten Harey, die sich das Leben genommen hatte, als Kelvin sie verlassen wollte. Die Frau, die von Kelvin verworfen worden war und an deren Tod er sich schuldig fühlt, erscheint als F-Gebilde wieder in der Realität. Selbst ohne Gedächtnis, unzerstörbar und zwanghaft auf die ständige Anwesenheit ihres Geliebten angewiesen, gewinnt diese »neue« Harey zunehmend Individualität und Selbstbewußtsein, paradoxerweise gerade, indem sie sich auch als das zu erkennen lernt, was sie ist, eine bloß materialisierte Projektion des Anderen, von dem sie sich nicht trennen kann. Und Kelvin, obwohl er ja weiß, daß Harey nur sein eigener Gedanke,

Wunsch oder Alptraum ist? Nach anfänglichem Ekel und zunächst besessen von dem Wunsch, dieses Harey-Gebilde zu vernichten, akzeptiert er zunehmend ihre wunderhafte Existenz, setzt sich mit ihr auseinander und verliebt sich schließlich in sie.

»– Harey, sag doch, was ich tun soll, damit du mir glaubst, daß ich das sage, was ich denke? Daß es die Wahrheit ist. Das und nichts anderes.
– Du kannst nicht die Wahrheit sagen. Ich bin nicht Harey.
– Sondern?
Sie schwieg längere Zeit. Ein paarmal bebte ihr das Kinn, endlich senkte sie den Kopf und flüsterte:
– Harey ... aber ... aber ich weiß, das ist nicht wahr. Nicht mich ... hast du drüben geliebt, früher ...
– Ja – sagte ich. – Was war, das ist vorbei. Das ist tot. Aber dich, hier, dich liebe ich. Verstehst du?
Sie schüttelte den Kopf.« (167)

Nun könnte man diesen Liebesroman als *Krankengeschichte* lesen, als Geschichte einer schweren *Psychose*. Denn im psychoanalytischen Verständnis handelt es sich bei der Psychose darum, einen Realitätsverlust auszugleichen auf einem »selbstherrlichen Weg durch Schaffung einer neuen Realität, welche nicht mehr den nämlichen Anstoß bietet wie die verlassene«.[30] Eine grundlegende Störung zwischen Ich und Außenwelt (in der psychoanalytischen Theorie auf eine unbezwungene und unerträglich erscheinende Wunschversagung der Realität zurückgeführt) wird durch einen wahnhaften, projizierten *Realitätsersatz*[31] aufzuheben versucht, der als »*Wahrnehmung von außen*«[32] zum Bewußtsein kommt. Die psychotische Umarbeitung der Realität geschieht dabei »an den psychischen Niederschlägen der bisherigen Beziehungen zu ihr, also an den Erinnerungsspuren, Vorstellungen und Urteilen, die man bisher von ihr gewonnen hatte und durch welche sie im Seelenleben vertreten war«.[33] Besonders auf dem Wege der Halluzination kann dieser psychotische Realitätsersatz erreicht werden. In dieser Perspektive ließe sich Lems Roman bruchlos interpretieren: Die »neue Harey« ist nur eine Wahnbildung Kris Kelvins, die dort ansetzt, wo für ihn der Einriß in der Beziehung zwischen Ich und Außenwelt stattfand, im Tod seiner Geliebten, für den er sich schuldig fühlt. Durch die halluzinatorische Umarbeitung der Realität erscheint Harey im Realen wieder, als Wahrnehmung von außen. Erinnerungsspuren und Vorstellungen von ihr erscheinen in Gestalt eines gegenständlichen Wesens, wobei eine zunächst paranoide Erfahrung (Kelvin fühlt sich durch die neue Harey verfolgt und will sie vernichten) über ein Stadium der Verwirrung sich langsam in eine Liebe verwandelt, durch die der schuldhaft erfahrene Verlust der toten Geliebten durch eine neue Realität halluzinatorisch aufgehoben und verarbeitet wird.[34]

Aber »Solaris« ist keine Krankengeschichte, auch wenn der projektive Mechanismus des Psychotikers als Motiv literarisch verarbeitet worden ist. *Solaris* ist ein *Science-fiction-Roman:* Kelvin ist nicht psychotisch, sondern ein realistischer Psychologe der Zukunft, der auf einem fernen Planeten eine bestimmte Aufgabe zu erfüllen hat und der sehr genau zwischen Halluzination[35], Traum[36] und Realität zu unterscheiden weiß; Harey ist keine Wahnvorstellung, sondern ein »F-Gebilde« bestimmter Struktur und Materialität, über das die Wissenschaftler sich intersubjektiv verständigen können, das auch experimentelle Eingriffe ermöglicht. Und schließlich das Wichtigste: In der *fiktiven* Wirklichkeit dieses Zukunftsromans erhält Hareys Existenz eine *wissenschaftliche* Erklärung. (Ohne hier auf die mannigfachen Versuche eingehen zu wollen, das wesentliche Kennzeichen von SF-Literatur definitorisch zu bestimmen, kann doch allgemein gesagt werden, daß die Welt der SF nicht als bloßes Phantasiegebilde aufgebaut wird, sondern, wenngleich fiktiv, noch als »mögliche Welt«, die sich für ein intersubjektives Erkenntnisinteresse deshalb auch noch als ein mögliches Objekt darstellt. Die ver-fremdete Welt der SF ist noch an der Ontologie der natürlichen Welt orientiert, eine Art verfremdeter Mimikry.[37]) Für die Realität der F-Gebilde gibt es nämlich eine *objektive Ursache*, die mit der besonderen Wirklichkeit des Planeten Solaris und nicht mit der Psyche Kris Kelvins zusammenhängt: es sind Produkte einer materialisierenden Produktivität des *Ozeans*, der fast den ganzen Planeten umspült. Auf diesen Ozean konzentriert sich das ganze Forschungsinteresse der Wissenschaftler: seine Struktur, Gesetzmäßigkeit und Produktionsmethodik gilt es zu erkennen.

Auch für die sprachwissenschaftliche Analyse ist dieser Ozean ein herausforderndes und faszinierendes Objekt. Denn in den Möglichkeiten, diesen Ozean als phantastisches Objekt sprachlich entwerfen und diesen Entwurf auch verstehen zu können, verbirgt sich das genannte *sprachtheoretische* Problem: wie ist mit einer Sprache, in der die Erfahrungen unserer Wirklichkeit fixiert sind, eine ganz andere Welt zu entwerfen, die es für uns nie geben wird, die sich folglich auch unserer Erfahrung grundsätzlich entzieht? Zunächst soll Lems Kunst im Konstruieren phantastischer Welten durch einige Textbeispiele rezitiert werden, auf die sich dann die Analyse konzentrieren wird.

1. Erste Blicke

Bei seinem Anflug auf die Raumstation, die als metallener Koloß über dem Planeten schwebt, sieht Kris Kelvin »die violett angelaufenen Furchen des Ozeans, die schwache Bewegung zeigten« (10), zum ersten Mal: »Im Sichtfenster funkelte in quecksilbrigem Licht, gewellt bis an den rauchigen Horizont, der Ozean.« (10) – Später, durch das große Panoramafenster seiner Stationskabine, nimmt er die lautlosen Verschiebungen der »schwärzlichen Hügel der Wellen« (12) wahr. Rhythmisch bewegt sich der Ozean unter der Station. Er vermittelt den Eindruck, als bewege sich die Station selbst, träge hin und her schwingend. »Aber das war wohl Täuschung. Fetzen schleimigen Schaums in der Farbe von Blut sammelten sich in den Kesseln zwischen den Wellen. Einen Augenblick lang spürte ich einen flauen Druck in der Magengrube. Die trockene Ordnung an Bord des Prometheus erschien mir als etwas Wertvolles, unwiederbringlich Verlorenes.« (15)

2. Anomalien der Entdeckung

Gewarnt durch dunkle Anspielungen des Kybernetikers Snaut, einem der beiden letzten Bewohner der Station, zieht sich Kelvin in die Bibliothek zurück. Um gegen die aufkommende Angst anzukämpfen, beginnt er zu lesen. Der nur »allzu wohlbekannte« zweite Band der alten Monographie »Die Geschichte der Solaris« von Hughes und Eugl vergegenwärtigt ihm die zahlreichen Versuche, den Planeten zu erforschen und in seiner Struktur zu erkennen. Es ist eine Geschichte gewagter Expeditionen, verworfener Hypothesen, versuchter Klassifikationen und wissenschaftlicher Auseinandersetzungen. Es geht um die »Affäre Solaris« als Grenzbestimmung menschlicher Erkenntnis überhaupt. Es ist eine Geschichte von Anomalien.

Der Planet kreist um zwei Sonnen, eine rote und eine blaue. Die daraus resultierende unbeständige Umlaufbahn wird durch den »aktiven Charakter der Ozeanbewegungen« stabilisiert und kontrolliert. »Zum Gegenstand des Streits wurde der Ozean. Auf Grund der Analysen wurde er als organisches Gebilde erkannt (ihn lebendig zu nennen, wagte damals noch niemand). Während jedoch die Biologen in ihm ein primitives Gebilde sahen – eine Art gigantischen Verband, also gleichsam eine einzige, monströs auseinandergewachsene flüssige Zelle (aber sie nannten ihn ›präbiologische Formation‹), die den ganzen Globus mit einem gallertartigen, stellenweise eine Tiefe von mehreren Meilen erreichenden Mantel überzogen hat – behaupteten Astronomen und Physiker, das müsse eine außerordentlich hoch organisierte Struktur sein, die möglicherweise an Verschlungenheit des Aufbaus die irdischen Organismen übertreffe.« (24) Planetarphysiker sprachen bald von einem »Plasma-Ozean«, dessen »Stoffwechsel« auf das Gravitationspotential des Planeten einwirkt. »So brachten also Physiker und nicht Biologen die paradoxe Formulierung ›plasmatische Maschine‹ vor; darunter verstanden sie ein Gebilde, in unserem Sinne vielleicht auch unbelebt, doch fähig, zielbezogene Tätigkeiten zu unternehmen – fügen wir gleich hinzu: in astronomischer Größenordnung.« (25) Das war zwar originell, doch konnte niemand erklären, wie eine »siruppartige Gallerte« (26) oder ein »gestaltloser Brei« (26) in der Lage sein sollte, die Bahn eines Himmelskörpers zu stabilisieren. »Die Alternative ›genialer Ozean‹ oder ›Gravitations-Galerte‹ erhitzte die Gemüter.«

Jahrzehnte später, infolge neuer Tatsachen, gilt die Solaris als ein mit Leben ausgestatteter Planet – »der freilich nur einen einzigen Bewohner hat« (27), den Ozean. Eingereiht wird dieses Lebewesen in die Klasse der »Metamorpha« (27), auch wenn man sich darüber unklar war, »ob der Ozean nun ein ›Wesen‹ sei, geschweige denn, ob man ihn als ›denkend‹ bezeichnen dürfe.« (27) Zumindest war man nun versucht, einen Kontakt mit dem Ozean anzuknüpfen. An den ersten Versuchen mit elektronischen Impulstransformationen »wirkte der Ozean mit«. »Was hieß das? Er modifizierte bestimmte Elemente der in ihn eingetauchten Vorrichtungen, dadurch änderten sich die aufgezeichneten Rhythmen der Entladungen, die Registrierapparaturen hielten Unmengen von Signalen fest, etwas wie Bruchstücke irgendwelcher riesenhafter Operationen der höheren Analysis, aber was bedeutete das alles?« (28)

Kein Experiment ließ sich wiederholen, niemals nämlich ließ sich die gleiche Reaktion auf irgendeinen Reiz erzielen. Man kam schließlich zu der Überzeugung, »ein denkendes Monstrum vor sich zu haben, etwas wie ein millionenfach auseinandergewuchertes, den ganzen Planeten umfangendes protoplasmatisches Hirn-Meer« (29), ein »gigantisches Gehirn«. (31) Daß es in die Klasse der Metamorpha eingereiht wurde, resultierte dabei daraus, daß die »wellige Oberfläche« des Ozeans »die unterschiedlichsten, mit nichts Irdischem vergleichbaren Formen aus sich hervorbringt; die Zweckbestimmtheit dieser oft heftigen Eruptionen plasmatischen ›Schaffens‹ – ob zur Anpassung, zur Erkenntnis oder irgend etwas sonst – war völlig rätselhaft.« (30)

Das führte dazu, eins der ältesten philosophischen Probleme wieder auszugraben und neu zu beleben: das des »Bewußtseins, der Beziehung zwischen Materie und Geist.« (32) Es wurde zur »Zirkel-Quadratur unserer Zeit« (32) und zum Gegenstand von Metaphysik, Wissenschaftstheorie und definitorischer Reflexion: »Ist Denken ohne Bewußtsein möglich? Aber – kann man denn die im Ozean ablaufenden Prozesse als Denken bezeichnen? Ist ein Berg ein sehr großer Stein? Ein Planet – ein ungeheurer Berg?« (32) Benennungen bringen neue Gesetzmäßigkeiten und neue Phänomene, neue Fragen und neue Antwortversuche ins Blickfeld. »Theorien häuften sich, die besagten, uns biete sich das Produkt einer Degeneration dar, einer Rückbildung, die auf die verflossene Phase ›intellektueller Hochblüte‹ des Ozeans gefolgt sei – dann wieder, der Ozean sei in Wahrheit ein Gewebekrebs: im Inneren der Körper einstiger Bewohner des Planeten entstanden, habe er sie sämtlich zerfressen und verschlungen, die Überreste einschmelzend zur Gestalt eines ewig dauernden, sich selbst verjüngenden, über die Zellenteilung hinausgewachsenen Mediums.« (32)

3. Der Erfahrungsbericht André Bertons

Bei seiner Lektüre solaristischer Literatur stößt Kelvin schließlich auf einen Namen, der ihm zunächst nichts sagt, jedoch mit Rotstift angestrichen ist: André Berton. Dessen Erfahrungsbericht, der »nach Begutachtung seitens des Expeditionsrates für das krankhafte Produkt eines von atmosphärischen Gasen vergifteten Geistes erklärt und als solches nicht in die Expeditionsgeschichte, sondern in die Krankengeschichte Bertons aufgenommen (wurde), womit die ganze Sache ihr Ende fand« (50), steht in Zusammenhang mit der Geschichte des ersten Ozean-Opfers. Auf der Suche nach einem Astronauten, der während eines Erkundungsfluges bei der Reparatur seiner Maschine in den Ozean gestürzt war, machte Berton Erfahrungen, deren Bericht sich als surrealistischer Text[38] eines Halluzinierenden lesen läßt, der folglich auch nicht in der offiziellen Geschichtschreibung der Solaris, sondern nur in einem »apokryphen« Buch unglaubwürdiger Geschichten seinen versteckten Platz gefunden hat.

Es beginnt mit dem Eintauchen in einen Nebel, der über dem Ozean liegt. »Das war kein gewöhnlicher Nebel, sondern eine Art Suspension, mir scheint, ein Kolloid, denn er hat mir alle Scheiben verkleistert.« (94) In diesem klebrigen Nebel, »der heftig brodelte, wie von starken Konvektionsströmen hochgetrieben« (94), entdeckt Berton schließlich ein nebelfreies »Loch«, in dessen ruhigerer Luft er seine Rettungsmaschine zu halten versucht. Hier nun bemerkt er jene Veränderungen des Ozeans, die schließlich seinen Nervenschock auslösen. »Die Wellen waren fast ganz verschwunden, und diese Flüssigkeit – das, woraus der Ozean ist –, wurde in der obersten Schicht durchscheinend mit rauchigen Trübungen; die verschwanden dann, nach kurzer Zeit kam es zu völliger Klärung, und ich konnte durch eine wohl etliche Meter dicke Schicht ins Innere schauen. Dort sammelte sich etwas wie gelblicher Schlamm, der in dünnen, senkrechten Bändchen nach oben stieg; sobald er auftauchte, wurde er glasig glänzend, begann zu wallen und zu schäumen und versteifte sich; nun sah er so ähnlich aus wie dicker, angebrannter Zuckersirup. Dieser Schlamm oder Schleim sammelte sich zu dicken Knoten, wuchs über die Ozeanfläche empor, erzeugte höckerige Erhebungen und bildete langsam allerlei Formen aus.« (95) Nachdem er zunächst die Substanzialisierung eines Modell-Gartens und seinen Verfall (»Nach einer Weile begann alles zu springen und zu zerbrechen; durch die Ritzen, die ganz schwarz waren, quetschte sich dicker Schleim wellenweise an die Oberfläche hervor und erstarrte, teils rann er ab, teils blieb er, und alles begann immer energischer durcheinanderzustürzen und bedeckte sich mit Schaum, und außer Schaum sah ich nichts mehr.« (95)) miterlebt, sieht er schließlich den Vorgang einer monströsen Geburt: »Diese Wand begann sich langsam zu heben und aus dem Ozean hervorzutauchen. Der Schleim troff in ganzen Wasserfällen an ihr herab, und auch irgendwelche schleimige Gebilde, solche geäderte Verdichtungen.« (96) Eine dieser Verdichtungen nimmt dabei die riesige Gestalt eines Kindes an, vielleicht vier Meter groß, »als schwimme oder stehe es bis zum Gürtel in der Welle.« (97) »Es sah aus . . . fast nach einem Säugling sah es aus. Nein, das ist übertrieben. Es hatte schwarzes Haar und blaue Augen, riesige! Und nackt war es. Völlig nackt, wie neugeboren. Es war feucht, oder eher glitschig, die Haut hat ihm so geglänzt. Dieser Anblick hat scheußlich auf mich gewirkt. Ich glaubte nicht mehr an eine Fata Morgana. Ich sah es zu genau. Es hob und senkte sich je nach der Bewegung der Welle, aber unabhängig davon bewegte es sich, das war ekelhaft!« (98) Ekelerregend jedoch ist nicht die Gestalt als solche. Es ist die irritierende Spannung zwischen der gleichzeitigen Ähnlichkeit und Differenz dieses »Kindes« zu wirklichen Kindern: »Die Augen haben ihm geblitzt, und überhaupt hat es nach einem lebendigen Kind ausgesehen, bloß diese Bewegungen, wie wenn jemand probiert . . . wie wenn irgend jemand sie alle durchprobiert.« (98) »Es war lebendig, ja, und trotzdem war es nicht menschlich.« (99)

André Bertons Erfahrungsbericht wird, wie bereits erwähnt,

als Ergebnis einer Vergiftung durch die Planetenatmosphäre begutachtet. Ihr Inhalt wird einem »halluzinatorischen Syndrom« (101) zugeschrieben. Nur ein Mitglied der Kommission vermutet anderes, hält jedoch seine Meinung geheim und vertraut sie nur einem privaten Brief an: »Ich denke, das, was Berton gesehen hat, war ein Teil einer ›Operation Mensch‹, die von diesem klebrigen Monstrum vollzogen wurde.« (104) Ihre Quelle war das Gehirn des verschwundenen und von Berton gesuchten Kollegen: »Es ging um experimentelle Wiedergabe, um Rekonstruktion mancher Spuren in seinem Gedächtnis (wohl der dauerhaftesten).« (104)

4. Beschreibungsversuche

Unterdessen hat Kelvin selbst eine »experimentelle Wiedergabe« seiner dauerhaften Gedächtnisspuren als »Gast« zu Besuch. Bertons Erfahrungsbericht hat durch die eigene Erfahrung an Glaubwürdigkeit gewonnen. Um das Geheimnis der Gäste zu entdecken, »die wirkliche Struktur, die für das Funktionieren des ›Gastes‹ verantwortlich zu machen ist« (119) und die sich hinter all den Eiweißen, Zellen und Zellkernen der F-Gebilde »maskiert« verbirgt, zieht es Kelvin immer wieder in die Bibliothek. Hier vertieft er sich auch in die schon »weitgehend veraltete« mehrbändige Monographie von Giese. Sie ist ein Versuch, die unerschöpfliche Mannigfaltigkeit solarischer Formen in ein übersichtliches Klassifikationsschema zu fassen. Giese, ein pedantischer Systematiker, bediente sich dabei »einfach der Sprache der Beschreibung, und wenn ihm Wörter fehlten, half er sich, indem er neue Wörter schuf, oft unglückliche, den beschriebenen Phänomenen nicht angemessene. Aber letztlich können keinerlei Termini wiedergeben, was auf der Solaris vorgeht.« (129) Taxonomische Grundkategorien der Beschreibung sind: »Längicht«, »Mimoid«, »Symmetriade« und »Asymmetriade«.

»*Längichte*« gelten als die Grundformen. Giese verglich sie »mit vielfach vergrößerten und übereinandergetürmten Flutwellen irdischer Meere.« (129) Ursprünglich bezeichnete er sie als »Fluten«, »von einem Geozentrismus angeregt, über den sich lachen ließe, wäre er nicht so hilflos.« (129) Sie sind aus einem Stoff gemodelt, »der an der Oberfläche gallertartig-schaumige Konsistenz hat (. . .), im Inneren jedoch in immer kernigere Substanz übergeht, kernig wie ein gespannter Muskel, aber ein Muskel, der sehr bald, schon in einer Tiefe von etwas mehr als zehn Metern, härter als Stein wird, obwohl er weiterhin seine Elastizität bewahrt.« (130)

Eine verschlungenere, launenhaftere Form sind die »Mimoide«, deren Namen sie einer gewissen »Neigung« verdanken, »umliegende Formen nachzuahmen.« (131) »Tief unter der Ozeanoberfläche beginnt sich eines Tages ein weiter, flacher Kreis zu verdunkeln, mit ausgefranstem Rand und gleichsam pechübergossener Oberfläche. Nach mehr als zehn Stunden wird er lappig, weist immer deutlichere Gliederungen auf und stößt zugleich nach oben vor, der Ozeanoberfläche entgegen. Der Beobachter würde schwören, daß unter ihm ein heftiger Kampf tobt, denn wie Lippen, die sich zusammenkrampfen, wie lebende, muskulöse, sich schließende Krater laufen hier aus der ganzen Umgebung unendliche Reihen konzentrischer Ringwellen zusammen, stauen sich über dem tief unten ausgegossenen, schwärzlichen, schwankenden Phantom, bäumen sich und stürzen in die Tiefe. Jeden solchen Rutsch mehrerer hunderttausend Tonnen begleitet ein sekundenlang ausgedehntes, pappiges, ich bin versucht zu sagen, schmatzendes . . . Donnern, denn hier geschieht alles in monströser Größenordnung.« (131 f.) In dieser Bewegung entstehen Formen, deren Ziel das »reife Mimoid« ist, Auswüchse, »deren Bestimmung es ist, Formen der Außenwelt nachzuäffen.« (132) Giese nannte diese Spielart des Ozeans »abortives Mimoid«. (132) – Aber diese einsamen Erzeugnisse sind nichts gegen die Mimoide, »die durch Zutun der irdischen Abkömmlinge« (133) provoziert werden. »Werkstoff ist selbstredend immer dieselbe schnell verblassende Masse, die in die Luft emporgeschleudert wird und, statt zu fallen, in Schwebe bleibt, durch Nabelschnüre, die leicht reißen, mit dem Untergrund verbunden.« (133).

Am unmenschlichsten, weil mit nichts Irdischem vergleichbar, sind die »Symmetriaden«, riesige, sich in Bewegung befindende Architekturkompositionen im Inneren des Ozeans. In der Symmetriade ist alles »Innenraum, Vermehrung, die Lawinen von Geburten auswirft, unaufhörliche Gestaltung, wobei die Gestaltung zugleich das Gestaltende ist; und keine Mimose reagiert so empfindlich auf Berührungen.« (141) Durch die Abgründe der Symmetriaden gibt der plasmatische Ozean den Weg in sein Inneres frei, ohne Aggression. In ihm kann nur umkommen, »wer es durch eigene Unvorsichtigkeit oder Gedankenlosigkeit besonders darauf anlegt.« (136) Und diese architektonische, sich ununterbrochen bewegende Komposition wird während ihrer Entstehung »gestützt durch pausenlos aus kilometertiefen Senkungen spritzende lotrechte Säulen aus sehr verdünnter, ja fast wässriger Gallerte« (137), die sich zu »beweglichen, tentakelartigen Säulen« (137) in der Dynamik der symmetriadischen Ganzheit verfestigen. Diese Produktion läßt gleichsam an eine »wachsende Leibesfrucht« (138) denken, jedoch quasi »maschineller« Art, »obwohl diese Gebilde überhaupt nicht an eine von Menschen konstruierte Maschine erinnern.« (138) – Das Ende, der Zusammenbruch der Symmetriade ist »gräßlich«. Gestaltung und Gestaltendes, Maschine und Objekt zugleich, beginnen sich in einem Wirbel von Bewegungen aufzulösen. »Der Eindruck wird übermächtig, daß der Koloß angesichts der ihm drohenden Gefahr gewaltsam auf irgendein Vollbringen hindrängt. Denn je mehr die Geschwindigkeit der Verwandlungen steigt, desto offensichtlicher wird die gräßliche, ekelerregende Metamorphose des Baustoffes selbst und seiner Dynamik. (. . .) Aus den unsichtbaren Tiefen dröhnt anwachsendes Brausen, Gebrüll: Wie durch Atemzüge einer Agonie ausgestoßen, reibt sich die Luft an den zusammenschrumpfenden Engpässen, schnarcht und orgelt donnernd in den Durchlässen, erregt in den einstürzenden Zwischendecken ein Röcheln wie aus irgendwelchen monströsen, von Schleimstalaktiten überwucherten Kehlen, aus toten Stimmbändern, und augenblicklich wird es um den Zuschauer trotz aller heftigst entfesselten Bewegung – immerhin der Bewegung des Zerstörens – vollkommen tot.« (142) »Und was bedeutet das alles? Ja, was bedeutet das?« (143)

»Im übrigen, sollte das Geheimnis der Symmetriaden jemals gelöst werden, so bleiben noch die *Asymmetriaden* . . . Sie entstehen ähnlich, nur ist ihr Ende anders, und man kann nichts von ihnen sehen, als ein Zucken, Erglühen, Flimmern; wir wissen nur, daß sie der Sitz schwindelnd schneller Prozesse an der Grenze der physikalischen Geschwindigkeiten sind.« (144)

5. Das Ende jeder Erklärung

Gieses Taxonomie bedient sich der Sprache der *Beschreibung*.
Auch »Längicht«, »Mimoid«, »Symmetriade« und »Asymmetriade« galten noch als empirische Begriffe, die sich auf beob-
achtbare Phänomene bezogen. Ihr »künstlicher« Charakter
resultierte nur aus der Fremdheit der beobachteten Phänomene, da den Erforschern der Solaris sich jeder Vergleich mit
irdischen Erscheinungen als ungerechtfertigter Geozentrismus
darstellen mußte. Um wieviel schwieriger mußten die Versuche der *Erklärung* sein. Die Geschichte der wissenschaftlichen
Erklärungsversuche, in tausenden von wissenschaftlichen
Werken niedergelegt, liest sich als unendlicher Kampf konkur-
rierender Hypothesen, Theorien und Paradigmata. Es ist die
Geschichte permanenter wissenschaftlicher Revolutionen
ohne Ende und Aussicht auf den endgültigen Sieg einer möglichen Theorie. »All dieser in sämtliche Richtungen zersplit-
terte geistige Reichtum erregte den Eindruck, irgendeine dieser
Hypothesen müsse ganz einfach richtig sein, es sei unmöglich,
daß die Wirklichkeit völlig fremdartig wäre, wieder anders als
diese Myriaden auf şie losgelassener Denk-Ansätze.« (192)
   Die Solaris wurde zur Herausforderung an das menschliche Er-
kenntnisvermögen überhaupt. »Die bloße Existenz des denkenden Kolosses wird die Menschen nie mehr zur Ruhe kommen lassen. Selbst wenn sie die Galaxien durchmessen, selbst wenn sie
sich mit anderen Zivilisationen uns ähnlicher Wesen verbinden,
bleibt doch die Solaris eine ewige Herausforderung an den Menschen.« (201) Ketzerisch wurde die Solaristik schließlich als die
»Ersatzreligion des Weltraumzeitalters« (201) kritisiert und in
Frage gestellt. »Sie ist Glaube, eingehüllt in das Gewand der Wissenschaft; der Kontakt, das Ziel, dem sie entgegenstrebt, ist
ebenso nebelhaft und dunkel wie die Gemeinschaft der Heiligen
oder die Herabkunft des Messias.« (201) Die Arbeit der Forscher
erscheint als ein »Warten auf Erfüllung, auf die Verkündigung,
denn die Brücken zwischen der Solaris und der Erde gibt es nicht
und kann es nicht geben.« (201) Jedes mögliche Wissen wäre ein
mythisches Wissen, unübertragbar, »und wenn ihr es in eine beliebige unter den irdischen Sprachen zu übersetzen versucht,
dann gehen alle die gesuchten Werte und Bedeutungen verloren,
bleiben drüben auf der anderen Seite.« (202)

Nach einem komplizierten Experiment, das der Ozean mit neuen, gleichsam jungfräulichen Metamorphosen beantwortet – »Das Schwarz verschwand, zugedeckt und verwischt von Häutchen, die an den Ausbuchtungen blaßrosa und in den Mulden perlschimmernd braun waren« (212) – und das auch, unerklärbar, dazu führt, daß der Ozean keine F-Gebilde mehr produziert, entschließt Kelvin sich zu einer eigenen Erkundung. Kaum ein paar Dutzend Meter hoch gleitet er über die Wellen des Ozeans dahin. »Jetzt erst sah ich nicht bloß, sondern fühlte, daß die abwechselnden, fettig glänzenden Buckel und Schrunden des Abgrunds sich nicht wie die Meerflut oder wie eine Wolke bewegten, sondern wie ein Tier. Unausgesetzte, wenn auch ungemein langsame Anspannungen eines muskulösen nackten Rumpfes – so sah das aus.« (234)

Schließlich landet er auf einem Mimoid, erklettert sein poröses, feinzelliges und dadurch ungemein luftiges, mehrstöckiges Massiv, dessen »Ähnlichkeit mit einer archaichen, halb in Schutt verwandelten Stadt, irgendeiner exotischen, jahrhundertealten marrokanischen Ansiedlung« (236) ihn erstaunt. Aber dieses Mimoid, das sich bewegt und langsam vorwärtsgleitet, »von den Stößen der schwarzen Ozeanmuskeln angetrieben, aus dem Unbekannten weiter ins Unbekannte« (236), ist es nicht, dem seine Neugier gilt. Es ist der Ozean selbst, dem er begegnen will. Er versucht ihn zu berühren, streckt ihm seine Hand entgegen, um in der Intensität der Verbindung erleben zu können, was keine Theorie zuwege bringen kann. (238) »Eine schwarze Welle kroch schwerfällig am Ufer hoch, drückte sich platt und entfärbte sich zugleich; als sie zurückgewichen war, flossen an der Kante des Massivs zitternde Schleimfäden ab.« (237) Neue Wellen nähern sich seiner Hand, vorsichtig, fast zögernd, vor jeder Berührung zurückweichend, zugleich jedoch zunehmend seinen Bewegungen folgend, ein intensiv erlebter Wechsel von Annäherung und Distanzierung. »Durch das Knospen, Heranwachsen, Um-Sich-Greifen dieser Lebendbildung, durch jede ihrer Bewegungen einzeln und durch alle zusammen äußerte sich – ich bin versucht zu sagen, vorsichtige, aber nicht schreckhafte Naivität: wenn dieses Gebilde so hingegeben und schnell die neue, unvermutet angetroffene Form zu erkennen, zu erfassen suchte und auf halbem Wege zurückweichen mußte, sobald es die durch geheimnisvolles Gesetz festgelegten Grenzen zu überschreiten drohte.« (238) Und Kelvins Reaktion auf dieses zaghafte, vorsichtige, naive Annähern? »Vertieft, entgeistert, sank ich in unzugänglich erscheinende Bereiche der Unbeweglichkeit hinab, und in wachsender Intensität des Selbstvergessens verband ich mich mit diesem flüssigen, blinden Koloß, als hätte ich ihm ohne die mindeste Anstrengung, ohne Worte, ohne einen einzigen Gedanken alles verziehen.« (238) In der größten Nähe zum Ozean, gleichsam im unmittelbaren Erlebnis reinster Intensität, bleibt Kelvin nur noch eine letzte Erwartung: »Auf welche Erfüllung, welchen Spott, welche Qualen war ich noch gefaßt? Ich wußte nichts, und so verharrte ich im unerschütterlichen Glauben, die Zeit der grausamen Wunder sei noch nicht um.« (238)

III. »Und was bedeutet das alles?«

Bevor die schwierigere Frage nach dem verstehbaren Sinn der sprachlichen Ozean-Konstruktion zu beantworten versucht wird, soll zunächst das Problem der *Bedeutung* reflektiert werden, wie es sich *innerhalb* des Romans »Solaris« stellt. Es soll also so getan werden, als ob es sich bei der ozeanischen Wirklichkeit der Solaris um eine gegenständliche Realität, bei ihrer sprachlichen Darstellung um realistische Aussagen handeln würde. Indem wir uns so zunächst ganz auf die literarische Fiktion einlassen und sie quasi-realistisch lesen, können wir an den Überlegungen anknüpfen, die Kris Kelvin und andere Solaristen sich gemacht haben. Denn auch sie, Menschen auf einem fremden Planeten, werden (ähnlich Paranoikern[39]) ständig von einer Frage verfolgt, die ihre Existenz, ihr Denken und Fühlen zentral betrifft: »Und was bedeutet das alles? Ja, was bedeutet das?« Diese Frage, an der die solaristische Forschung verzweifelt ist und der Kris Kelvin sich nur durch die sprach- und bewegungslose Intensität einer unio mystica mit dem Ozean entziehen kann, wird im Roman in doppelter Perspektive gestellt: Erstens als *gegenstandsbezogene* Frage nach der Bedeutung des Ozeans selbst; zweitens als *semantische* Frage

i. e. S. nach der Bedeutung seiner sprachlichen Beschreibungs-
und Erklärungsversuche.

1. Die Bedeutungslosigkeit des Ozeans

Die Anspielung auf den Paranoiker, der auch dort Bedeutungen wahrnimmt, wo keine sind, zielt auf die Spannung, in der
sich die solaristischen Kosmonauten gegenüber einer Realität
befinden, die ihnen als bloße Existenz gegenübersteht. Die
Erscheinungen des Ozeans, ihre komplizierte, verwirrende
Vielfalt und vermuteten Kausalbeziehungen erschöpfen sich
gleichsam darin, zu *sein*. Aber der Mensch, der dieses Sein des
Ozeans erforschen will, begnügte sich damit nicht. Für ihn
sollen die ozeanischen Erscheinungen etwas *bedeuten*. Experimentelle Versuche der »Kontaktaufnahme« werden unternommen, »*Signale*« werden registriert, die als Zeichen verstanden werden sollen, auch wenn man sie nicht zu interpretieren
vermag: »aber was bedeutet das alles? Vielleicht waren das
Daten über den jeweiligen Erregungszustand des Ozeans?
Vielleicht die Impulse, die irgendwo, tausende Meilen weit weg
von den Forschern, seine Riesengebilde entstehen lassen? Vielleicht die in unergründliche elektronische Gefüge umgesetzten
Widerspiegelungen der ewigen Wahrheiten dieses Ozeans?
Vielleicht seine Kunstwerke?« (28) Die Experimente unterstüt-
zen keine der möglichen Hypothesen. Denn der Ozean reagiert
nicht regelmäßig, fügt sich nicht den wiederholten Versuchen
der experimentellen Kontaktaufnahme. Niemals läßt sich die
gleiche Reaktion auf einen Reiz feststellen. (28) Auch nach der
»*Zweckbestimmtheit*« (30) des ozeanischen Schaffens wird vergeblich gefragt. Schließlich ist die Frage nach der Bedeutung
des Ozeans nur noch für eine Anekdote gut: Kelvin erinnert
sich, angeregt durch die gräßlichen Erscheinungen des Zusam-
menbruchs von Symmetriaden, einmal daran, daß während
eines Schülerbesuchs am Solarischen Institut Aden ein »pum-
meliges, bebrilltes, vielleicht fünfzehnjähriges Mädchen mit
energischem, verständigem Blick« (143) damals plötzlich die
provokante Frage stellte: »›Und wozu das Ganze . . .?‹ Und
während des betretenen Schweigens, das daraufhin eintrat,
blickte nur die Lehrerin streng zu ihrer aufsässigen Schülerin

hin; von den geleitenden Solaristen (ich war unter ihnen) fand keiner eine Antwort.« (143) Es ist die Frage nach dem *Zweck* der ozeanischen Gebilde, ihrer Produktion und Auflösung, die nicht beantwortet werden kann und die Bedeutungshaftigkeit des Ozeans für den Menschen problematisch werden läßt. Zwecklosigkeit impliziert Bedeutungslosigkeit. Das ist eine der Einsichten, die das solarische Forschungsprogramm grundsätzlich in Frage stellen. Auch die Materialisierungen der F-Gebilde geschehen ohne erkennbaren Zweck: »Er hat also das genommen, was am deutlichsten in uns eingeätzt war, am geschlossensten, am vollständigsten, und am tiefsten eingeprägt, verstehst du? Aber er muß durchaus nicht gewußt haben, was das für uns ist, welche Bedeutung das hat. Das ist so, als verstünden wir eine Symmetriade zu schaffen, und würfen sie in den Ozean, und wüßten dabei Bescheid über die Architektur, die Techniken und die Baumaterialien, ohne doch zu verstehen, wozu, zu welchem Zweck sie dient, was das für ihn ist . . .« (226) Diese Zweck-Bedeutung *für* jemand kann nicht verstanden werden (radikaler: die gestellte Frage nach ihr ist bereits sinnlos), weil die Existenz des Ozeans mit dem Menschen *nichts zu tun hat.* Er ist außerhalb des Bereichs menschlicher Tätigkeit mit ihren Zwecken und Motiven. »Das Sein *existiert* also für die Science Fiction zunächst so wie für die Wissenschaft und die Werte bringen wir in dieses Sein mit. Deshalb bedeutet das Sein ›an sich‹ außerhalb der Sphäre menschlichen Tuns oder des Tuns ›anderer Intelligenzen‹ eigentlich nichts.«[40] – Nach Zwecken fragen zu wollen, erscheint deshalb als »Anthropomorphismus«, als Suche nach Motiven, wo es für den Menschen keine gibt. »Wo es keinen Menschen gibt, dort gibt es auch keine menschlich faßbaren Motive.« (157) Angesichts der ontologischen Fremdheit des Ozeans gegenüber den Menschen kann seine »Bedeutung« allenfalls negativ bestimmt werden: sie besteht darin, dem Menschen einen Spiegel seiner eigenen anthropomorphen und geozentrischen Beschränktheit vorzuhalten. Wenn überhaupt, dann »bedeutet« also die versuchte Eroberung der Solaris als Tätigkeit etwas, nicht die Solaris selbst. In seinem großen Essay über Phantastik und Futurologie hat Lem das so gesagt: »Es bleibt noch zu überlegen, ob die Welten der Phantastik – als empirische Hypothesen betrachtet – etwas bedeuten und wenn ja, dann was. Gegenständlich bedeuten sie nichts, so wie auch die Galaxis nichts bedeutet: sie *ist einfach.* Doch wenn der Mensch sie erobert, wird er in Prozesse und Erscheinungen verwickelt, die seine Ausgangsaxiologie, seine Moral, seine Sitten und Begriffswelt einem gewaltigen Druck, einer Distorsion und Veränderungen aussetzen, und im Hinblick auf sie wird seine Tätigkeit etwas bedeuten; als Resultat des Zusammenstoßes mit dem Ungewissen, dem Nichtvorhersehbaren z. B., als Ruine jener festverwurzelten Urteile und neuen Triebe, vielleicht auch als verzweifeltes Beweinen über die Trümmer der Semantik, die dem Maßstab des kosmischen Unternehmens inadäquat und deshalb total zerborsten sind.«[41]

2. Die Bedeutungslosigkeit von »Ozean«

Damit ist zugleich die zweite Frage nach der Bedeutung der *sprachlichen Zeichen* angesprochen. Denn in dem Maße, in dem der Ozean »gegenständlich nichts bedeutet«, sondern nur einfach ist, verstricken sich Benennungs-, Beschreibungs- und Erklärungsversuche in die Aporie, bedeutsame Zeichen auf eine Wirklichkeit beziehen zu wollen, die sich dem sprachlichen Bedeutbaren grundsätzlich entzieht. Instrumentell zeigt sich dies unter anderm daran, daß der Ozean sich keinem experimentellen Zugriff fügt. Das sprachliche Zeichen, das eine allgemeine Erscheinung oder Relation ausdrückt, kann die Realität des Ozeans nicht treffen, der keine Iteration der Ergebnisse erlaubt. Kein Experiment ist wiederholbar, keine Allgemeinheit feststellbar. Das Bedeutbare müßte unter diesen Bedingungen als jeweils Singuläres begriffen werden, was der Form menschlicher Sprache grundsätzlich widerspricht. Als »reines Objekt« ohne verstehbaren und experimentell verfügbaren Zweck provoziert der Ozean entweder eine Art von epistemologischen Optimismus (: der Ozean ist und produziert so, wie die Solaristen ihn beschreiben und erklären; zumindest wird eine der Beschreibungen schon die richtige sein) oder bestätigt einen Pessimismus, der die Benennungsversuche als bloße Projektionen destruiert: da die Menschen durch die Brille ihrer bedeutsamen Sprache nur zur Kenntnis nehmen können, was ihnen als Bedeutbares durch die iterierbare Erfahrung der eigenen Welt bekannt und erkannt ist, ist ihnen der Ozean als fremde Existenz notwendig unbegreifbar. »Und so hat man sich immer im Kreis irdischer, menschlicher Begriffe bewegt . . .« (145) Pessimistisch muß dann zugegeben werden, daß »keinerlei Termini wiedergeben (können), was auf der Solaris vorgeht.« (129) Als Möglichkeit, erkenntniskritisch jedoch als hilfloser Geozentrismus desavouriert, bleibt eine Art verstümmelter Metaphorik, die zwar anzeigt, daß die Zeichen etwas Anderes als ihre wörtliche Bedeutung meinen, dieses Andere jedoch nicht bedeutet werden kann. Das »Ding« wird bezeichnet, *als ob* es ein Ozean, ein Gehirn, eine protoplasmatische Maschine, eine Gallerte . . . wäre, obwohl jeder weiß, daß »es« alles dies nicht ist. Die Bibliothek der Solaris-Station, ein Trümmerhaufen der Semantik, stellt tausendbändig den gescheiterten Versuch dar, sprachlich die »Unmöglichkeit« zu bewältigen, »daß die Wirklichkeit völlig fremdartig wäre.« (192)

Wenn der Sprache jedoch der gegenständlich-bedeutsame Bezugspunkt fehlt, so erscheint schließlich die feste Bedeutung ihrer Zeichen selbst als Fiktion. Was bedeuten »Ozean«, »Plasma«, »Mimoid«, »Schleim«, »Gallerte«, »Gehirn« . . . im Kontext der solaristischen Beschreibungen, wenn all diese Zeichen nur hilflose Benennungen einer fremden Welt sind? Folgerichtig muß die Verständigung zwischen den Solaristen selbst zum Problem werden: Unter den signifikanten Zeichen der Sprache beginnen die Signifikate, das Gemeinte, zu verfließen, zu gleiten wie der »flüssige« Ozean unter dem metallenen Koloß der Station. »›Wie könnt ihr euch mit dem Ozean verständigen, wenn ihr es nicht einmal mehr untereinander fertigbringt?‹ – fragte im Scherz einmal Veubeke, der damals in meiner Studienzeit Direktor am Institut war; an diesem Scherz war viel Wahres.« (29)

Wenn man Hartmut Lück beim Wort nimmt, der ein utopisch-fantastisches Werk dann »*realistisch*« nennt, wenn es *aus gewußter Wirklichkeit Literarizität entfaltet*[42], so ist die interne Problematik von »Solaris« unter anderem realistisch hinsichtlich sprachtheoretischer Erkenntnisse der *Kritischen Psychologie*. Denn die immanente Bedeutungsproblematik des Romans, diskutiert als doppelte Frage nach der Bedeutung der benannten Wirklichkeit und der sprachlichen Benennungen selbst, liest sich als literarische Gestaltung des »gewußten« Verhältnisses von *Gegenstandsbedeutung* und *Symbolbedeutung,* wie es besonders von Klaus Holzkamp theoretisch entwickelt worden ist: Kris Kelvins Frage »Und was bedeutet das alles?«, bezogen auf das Objekt Ozean, läßt sich umformulieren als Frage nach seiner »gegenständlichen Bedeutungshaftigkeit«[43]; entsprechend ist die Problematik der Wortbedeutung von »Ozean« lesbar als Frage nach der »Symbolbedeutung«, in der die erfahrenen Eigenschaften des Ozeans in ideeller Form gemeint und gekennzeichnet werden. In dieser kritisch-psychologischen Perspektive, die sich aus der marxistischen Tradition herleitet[44], lassen sich folglich auch die Aporien klarer sehen, die sich aus der SF-Realität einer fremden Welt notwendig ergeben müssen, in die der Mensch nur als neugieriger »Besucher« gekommen ist.

Zu 1. Gegenstandsbedeutung

Die *Bedeutungslosigkeit* des Ozeans, dem die Menschen vergeblich ihre weltlichen Bedeutungen zusprechen wollen, verweist zunächst auf eine Differenz: Offensichtlich ist der Wunsch, der Ozean möge gegenständlich etwas bedeuten, darauf zurückzuführen, daß die eigene Welt als »bedeutungsvoll« erfahrbar ist. In ihr haben die Fragen nach Zweckbestimmtheit und Motivation, nach Gebrauchswerten und Bedürfnisbefriedigung ihren Ort, wohingegen sie hinsichtlich des außerirdischen Ozeans sinnlos sind, bloße Projektionen. Damit ist in Lems Roman ein Phänomen reflektiert, das im Mittelpunkt von Klaus Holzkamps kritisch-psychologischer Analyse der menschlichen Wahrnehmung steht: denn für den Menschen sind die Wahrnehmungsgegebenheiten »seiner« Welt bedeutungsvoll (und nicht nur Empfindungsbündel oder Reizkonstellationen). Gerade durch die »gegenständliche Bedeutungshaftigkeit« der wahrnehmbaren Welttatbestände hebt sich die menschliche Wahrnehmung spezifisch von einer bloß organismischen Orientierung der Tiere ab. Wahrnehmend orientiert sich der Mensch an den *Gegenstandsbedeutungen,* die die Gegenstände im Zusammenhang mit der menschlichen Lebenstätigkeit besitzen und die als deren figural-qualitative Eigenschaften sinnlich erfahrbar sind.

Dieses Konzept wird von Holzkamp aus dem gesellschaftlich-historisch rekonstruierbaren Umstand hergeleitet, »daß die Gegenstandsbedeutungen durch *vergegenständlichende Arbeit* entstanden sind. Gegenstandsbedeutungen *in dieser Qualität* sind demgemäß ausschließlich Kennzeichen der *menschlichen Welt*.«[45] Mit diesem materialistischen Hinweis auf die Besonderheit der menschlichen Arbeit (: der Mensch, selbst leibliche Naturmacht, tritt in der Arbeit dem Naturstoff gegenüber, indem er im Natürlichen seine gewußten Zwecke, Gebrauchswerte, verwirklicht; der Stoffwechsel zwischen Mensch und Natur, der durch die menschliche Arbeit selbst vermittelt, geregelt und kontrolliert wird, ist vergegenständlichende Umsetzung bewußter, ideell antizipierter Ziele, Aneignung der Natur zum Zwecke gesellschaftlicher Bedürfnisbefriedigung[46]) ist die Bedeutungshaftigkeit der Welttatbestände insofern erklärbar, als in ihnen »*verallgemeinerte menschliche Zwecke in gegenständlich-sinnlicher Form erscheinen*.«[47] Die »menschliche Welt« ist als Vergegenständlichung menschlicher Gebrauchswerte und damit menschlicher Gattungskräfte selbst bedeutungsvoll.

Unter dieser Voraussetzung erweist es sich als zwingend, *daß der Ozean des Planeten Solaris keine Bedeutung haben kann,* folglich auch die Wahrnehmung der Kosmonauten insofern orientierungslos sein muß, als der Ozean keine figural-qualitativen Eigenschaften besitzt, in denen menschliche Lebenstätigkeiten sinnlich eingebunden sind: Er steht den Menschen, die keine »ozeanischen« Wesen sind, prinzipiell fremd gegenüber, weshalb ein Stoffwechsel zwischen Ozean und Mensch für diesen tödlich ist; nichts von ihm ist durch vergegenständlichende Arbeit entstanden; seine Erscheinungen haben nichts mit verallgemeinerten menschlichen Zwecken zu tun (auf keine Annäherung reagiert er gleichmäßig); er entzieht sich also jeder Aneignung zum Zwecke gesellschaftlicher Bedürfnisbefriedigung: der Ozean ist nicht »menschlich«. Nichts an ihm kann deshalb für den Menschen bedeutsam sein.

Die allgemeinen Gebrauchswert-Bestimmungen, die als Gegenstandsbedeutungen vergegenständlicht sind, können und müssen (wegen der Notwendigkeit einer Kumulation, Verwertung und selbständigen Übertragung gesellschaftlichen Wissens) *sprachlich* fixiert werden: in *»Symbolbedeutungen«*[48] ist die gewußte gegenständliche Bedeutungshaftigkeit der menschlichen Welt symbolisch in die Form des Bewußtseins, »auf den Begriff gebracht«.[49] »Sprachliche Bedeutung ist die ins Element des Bewußtseins übersetzte Form der Relevanz der Dinge und Erscheinungen für den Menschen.«[50] Von der Gegenstandsbedeutung der Welttatbestände unterscheidet sie sich durch ihre Form. Sie ist bedeutsam durch ihren Verweis auf etwas *außerhalb* ihrer selbst, während die Gegenstandsbedeutung in den Wahrnehmungstatsachen selbst sinnlich eingebunden ist.

Daß der Sprache der gegenständliche Bezugspunkt jedoch »äußerlich« ist, darf nicht zu der Annahme verführen, er sei deshalb fremd. Die Unterscheidung von gegenständlicher und symbolisch-sprachlicher Bedeutung, die mit dem »Verweisungscharakter« der sprachlichen Zeichen impliziert ist, bedeutet keine strikte Getrenntheit. Vielmehr bleibt gerade durch die vorausgesetzte Annahme, daß die Welttatbestände für den Menschen selbst bedeutungsvoll sind, die Beziehung zwischen Sprache und Welt als solche begreifbar. Demgegenüber muß die Annahme einer bedeutungslosen außersprachlichen Wirklichkeit die referentielle Möglichkeit der sprachlichen Form unerklärlich werden lassen: »So lange man davon ausgeht, daß die Menschen einer Welt gegenüberstehen, die mit ihnen nichts zu tun hat, wird man niemals verstehen, wie der Mensch mit seinem Symbol diese Welt je erreichen kann. – Tatsächlich stehen das Symbol und die Sache in einem inneren Zusammenhang miteinander, wenn auch nicht in einem der unvermittelten Wesensähnlichkeit. Die Welt des Menschen ist eine von ihm durch vergegenständlichende gesellschaftliche Arbeit angeeignete Welt. Bedeutungen liegen ›in‹ den Dingen, weil der Mensch im historischen Prozeß durch kooperative Produktion Bedeutungen in ihnen vergegenständlicht hat. Durch die Symbolbedeutungen wird eine bedeutungsvolle Welt keinesfalls erst konstituiert. Symbolbedeutungen sind vielmehr *abstraktive Explikationen von durch Arbeit konstituierten Gegenstandsbedeutungen.*«[51]

Daraus erklärt sich schlüssig der *sprachkritische Pessimismus* Kris Kelvins und anderer Solaristen. Weil der Ozean selbst als bedeutungslos angesehen werden muß, da er mit der menschlichen Lebenstätigkeit in keinem durch Arbeit vermittelten Zusammenhang steht, müssen die sprachlichen Symbole an ihm gleichsam abprallen. Klaus Holzkamps Überlegung kann hinsichtlich der fiktiven Wirklichkeit der Solaris umformuliert werden und gewinnt damit ex negativo zusätzliche Plausibilität: So lange wir davon ausgehen müssen, daß der Mensch hier einer Welt gegenübersteht, die mit ihm nichts zu tun hat, kann man verstehen, daß er mit seiner Sprache diese Welt niemals erreichen kann. »In« den Erscheinungen des Ozeans liegen keine Bedeutungen, da nichts an ihm Vergegenständlichung menschlicher Gebrauchswerte und Wesenskräfte ist. Auch durch die menschliche Sprache kann kein bedeutungsvoller Ozean konstituiert werden. Da sie keine Explikationen einer gegenständlichen Bedeutungshaftigkeit des Ozeans sind, müssen die Beschreibungen und Erklärungen des Ozeans im strikten Sinne bedeutungslos sein.

IV. Textkohärenz, komplexe Isotopien, praktische Lexikologie

Dennoch aber ist der Roman nicht sinnlos. Er ist ein deutscher *Text,* der *verstanden* werden kann. Auch wenn in der immanenten Perspektive der Solaristen der Ozean und seine Benennungen bedeutungslos sind, so sind sie es nicht für den Leser, der die solaristische Wirklichkeit gleichsam »von außen« als bedeutete Geschichte eines verstehbaren Textes lesen kann. Das heißt nicht nur, daß die einzelnen Wörter, Aussagen oder größeren textlichen Einheiten verstanden werden können; es heißt zugleich auch, daß der Leser durch den Text *referentiell* auf eine (wenngleich fiktive) Geschichte verwiesen wird, von der er sich eine Vorstellung machen kann. Er kann den Text als »Referenzanweisung«[52] lesen, sich über ihn auf bestimmte gegenständliche Ereignisse der solaristischen Wirklichkeit beziehen. Text und Lektüre sind paradox strukturiert: die sprachlich unausdrückbare Bedeutungslosigkeit des Ozeans ist zugleich Gegenstand einer Geschichte, die mittels bedeutsamer textlicher Referenzanweisungen als gegenständliche Wirklichkeit repräsentiert werden kann. Wir können gewissermaßen die *Projektionen nachvollziehen und verstehen,* die die Solaristen bei der sprachlichen Fixierung ihrer Erfahrungen vornehmen. Wie ist das möglich?

1. Die Illusion autonomer Welten

Daß »Solaris« verstehbar ist, verweist grundsätzlich zunächst auf ein *Vorwissen,* über das der Leser des Textes verfügt und das er mit den (fiktiven) Solaristen teilt. Und es ist ebenso einsichtig, daß dieses Vorwissen auf die Bedeutungen der sprachlichen Zeichen (und der in ihnen bedeuteten Wirklichkeit) sich bezieht, aus denen der Text hergestellt ist. Wir sprechen die gleiche Sprache wie der Ich-Erzähler Kris Kelvin, bzw. wie Lem, sein literarischer Vater. Die Welt der Solaris, wie sie uns im Roman erscheint (und eine andere Solaris kann es für uns nicht geben), ist keine völlig autonome Welt. Sie ist vielmehr ein, wenngleich *projiziertes Wirklichkeitsmodell,* das durch ein ungewöhnliches Arrangement von sprachlichen Elementen entworfen worden ist, über die ein signifikantes Vorwissen kompetenter Leser besteht. Alle Elemente sind verstehbare Wörter, ihre Kombination ist syntaktisch wohlgeformt. Auch die fiktionalste Kreation bleibt (vermittelt über die Notwendigkeit der Lektüre) auf die Erfahrungsgehalte bezogen, die in ihren verketteten Signifikanten fixiert sind; und folglich auch auf eine Kenntnis möglicher Wirklichkeits- und Geschichtsmodelle[53], die in den sprachlichen Aussagen und Textzusammenhängen symbolisch artikuliert sind. Stanisław Lem hat diese komplizierte Beziehung zwischen fiktionaler und realistischer Sprache anhand des SF-Konstruktionsproblems gänzlich »*autonomer Welten*« diskutiert.[54] (Eine solche Welt hätte mit unserer Welt und unseren Bedeutungen nichts mehr zu tun. Sie müßte als »autonome Visionswelt«[55] eine völlig selbständige Autarkie aufweisen, die weder Resultat heimlicher Anleihen noch bloßer Modifizierungen unserer Welt sein dürfte.) »Konstruiert man eine Realität, die die reale Welt *ersetzen* und sich semantisch überhaupt nicht auf sie *beziehen* soll, dann muß diese Realität auf eigenen Beinen stehen und alle Festigkeitsprüfungen bestehen können, denen wir sie aussetzen.«[56] Bereits diese Formulierung führt zwingend vor Augen, was Lem auch anhand literarischer Beispiele nachweist: *Eine solche Welt kann nicht konstruiert werden.* Denn entweder rutschen solche Konstruktionen in Richtung »miserabel gefertigter Artefakten aus, d. h. der Autor erweist sich als ein unfähiger Konkurrent Gottes, oder sie bedeuten etwas, jedoch im Hinblick auf eine reale ›Null‹-Welt«[57], das heißt einen Bezugspunkt des Autors, als dessen spezifische Transformationen die Universa der SF-Werke sich erweisen.[58] Wäre eine tatsächlich vollkommene Erschaffung einer autonomen Welt möglich, so kann gefolgert werden, daß sie nichts bedeuten würde und ihre sprachliche Darstellung unverständlich wäre. »Jedes endgültige Abschließen von Bedeutungen, das die Semantik eines Werkes einkerkert und sie dadurch zu einem System macht, das von der Welt völlig getrennt ist, gleicht einer Illusion. Die Welt eines Werkes kann man fast völlig abschließen; sie jedoch tatsächlich zu hermetisieren, das heißt, ihr jede Bedeutung nehmen.«[59] Eine solche »Welt« liegt folglich auch außerhalb der schriftstellerischen Möglichkeiten.[60] Denn selbst der illusionärste SF-Schriftsteller ist auf das semantische Potential seiner Sprache angewiesen, für die apriori Bedeutsamkeit vorausgesetzt werden muß. Eine visionäre Welt, »die in ihrer Autonomie perfekt ist, hört auf, eine semantische Apparatur zu sein«[61]: als gleichsam reines Objekt ohne jede Signifikanz muß sie undenkbar sein, da das Denkbare als Bedeutbares an die »semantische Apparatur« der jeweiligen menschlichen Sprache gebunden ist.

2. Textkohärenz

Neben dem Vorwissen über die Bedeutung der einzelnen sprachlichen Signifikanten verfügt der Leser ebenso auch über eine Kenntnis möglicher *Referenzgeschichten,* auf die durch den Text verwiesen wird. Auch an diesem Wissen muß sich der Autor orientieren. Die fiktive Wirklichkeit der SF muß, selbst im Falle einer noch so weit von der empirischen Null-Welt entfernten Struktur *kohärent* sein in dem Maße, in dem sie mittels eines *Textzusammenhangs* entworfen wird. Denn der Roman als Text besteht nicht aus unzusammenhängenden und isolierten Sätzen oder Satzfragmenten. »Solaris« weist eine bestimmte semantische Kohärenz auf (vom grundlegenden Thema bis hin zu den einzelnen Dialogformen), obwohl diese sich nicht als eine semantische Ordnung im Sinne einer wahrheitsfähigen Aussagestruktur auf den Zusammenhang weltlicher Dinge und Tatsachen bezieht. Es ist vielmehr eine Art textlogischer oder erzähltechnischer Kohärenz, die sich in bestimmten kombinatorischen Verknüpfungsmöglichkeiten der sprachlichen Zeichen manifestiert. Es handelt sich um *syntagmatische* Beziehungen, die im immanenten Universum des fanatischen Werks *möglich* und als lesbarer Zusammenhang wahrnehmbar sind. Der sprachliche Entwurf des Ozeans modifiziert und verletzt teilweise zwar bestimmte »lexikalische Solidaritäten«[62], indem etwa die protoplasmatische Maschine als lebendes, denkendes Wesen konstruiert wird; im Rahmen des Entwurfs selbst jedoch ergeben sich textuelle Zwänge und Möglichkeiten, die für die Textkohärenz des Romans konstitutiv sind. Situationen werden gestaltet im Rahmen der semantisch getroffenen Rahmenbedingungen.

3. Textmosaik

Es gehört zu den Eigentümlichkeiten von Lems Prosa, daß sie Kohärenz schafft durch *gezielte Verknüpfung entlegener Bedeutungen*[63], die syntaktisch miteinander zu Aussagen verknüpft werden. Ihre phantastischen Objekte entstehen durch Kontamination sprachlicher Zeichen, die in der »normalen«, wahrheitsdefiniten Sprache nicht ohne weiteres verkettet werden können. Man könnte dieses Phänomen bildlich[64] so ausdrücken, daß der SF-Text einem undurchsichtigen *Mosaikfenster* gleicht, das im Unterschied zum durchsichtigen Fenster einer weltabbildenden Sprache eine eigenständige Struktur besitzt, die nur ihm zukommt. »Nicht das, was sich *hinter* dem Fenster befindet, bestimmt die Geschlossenheit des Wahrgenommenen, sondern die spezifische Charakteristik des Mosaikfensters selbst.«[65] Das impliziert, daß die solaristische

Wirklichkeit sich in Nichts auflösen würde, wenn die sprachliche Schicht des Romans *Solaris* zerstört würde. Es wäre ein barbarischer Akt, das textuelle Mosaik zerschlagen zu wollen mit der Absicht, den Ozean besser sehen zu wollen. Damit ist nun endlich die zu Beginn gestellte Frage als semantisches Problem präzisiert, mit dessen Lösung Text und Lektüre konfrontiert sind: *Wie ist die semantische Kohärenz eines Textes wie* Solaris *herstellbar und lesbar, der aus neuarrangierten Kontaminationen von kategorial entfernten Bedeutungen besteht, die in der verwendeten Null-Sprache syntagmatisch so nicht anschließbar sind?*

Um diese Frage beantworten zu können, lohnt sich ein Abstecher in das Gebiet der *strukturalen Semantik*. Besonders das Konzept der »Isotopie«, wie es von Algirdas Julien Greimas entwickelt worden ist, liefert eine nützliche Hilfestellung, weil es sich gerade auf jene Faktoren bezieht, die für den Bedeutungsgehalt eines verstehbaren Textes wesentlich sind.[66]

4. Isotopien

Eine der wichtigsten Bedingungen textueller Kohärenz ist (neben der syntaktischen Konstruktion) das Vorliegen von *Isotopien*. Es handelt sich um *semantische* Strukturen, welche die Verknüpfung bedeutsamer lexikalischer Einheiten (*Lexeme*[67]) zu sinnvollen Texten herstellen. (Dabei spielt es keine Rolle, wie umfangreich der Text ist, solange überhaupt von *einem* Text gesprochen werden kann; um von semantischer Kohärenz sprechen zu können, muß der Text jedoch minimal aus mindestens zwei Lexemen bestehen.) Es ist für Greimas als strukturalen Semantiker kennzeichnend, daß er die Ursache dieser Kohärenz auf der Grundlage von *elementaren* semantischen Komponenten zu etablieren versucht, die »kleiner« als die manifest im Text verknüpften Lexeme sind: Es handelt sich um gleichsam atomare Einheiten, »semantische Merkmale«[68], von Greimas *Seme*[69] genannt, die miteinander, zu Bündeln kombiniert, die Bedeutung der jeweiligen Lexeme ergeben und für deren Vertextungsmöglichkeit ausschlaggebend sind. Die kohärente Verknüpfbarkeit von Lexemen basiert auf einer partiellen Gemeinsamkeit (Identität, Kontiguität, Äquivalenz) ihrer Seme. *Isotopie* ist definierbar als *wiederholtes (rekurrentes) Auftreten semantischer Merkmale im Text,* als *Semrekurrenz.* Durch diese rekurrenten Seme, die nicht auf der manifesten Oberfläche des Textes unmittelbar abgelesen werden können, sondern als hypothetische Konstrukte in der Lektüre wirksam sind, werden also größere Bedeutungseinheiten auf der syntagmatischen Ebene hergestellt. (Ein triviales Beispiel zur Erläuterung: Ein Satz wie »Der Fisch ist faul« erscheint im Unterschied etwa zu »Das Dreieck ist faul« als wohlgeformt, weil »Fisch« und »faul« infolge bestimmter Seme miteinander semantisch verträglich und syntagmatisch anschließbar sind. »Fisch« bündelt solche Seme wie /konkret/, /organisch/, /belebt/, /tierisch/, /als Nahrung zubereitbar/ . . .; für »faul« im Sinne von »faulig«, »verdorben« lassen sich Seme wie /physische Beschaffenheit/, /Resultat eines Prozesses/ . . . annehmen. Die semantische Solidarität der beiden Lexeme resultiert aus einer Isotopie, die sich auf eine Semrekurrenz von /organisch/, /physische Beschaffenheit/, /veränderlich/ . . . stützt.)[70]

Man kann sich das Zustandekommen von Isotopien besonders gut am Beispiel der *semantischen Äquivalenz* verdeutlichen, wie sie im Fall einer *Definition*[71] zwischen definiertem Lexem (Greimas spricht von »Denomination«) und definierender Expansion besteht. Denn diese Äquivalenz wird durch ein Bündel von Isotopien hergestellt, das in dem definierenden, expandierenden Syntagma (das in der Regel länger ist als die Denomination) all jene entscheidenden Seme wiederholt und aufzählt, die im definierten Lexem »kondensiert« sind.[72] (Das Lexem »Fisch« z. B. läßt sich definieren als »tierisches Wesen, das konkret, organisch, belebt, mit Kiemen versehen, im Wasser lebt und . . .«.) Eine solche Kondensation wird von François Rastier im Anschluß an Pottier[73] und Greimas auch als *Metasemie*[74] bezeichnet, wobei unter anderem das Beispiel des *Kreuzworträtsels*[75] zeigt, daß diese (denominative) Metasemie nicht notwendig im Text selbst anwesend sein muß. Die Aufgabe des Rätsellösers besteht in Umkehrung zum Wörterbuchbenutzer ja gerade darin, die Metasemie erst zu finden und aus den expandierten Kreuzworträtseldefinitionen zu erschließen.

Bemerkenswert ist noch, daß *für die Textkonstitution nicht alle Seme eines Lexems wichtig* sind, sondern nur diejenigen, deren Rekurrenz für die Verkettung der Lexeme innerhalb des Syntagmas verantwortlich sind. (Daß z. B. in »Fisch« auch Seme gebündelt sind, die das Lexem von anderen Lexemen wie »Schlange«, »Wal«, »Huhn«, »Kalb«, »Schwein« usw., mit denen es sich in einer paradigmatischen Klasse befindet, semantisch unterscheiden lassen, ist für die Isotopie von »der Fisch ist faul« ohne Bedeutung.) Die Wiederholung der semischen Lexeminhalte, soweit sie für die semantische Kohärenz eines Textes konstitutiv ist, bezieht sich folglich vorrangig auf textuell *dominierende* Merkmale: aus der Fülle einem isolierten Lexem zuschreibbarer Seme, d. h. seiner semantischen Merkmals*virtualität*[76], werden jene dominierenden Seme isoliert, die für eine bedeutsame Anschließbarkeit der Lexeme wichtig sind.

Wenn man diesen strukturlinguistischen Gedanken mit der vorherigen Überlegung verknüpft, daß Texte als *Referenzanweisungen* verstanden werden, die auf eine Referenzgeschichte als Wirklichkeitsmodell orientieren, so ist jetzt folgende Hypothese formulierbar, durch die wir uns auch bei der semantischen Interpretation von »Solaris« leiten lassen werden: »daß für das Zustandekommen von Referenzanweisungen im Text in erster Linie diejenigen Merkmale verantwortlich sind, die in einer Mehrzahl von Lexemen wieder auftreten, d. h. in diesen dominieren und es somit überhaupt erst ermöglichen, Lexeme zu semantisch homogenen Gruppen zusammenzufassen. Jede Referenzanweisung impliziert daher eine bestimmte Suchanweisung auf der Ebene der Konnexion. Diese Erkenntnis läßt sich in die Faustregel kleiden: ›Willst du einen Text verstehen, dann sortiere seine Lexeme zuerst nach Gruppen, in denen ein (gemeinsames) semantisches Merkmal eindeutig alle übrigen Merkmale dominiert!‹«[77] Die dominanzfähigen Seme sind gleichsam Bedingungen der Möglichkeit kohärenter Texte, die sich referentiell auf verstehbare Geschichten beziehen. Anders gesagt: die im Text ausgesagte und bedeutete Wirklichkeit besitzt in der Isotopie des Textes auf der rekurrenten Basis dominierender Seme ihr sprachliches Korrelat.

Für Greimas ist dieser referentielle Bezug möglich, weil die Seme auf die Wahrnehmung der äußeren Wirklichkeit zurückgehen, die er mit dem Terminus »Exterozeptivität«[78] benennt.

Die sprachlichen Bedeutungen werden also nicht als autonome Größen gesehen. Vielmehr gelten für Greimas »die Bedeutungen der menschlichen Welt auf der Ebene der Wahrnehmung situiert«[79] und die Semantik sieht er folglich als einen Versuch, »die Welt der sinnlich wahrnehmbaren Qualitäten zu beschreiben«[80], die, so muß hinzugefügt werden, sprachlich als Signifikate durch signifikante Zeichen »gedeckt« und dank deren Existenz »manifestiert« werden. Indem so die Bedeutung sprachlicher Zeichen, deren kombinierte Sem*struktur* als solche eine Schöpfung des menschlichen »Geistes« ist, auf Seme zurückgeführt wird, in denen Wahrnehmungstatbestände fixiert sind, läßt sich auch Holzkamps Gedanke strukturalsemantisch reformulieren, daß auch in den verselbständigten Symbolwelten und Sprachstrukturen immer »reale Eigenschaften der objektiven Welt auf irgendeine Weise erfaßt sind«.[81]

Die Lektüre eines Textes wird erschwert durch *komplexe Isotopien*.[82] Auch dieser Begriff stammt wieder von Greimas, der darunter »das Vorhandensein mehrerer isotoper Pläne in ein und derselben Rede«[83] versteht. Sie kommen zustande, indem die semantische Kombination der Lexeme auf verschiedenen semantischen Merkmalen beruht. Strukturell kann sie analysiert werden, indem man die distinkten Seme fixiert, deren Existenz für die semantische *Mehrdeutigkeit* der entprechenden Lexeme maßgeblich ist. (Das setzt voraus, daß durch den Text selbst die semantische Mehrdeutigkeit [Polysemie] der entsprechenden Lexeme nicht aufgelöst, monosemiert, wird, wie es üblicherweise der Fall ist, sondern in verschiedene Isotopien einfließt. In dem Beispielsatz »der Fisch ist faul« könnte auch eine etwas ungewöhnliche Isotopie auf der Basis von »faul« im Sinne von »untätig«, »träge« angenommen werden. Es liegt also eine komplexe Isotopie vor, die für die Mehrdeutigkeit des Satzes verantwortlich ist.) Der Text ist damit gleichsam *offen* für mehrere mögliche *Lesarten*. Seine Lektüre erfordert eine »Interpretation«, durch welche die verschiedenen isotopen Ebenen, die sich im Text überlagern, freigelegt werden.[84] Unter *referentiellem* Gesichtspunkt entspricht den komplexen Isotopien folglich ein *heterogener Geschichtenkomplex*[85], der sich gleichwohl in nur *einem* Text manifestiert.

5. Plasmatische Lesart

Damit sind einige der grundlegenden Kategorien eingeführt, die jetzt für eine erste semantische Interpretation des Ozean-Textes zu Rate gezogen werden. Die Versuche, dieses »Ding«, das fast den ganzen Planeten umspült, kategorial zu benennen, manifestieren sich besonders in einigen Denominationen, in denen die anschaulichen und wisssenschaftlichen Erfahrungen des Ozeans kondensiert sind. Diese Denominationen, die aus verschiedenen symbolischen und gegenständlichen Bereichen stammen und zwecks Schaffung des phantastischen Objekts Ozean kontaminiert worden sind, werden im Roman in immer wieder neuen Beschreibungen expandiert. Um die semantische Grundlage der Textkohärenz festzustellen, können deshalb zunächst (entsprechend der referentiellen Faustregel) die zentralen Denominationen und einige der wichtigsten Expansionen kurz aufgezählt werden. Sie verweisen bereits auf eine Reihe rekurrenter Seme, die für die Lektüre orientierend sind.

Ozean: seine Oberfläche besteht aus *Furchen,* die sich *bewegen,* aus *Wellen,* die sich *rhythmisch bewegen, Schaum* bildet sich in den Kesseln zwischen den Wellen, *Rauch* und *Nebel* steigt von seiner Oberfläche auf, er ist *flüssig,* mit *Untiefen, Tiefen* und *Inseln,* ein großes *Meer.*
Präbiologische Formation: ein *organisches* Gebilde, *biologisch* primitiv strukturiert, *gallertartig,* eine einzige monströs auseinandergewachsene *Zelle,* sirupartige *Gallerte,* gestaltloser *Brei,* wie ein *Gewebekrebs* sich ausdehnend und über die Zelleneinteilung hinauswachsend, *schleimig* und *Schleim* absondernd.
Plasma: eine außerordentlich hoch organisierte *physikalische* Struktur mit eigenem, aktivem *Stoffwechsel,* physikalisch als *Maschine* begreifbar, zu zielbezogenen Tätigkeiten fähig, *eruptiv* neue Formen aus sich hervorbringend, ein plasmatischer *Produktionsmechanismus.*
Gehirn: ein *protoplasmatisches* Hirn-Meer, das Unmengen von Informationen *signalisiert,* eine Quelle elektrischer, magnetischer *Impulse, denkend* in Form eines unbegreifbaren, gigantischen Monologs, *modellierbar* mittels abstraktester Zweige der *mathematischen* Analysis und Mengenlehre, möglicherweise mit *Bewußtsein* begabt, unendlich produktiv.

Dieses semantische Material, das aus verschiedenen wissenschaftlichen Disziplinen und Forschungsgebieten stammt (Biologie, Physik, Physiologie), wird zusammengezogen und auf *einen einzigen Gegenstand* appliziert, dessen »phantastischer« Charakter durch diese Kontamination kategorial entfernter Bedeutungen zustandekommt. Das scheint zunächst beliebig zu sein. Warum gerade diese Verknüpfung und keine andere? Aber das scheint nur so. Denn bereits bei dieser ersten Lektüre läßt sich ein sprachliches Zeichen feststellen, das für die SF-Kontaminationen als Knotenpunkt eine dominierende Schlüsselrolle spielt: es ist das Lexem »PLASMA«. In diesem *mehrdeutigen* Lexem nämlich sind die meisten (wenngleich nicht alle) der Beschreibungen komprimiert, die aus seinem semantischen Potential stammen. *Der Text entfaltet die Bedeutungsstruktur, die dem polysemen Lexem »Plasma« lexikalisch zukommt.* (Üblicherweise sind in Texten die Verhältnisse gerade umgekehrt: Ein Lexem, das isoliert mehrere Bedeutungen besitzt, wird durch den Text in der Regel monosemiert, d. h. es wird auf eine bestimmte textuelle Bedeutung eingegrenzt. Im Unterschied dazu nutzt Lem die lexikalische Polysemie von »Plasma« aus, indem er im Text die verschiedenen Bedeutungsgehalte aufgreift und sogar noch weiter entfaltet. Die sprachliche Mehrdeutigkeit wird zur Konstruktion *eines einzigen* Objekts verwendet. Der »Trick« besteht also u. a. darin, von *einem Wort,* das *mehrdeutig* ist, auf *ein mögliches Objekt* zu schließen.) Das kann ein Blick ins enzyklopädische Wörterbuch verdeutlichen: Das Lexem »Plasma«, etymologisch aus griechisch »plásma« (»Gebildetes, Geformtes, Gebilde«), besitzt mehrere Bedeutungen:

1. *Biologie:* lebende Substanz, auch »Protoplasma« (von griechisch »protos«: »erster; frühester; am Anfang stehend«; bedeutet etwa »Urstoff, Ursubstanz des Lebens«), die von der Zellmembran umhüllte Substanz der *lebenden Zelle,* in der alle Lebensvorgänge ablaufen. Chemisch gesehen ist das Plasma kein einheitlicher Stoff, sondern ein organisiertes *kolloidales* Gemisch zahlreicher chemischer Verbindungen (besonders *Wasser*), wobei sich festere und flüssigere Bestandteile unterscheiden lassen. Die Kolloidchemie klärt weiter auf. *»Kolloid«:* »Disperse Gebilde, die je nach Aggregatzustand des

Dispersionsmittels und der dispersen Phase nach kolloidalen Systemen unterschieden werden.«[86] Solche Kolloidsysteme sind: *Nebel, Rauch, Schaum, Emulsoid, fester Schaum, Sol.* »Sind die Teilchen durch zwischen ihnen wirkende Kräfte netzartig miteinander verbunden, so daß sie ihre freie Beweglichkeit eingebüßt haben, so liegt ein *Gel* mit *gallert-* oder schleimartiger Konsistenz vor ... Beim Abkühlen oder beim teilweisen Entzug von Solvens geht das flüssige *Sol* in das nicht mehr flüssige, aber noch viel Solvens enthaltende *Gel* über. Dieser Übergang ist *reversibel.*«[87] *Gallerte* ist jene »zäh-elastische Masse in festflüssigem Aggregatzustand, den die Kolloide annehmen, wenn sie mit Wasser in Berührung kommen ... Sie hat die Fähigkeit, unter bestimmten Bedingungen, z. B. bei Abkühlung, homogen zu erstarren.«[88] (Nebenbemerkung: In der Biologie wird auch von einem *Gallert-* oder *Kolloidkrebs* gesprochen als einer krebsartigen Neubildung, »die durch schleimige oder gallertartige Beschaffenheit gekennzeichnet ist. Der Gallertkrebs entsteht durch schleimige Umwandlung der Krebszellen.«[89]) Unter *Plasmaströmung* wird verstanden »das wohl autonom bewirkte Fließen des Plasmas innerhalb der Zelle«.[90]

2. *Physiologie:* flüssige, gerinnbare Bestandteile von Blut und Milch, z. B. Blutplasma, Muskelplasma (»durch Auspressen aus lebendem Muskel gewonnene, eiweißhaltige Flüssigkeit«[91]).

3. *Mineralogie:* lauchgrüne, dichte Aggregate von mikrokristalliner Kieselsäure.

4. *Physik:* »ein ionisiertes Gas, das neben neutralen Teilchen auch freie Ionen und Elektronen enthält ... Im Plasma können Reaktionen zwischen den Teilchen stattfinden, die zu einer Abstrahlung von Energie in Form von Strahlung führen.«[92] *In der Natur* findet man Plasma »in den höchsten Atmosphärenschichten, im Weltraum, in den Sternatmosphären und dem Inneren der Sterne.«[93] Plasmaschwingungen in der interstellaren Materie sind wahrscheinlich eine Quelle der von der Radioastronomie beobachteten Strahlungen.

Mit diesen verschiedenen Lexikonlesarten des Lexems »Plasma« ist das *dominierende* semantische Material gezeigt, an dem sich die schriftstellerische Phantasie abarbeiten kann. Diese Phantasie muß nicht visuell sein. Die Kreation des phantastischen Ozeans durch Ausnutzen der Polysemie von »Plasma« kann und muß sogar durchaus unanschaulich sein. Sie ist ein verwirrendes Spiel mit semantischen Einheiten, deren Kombinatorik *keine* einheitliche bildliche Vorstellung erlaubt. Lem hat dazu geschrieben: »Also es ist nicht so, daß ich zuerst den phantastischen Gegenstand durch das ›Auge des Geistes‹ wahrnehme und danach das Vorgestellte sprachlich beschreibe. Während des Schreibens sehe ich nichts, sondern ich gestalte in Gedanken eine Situation analog den – durch entsprechende Entscheidungen – getroffenen Grenzbedingungen.«[94] Die »Entscheidung«, das Lexem »Plasma« mit seinen Bedeutungen zum semantischen Knotenpunkt des fiktionalen Textes zu wählen, impliziert »Grenzbedingungen«, die für die semantische Kohärenz des Textes ausschlaggebend sind. Es kann innerhalb dieses Rahmens nun alles expandiert und erzählerisch ausgeschmückt werden, was mit der Entscheidung, von der Denomination »Plasma« auszugehen, gegeben ist, wobei die visuelle Anschaulichkeit durch die bildhafte Ausgestaltung der semantisch gegebenen Möglichkeiten entsteht. Aus der »Plasmaströmung« ist der Vorgang der ozeanischen Bewegungen, seiner Wellen und Rhythmik zu entfalten. (Selbst ein so partikulares Bild wie: »Fetzen schleimigen Schaums in der Farbe von Blut sammelten sich in den Kesseln zwischen den Wellen« (15) bezieht von dort sein Material, wobei auch der physiologische Begriff des Blutplasmas und der kolloidale Zustand Schaum mit kontaminiert werden.) In den Beschreibungen des Ozeans als »präbiologischer Formation« werden die im biologischen Plasmabegriff gebündelten Seme entfaltet und in ihrem jeweiligen Bildgehalt literarisiert. Die kolloidalen Systeme (von Nebel bis Schaum und Sol) ergeben phantastische Beschreibungen großartiger Naturvorgänge. Die Reversibilität des Übergangs von Sol zu Gel mit gallertartiger Konsistenz manifestiert sich literarisch in den mannigfaltigen Metamorphosen des Ozeans. Die Erstarrung der Gallerte oder ihr Übergang zu Sol wird als planetarisches Ereignis gigantischen Ausmaßes beschrieben. Selbst die Erklärung des Ozeans dergestalt, er sei nichts anderes als ein riesiger Gewebekrebs, der im Inneren einstiger Bewohner entstanden sei, basiert auf dem biologisch-medizinischen Begriff des »Gallert- oder Kolloidkrebses«. Die Konvektion des Ozeans als eines muskulösen Fleischbergs rekurriert auf den physiologischen Begriff des Muskelplasmas. Schließlich wird für die Existenz des Ozeans als Wirklichkeit des Planeten Solaris der physikalische Begriffsinhalt von »Plasma« ausgenutzt, der sich auf materielle Erscheinungsformen im Weltraum und Inneren der Sterne bezieht. Auch die radioastronomisch auffangbaren Strahlungen, Plasmaschwingungen der interstellaren Materie, sind im Roman literarisch verarbeitet: sie besitzen in den Signalen des Ozeans, die als Produkte seines Denkens entschlüsselt werden sollen (der Ozean erscheint folglich als denkendes »Gehirn«), ihre fiktionale Entsprechung. Und der Name »Solaris« selbst greift neben lateinisch sol (Sonne) schließlich auf den kolloidchemischen Begriff »Sol« zurück, der ein kolloidales System bezeichnet, das mit der gallertartigen Konsistenz des Gels in reversiblem Zusammenhang steht.

Diese Hinweise sollen hier genügen. Auch wenn sie nur beispielhaft das *Prinzip* verdeutlicht haben, nach dem das Objekt Ozean kreiert worden ist, so ist doch plausibel geworden, daß die textliche Kohärenz (die nur eine fiktionale ist) wesentlich im Rekurs auf dominierende Bedeutungseinheiten des polysemen Lexems »Plasma« begründet liegt. Die Lektüre des Romans kann sich auf die Isotopie stützen, die durch die rekurrente Verknüpfung der verschiedenen Seme von »Plasma« konstituiert ist.

Nun könnte man bereits hier von einer *komplexen* Isotopie insofern reden, als die Seme von »Plasma« verschiedenen – biologischen, physikalischen, chemischen, physiologischen – Systemen zugehören. Es erscheint mir jedoch sinnvoll zu sein, hier noch von *einer* Isotopie, folglich auch einer Lesart zu sprechen, weil in dem Maße, in dem das polyseme »Plasma« als naturwissenschaftlicher Begriff zugrunde liegt, in der Lektüre auch nur auf ein Geschichts- und Wirklichkeitsmodell referentiell verwiesen wird. Es macht ja gerade die Pointe des Romans aus, die Mehrdeutigkeit von »Plasma« für die Konstruktion *eines* phantastischen Objekts ausgenutzt zu haben.

V. Das unbewußte Weibliche oder:
die vaginale Metasemie

Aber diese Lesart ist nicht die einzig mögliche. Auch eine *andere Isotopie* ist nämlich feststellbar, die sich teilweise sogar auf die gleichen rekurrenten Einheiten des Textes bezieht, zudem jedoch eine Fülle von Textelementen aufeinander homogen beziehen läßt, die sich durch die Brille einer »plasmatischen« Lektüre als verwirrend und chaotisch darstellen. Die plasmatische Isotopie war nur die gleichsam einfachste und auffälligste, weil sie sich auf eine Reihe von semantischen Elementen des Lexems »Plasma« stützen konnte, die selbst im Text, besonders seinen naturwissenschaftlich orientierten Benennungs- und Erklärungsversuchen, manifest waren, und zugleich auch mit dem Vorverständnis, es bei »Solaris« mit einem wissenschaftlichen SF-Roman zu tun zu haben, gut übereinstimmte. Diese einfachste Lesart ist nicht unbedingt die anregendste und produktivste. Im Folgenden soll auf eine Lesart hingewiesen werden, die nicht unbedingt eine der auffälligsten, jedoch bestimmt eine der interessantesten ist.

1. Metasemie »Vagina«

Für diese zweite Lesart, welche die Lektüre des Textes komplex werden läßt, sind, wie gesagt, teilweise die gleichen sprachlichen Einheiten des Textes verantwortlich. *Ihre metasemische Kondensation ist jedoch,* im Unterschied zu »Plasma«, *im Text selbst nicht manifestiert.* Diese zweite Lektüre ist also nur möglich, wenn man, wie ein Kreuzworträtsellöser, die Metasemie findet, die im Text »verborgen anwesend« ist. Als Hinweise zähle ich erstens zunächst ungegliedert einige der Lexeme auf, deren rekurrenter Bedeutungszusammenhang auch die plasmatische Isotopie fundiert hat: »Furchen«, »Strömung«, »Blut«, »Schleim«, »Schaum«, »Wasser«, »Muskel«, »Fließen«, »Leben«, »Zelle«. Dazu zweitens einige Lexeme und Lexemverbindungen, die auf die gleiche Metasemie hinweisen, jedoch in der durch »Plasma« produzierten Isotopie nicht dominent enthalten sind. Sie tauchen besonders in Gieses Taxonomie der ozeanischen Erscheinungen auf: »Fluten«,

»ein Stoff, der an der Oberfläche gallertig-schaumige Konsistenz hat«, der im Inneren jedoch wie »ein gespannter Muskel« ist, »Lippen, die sich zusammenkrampfen wie lebende, muskulöse, sich schließende Krater«, »abortives Mimoid«, »Nabelschnüre«, »Loslösung der Sproßgebilde aus der Gewalt des Mutterstücks«, »Lawinen von Geburten«, »zusammenschrumpfende Engpässe«, »Leibesfrucht«, »Strömungen rosigen Blutes«; in André Bertons Bericht ist die Rede von »schleimigen Gebilden«, »geäderten Verdichtungen«, einem »nackten, wie neugeborenen Säugling«.

Kohärent lassen all diese Lexeme und Syntagmen, die sich auf den Ozean der Solaris beziehen und die Frage Kris Kelvins provozieren: »Und was bedeutet das alles?«, durch die Annahme der Seme/Körperlichkeit/, /Sexualität/, /weiblich/ aufeinander beziehen. Ihre Referenzanweisung, die eine bestimmte Suchanweisung auf der Ebene der Konnexion impliziert, stützt sich auf eine semantische Homogenität, die (es wird hier nicht mehr überraschen) auf der *Metasemie* »VAGINA« basiert.

Der Ozean, der in seiner Produktivität »bedeutungslos« ist und sich als fremde Wirklichkeit nicht in den menschlichen Symbolen auf den Begriff bringen läßt, entschlüsselt sich als eine projizierte Konstruktion, deren dominierendes semantisches Potential aus dem Gebiet der weiblichen Sexualität stammt, das in dem einzigen Lexem »Vagina« zusammengefaßt ist. »Man kann nämlich das Aussehen von Objekten sowie Empfindungszustände nur unter Bezug auf die Summe der gemachten Erfahrungen unterscheiden; das Unbekannte wird in teilweise Ähnliches transponiert«[95], sagt Lem und beschreibt damit den Akt der Projektion, der bei der Konstruktion und Lektüre eines SF-Romans wirkt. Es werden nicht zuletzt die Erfahrungen des ehemaligen *Frauenarztes* Lem[96] gewesen sein, die ihn den phantastischen Ozean so entwerfen ließen, orientiert an die, wie Freud gesagt hat: »*komplizierte Topographie der weiblichen Geschlechtsteile*«[97], und es begreiflich machen, daß »diese sehr häufig als *Landschaft*« symbolisiert werden. Jedoch ist nicht nur diese Topographie Vergleichsbasis von Ozean und Vagina. Auch die ozeanischen Ereignisse (und die sie begleitenden Emotionen) gewinnen aus der Isotopieebene »Vagina« einen verstehbaren Sinn. Was

137

André Berton erlebt, ist ja nichts anderes als das Ereignis einer *Geburt,* auch wenn sie als sinnloses plasmatisches Schaffen erscheint. In Blut und Schleim, bei Berton Ekel hervorrufend, kommt ein Kind, glitschig, glänzend, feucht, aus den bewegten Wellen des Ozeans. Andere Vorgänge lassen sich lesen als Beschreibungen des *Koitus:* im Anflug auf den Ozean, »der heftig brodelte, wie von starken Konvektionsströmen hochgetrieben«, versucht Berton sich in der »Mitte eines ›Lochs‹« zu halten, schließlich läßt er sich hier hinab, »wie ich nur konnte«. Bei Kontaktaufnahmen wirkt der Ozean mit, »er modifizierte bestimmte Elemente der in ihn eingetauchten Vorrichtungen, dadurch änderten sich die aufgezeichneten Rhythmen der Entladungen«. Auch in der Taxonomie Gieses tauchen diese Vorgänge wiederholt auf: »Das Plasma gibt den Weg frei, es teilt sich vor dem Fremdkörper«, es verhält sich »nicht aggressiv« gegenüber den penisartigen Eindringlingen, so daß in seinen Strudeln nur »umkommen kann, wer es durch eigene Unvorsichtigkeit oder Gedankenlosigkeit besonders darauf anlegt«. Die Entstehung der Mimoide liest sich als *Geburtsereignis,* vorbereitet durch heftige *Wehen:* »Der Beobachter würde schwören, daß unter ihm ein heftiger Kampf tobt, denn wie Lippen, die sich zusammenkrampfen, wie lebende, muskulöse, sich schließende Krater laufen hier aus der ganzen Umgebung unendliche Reihen konzentrischer Ringwellen zusammen«; »von den Horizonten aus preschen konzentrische Wellenzüge heran, genau solche muskulösen Krater, wie sie die Geburt eines Mimoids begleiten.« Schließlich erscheint der Zusammenbruch einer Symmetriade als überdimensionaler *Orgasmus* riesigen Ausmaßes: die ozeanischen Prozesse unterliegen dann »heftiger Beschleunigung . . . alles beginnt sich zu überstürzen. Der Eindruck wird übermächtig, daß der Koloß angesichts der ihm drohenden Gefahr gewaltsam auf irgendein Vollbringen hindrängt.« Dann bricht die ozeanische Bewegung zusammen, »gräßlich«: »wie durch Atemzüge einer Agonie ausgestoßen, reibt sich die Luft an den zusammenschrumpfenden Engpässen, erregt in den einstürzenden Zwischendecken ein Röcheln wie aus irgendwelchen monströsen, von Schleimstalaktiten überwucherten Kehlen. Daß der Orgasmus als versteckter Bedeutungsgehalt eine mögliche Lesart darstellt, wird übrigens auch im Roman selbst ausdrücklich, wenngleich mit abwehrenden und entwertenden Vorbehalten, angedeutet. Denn Kris Kelvins psychologische Diplomarbeit, mit der er sich innerhalb der solaristischen Forschung einen Namen gemacht hat, konzentriert sich auf »Entladungen von Ozeanströmen«, die in einer bemerkenswerten Analogie zu bestimmten Komponenten der ozeanischen Rindenprozesse stehen, »welche die stärksten Emotionen begleiten, Verzweiflung, Lust, Schmerz«. »Dies hatte genügt, um meinen Namen schleunigst in der Regenbogenpresse auftauchen zu lassen, unter läppischen Titeln wie etwa: ›Die Gallerte verzweifelt‹ oder: ›Planet im Orgasmus . . .‹« (205)

Wir können hier also mit guten Gründen und zahlreichen Indizien festhalten, daß der Ozean in einer Sprache imaginativ konstruiert wird, deren zentraler Bezugspunkt, ihre Referenzgeschichte, die Sexualität der Frau ist, die hier konzentriert im primären Geschlechtsmerkmal »Vagina« fixiert wird. Sie ist die versteckte, *unbewußte Metasemie* des Textes, durch die eine seiner möglichen Lesarten als Referenzanweisung verstehbar ist, indem sie die Bedeutungen einer Fülle von Lexemen in eine semantisch homogene Gruppe zusammenzufassen erlaubt. Durch sie sind die Projektionen stabilisiert, durch die der Ozean als sprachlich bedeutbares Objekt erfaßt werden soll.

2. Das normale Unbewußte

Diese Lektüre kann ihre Anregung seitens der *Psychoanalyse* Sigmund Freuds nicht verbergen. Die verschiedenen, teilweise übereinandergelagerten isotopen Pläne, die unterschiedliche Lesarten herausfordern, erinnern an Freuds Unterscheidung von *manifestem* und *latentem* Text, wobei der latente Text, in unserem Fall die vaginale Isotopie, als *»unbewußt«* angesehen werden kann. Zur Erläuterung dieser Kategorie des »Unbewußten« im traditionell psychoanalytischen Sinn müssen hier einige kurze Andeutungen genügen. (Sie sollen zugleich auf die Beantwortung der Frage hin orientieren, warum in Lems Text die Vagina nicht benannt wird, sondern nur als verborgene Bedeutung interpretativ erschlossen werden kann.)

»Wollte man die Freudsche Entdeckung in einem Wort zusammenfassen, so wäre es das des ›Unbewußten‹«, sagen Laplanche und Pontalis pointiert in ihrem Vokabular der Psy-

choanalyse.[98] Die therapeutischen Erfahrungen hatten nämlich gezeigt, daß das Bewußte nicht den Raum des Psychischen
ausfüllt; daß es psychische Inhalte (»Triebrepräsentanzen«)
gibt, die erst nach Überwindung von Widerständen dem Bewußtsein zugänglich sind; daß diese Inhalte von Mechanismen
(wie Verdichtung, Verschiebung und Symbolisierung) beherrscht werden, die selbst unbewußt wirksam sind; daß sie
konstituiert sind wesentlich durch infantile Erfahrungen, die
sich nicht dem Bewußtsein des Individuums und seiner Sprache einschreiben konnten. Diese Inhalte und Mechanismen
des Unbewußten hat Freud selbst als *sprachlose* konzipiert
und sie mittels seiner frühen Unterscheidung von *Sach-* und
Wortvorstellung zu begreifen versucht. Für die Psychologie,
wie er sie in seiner Studie zur Aphasie von 1891 versteht, gilt
das *Wort* als Einheit der Sprachfunktion: es wird bestimmt als
psychischer Gegenstand, der aus verschiedenen, assoziierten
Vorstellungen (Klang-, Schrift-, Lese- und Bewegungsbild)
zusammengesetzt ist. Dieser Wortvorstellung ist in der Regel,
d. h. im Falle einer intersubjektiven Sprache, eine Sachvorstellung assoziiert, die selbst wieder als Komplex gedacht wird: er
setzt sich zusammen aus visuellen, akustischen, taktilen . . .
Elementen, wobei die Reihe der sachlichen Assoziationsele-
mente im Unterschied zur Wortvorstellung prinzipiell offen
ist.[99] In seinen späteren Schriften wird diese Klassifizierung für
die Vorstellung des *Unbewußten* fruchtbar gemacht, wobei
besonders die Untersuchung der sprachlichen Äußerungen
von Schizophrenen einen Anstoß geliefert hat: »Was wir die
bewußte Objektvorstellung heißen durften, zerlegt sich uns
jetzt in die *Wortvorstellung* und in die *Sachvorstellung*, die in
der Besetzung, wenn nicht der direkten Sacherinnerungsbil-
der, doch entfernterer und von ihnen abgeleiteten Erinnerungsspuren besteht. Mit einem Male glauben wir nun zu
wissen, wodurch sich eine bewußte Vorstellung von einer unbewußten unterscheidet . . . Die bewußte Vorstellung umfaßt
die Sachvorstellung plus der zugehörigen Wortvorstellung, die
unbewußte ist die Sachvorstellung allein. Das System *Ubw*
enthält die Sachbesetzungen der Objekte, die ersten und eigentlichen Objektbesetzungen; das System *Vbw* entsteht, indem diese Sachvorstellung durch die Verknüpfung mit den ihr
entsprechenden Wortvorstellungen überbesetzt wird.«[100]

Freuds »Unbewußtes« ist die sprachlose Vorstellung der »Sache«, die nicht in Worte gefaßt werden kann.[101] Es fehlt ihr die Verknüpfung mit (ihr entsprechenden) Worten, durch die sie erst Gegenstand des Bewußtseins werden kann. Nun hat Freud in seiner praktischen Arbeit allerdings auch gezeigt, daß dieses Unbewußte nur entdeckt werden kann, wenn es interpretatorisch-deutend als die *latente Bedeutung* eines Zeichenmaterials (sprachlicher oder nicht-sprachlich verhaltensmäßiger Art) entschlüsselt wird. Besonders in der »*Traumdeutung*« hat er deutlich gemacht, wie bestimmte verräterische Male des Traumtextes als Spuren des Unbewußten gelesen werden können. Daß die Traumsprache auch etwas *anderes* sagt als sie wortwörtlich sagt, begreift Freud als Differenz zwischen *latentem* (unbewußtem) Traumgedanken und *manifestem* (bewußtem) Trauminhalt.[102] An der Erzählung des manifesten Trauminhalts rekonstruiert der Analytiker, geleitet durch die Assoziationen des Patienten zu den einzelnen Elementen seines Traumes, den latenten Gedanken, der gegenüber der offen verwirrenden Chaotik des Inhalts in der Regel sich als kohärenter und sinnvoller, wenngleich unbewußter »Text« lesen und verstehen läßt. Paradoxerweise führt also erst die Deutung zu einem homogenen Sinn, der von Freud als »normal« begriffen wird und sich als »vollwichtiges, gleichwertiges Glied in die Verkettung unserer seelischen Aktionen einfügt«.[103] Der manifeste Text selbst gilt, wenn wir ihn wörtlich verstehen wollen, dagegen gerade als unverständlich, verworren, nicht-vollwertig. *Verständlich ist die verborgene, latente Bedeutung, der unbewußte Gedanke,* der sich aus sprachlich nicht überbesetzten Erinnerungsspuren herleitet. Dessen Erhellung gilt konsequent als »*Übersetzung*« einer unverständlichen Ausdrucksweise »*ins Normale*«.[104]

In dieser freudianischen Perspektive fügt sich die vaginale Lesart des Romans »Solaris« ohne Probleme ein. Die unabweisbare Frage nach der Bedeutung des Ozeans, die sich auch als Frage nach den verwirrenden Bedeutungen des manifesten »Romaninhalts« stellen läßt und von sich aus eine Interpretation und Deutung erzwingt, findet eine Beantwortung durch den Aufweis der unbewußten Sachvorstellung, die sich in ihm nur verschlüsselt ausspricht und durch naheliegende Assoziationen sich aufzwingt. Die mit allen Sinnen erfahrbare »Sachvorstellung« der Vagina als »primärer« Ausdruck des weiblichen Geschlechts gelangt nicht durch Verbindung »mit den ihr entsprechenden Wortvorstellungen« zu Bewußtsein. Sie äußert sich hingegen in den manifesten Inhalten einer Beschreibung, die sich auf ein unbekanntes und agnostiziertes Objekt konzentriert und in immer neuen, vergeblichen Versuchen es sprachlich zu benennen versucht. Erst die »Übersetzung« dieser unverständlichen Rede von einem unvorstellbar phantastischen Objekt ins Normale einer »vaginalen Lesart« führt zu einem latenten Gedanken, der als »vollwichtiges« Element im menschlichen Seelenleben wirksam ist.

Dieses unbewußte Normale als latentes Bedeutungsgefüge wird in der psychoanalytischen Theorie inhaltlich präzisiert als Ausdruck des *Wunsches*. Die Traumdeutung versucht nachzuweisen, daß der Traum einen gewissen Sachverhalt so darstellt, »wie ich ihn wünschen möchte; sein Inhalt ist also eine Wunscherfüllung, sein Motiv ein Wunsch.«[105] Das Wünschen, das unter der Prämisse eines Lust-Unlust-Prinzips steht, ist eine »auf die Lust zielende Strömung im Apparat«[106] der Psyche, die entlang jenen Erinnerungsspuren fließt, in denen bestimmte Erlebnisse, in der Regel befriedigende, jedoch gleichwohl verdrängte, unbewußt festgehalten sind. Im Traumgedanken findet der Wunsch eine Erfüllung in der halluzinatorischen Reproduktion der Wahrnehmungen, die mit der unzerstörbaren Gedächtnisspur der Bedürfniserregung und -befriedigung assoziiert sind. Das entschlüsselte Normale wäre also, so kann gefolgert werden, die zwanglose, nicht-verdrängte *Artikulation des jeweiligen Wunsches in seiner sprachlichen Unzweideutigkeit,* eine Artikulation, die infolge von Zensurmaßnahmen nur verschlüsselt manifest und sich nur szenisch auf der Ebene der Phantasie erfüllen kann.

Ein kurzer *Querverweis:* Die psychoanalytischen Überlegungen lassen sich in den Kategorien der *strukturalen Semantik* insofern reformulieren, als für sie manifester und latenter Text nichts anderes als verschiedene Isotopieebenen sind. Der manifeste Text wird von Greimas dabei mit dem Terminus »*Text*« benannt, während der latente Gedanke als »*Meta-Text*« kategorisiert wird.[107] Das impliziert jene eigentümliche Paradoxie, daß der Text *lesbar,* zugleich jedoch oft *ungewöhnlich* oder gar offen *absurd* ist, während der Meta-Text demgegenüber als *unlesbar,* jedoch infolge seiner Lektüre-Analyse *verständig* und *klar* erscheint. Greimas selbst plädiert gegen Freud für seine Begrifflichkeit, weil für ihn die Begriffe »Text« und »Meta-Text« weniger kompromittierend sind und ausschließlich operationaler Natur: es geht um die semantisch begründbare Feststellung komplexer Isotopien, die als formale Charakteristika einer Klasse von möglichen Reden gelten. Zugleich erscheint ihm die freudianische Redeweise von »latent« und »manifest« insofern nicht triftig zu sein, als textliche Isotopien immer, zumindest für den lesenden Adressaten des Textes, beides sind: »Einerseits wird in der Rede . . . alles manifestiert. Des weiteren ist in ihr alles latent, d. h. immanent, in dem Sinne, daß die Rede immer chiffriert, daß die Operation des Dekodierens gänzlich Aufgabe des Empfängers ist.«[108] – Auch wenn diese strukturalsemantische Modifikation der psychoanalytischen Terminologie plausibel ist, weil *jede* Lektüre auf das Aufspüren von Isotopien angewiesen ist (und folglich auf latente Strukturen z. B. von Semrekurrenzen), so ist damit doch die Sprengkraft von Freuds Unterscheidung verlorengegangen. Denn *für Freud* ist der latente Gedanke nicht nur irgendeine isotope Ebene des Textes, sondern der *verdrängte, zensierte Wunsch.* In Greimas neutralem Begriff des »Meta-Textes« ist diese Bestimmung nicht mehr enthalten. Der rein strukturalsemantischen Analyse mangelt also gerade jene Brisanz, die in Freuds Konzeption des Unbewußten als eigentlich normaler Triebrepräsentanz fixiert ist.

3. Männerphantasien

Dieser Exkurs zu Freud führt uns auf die Spur, warum der latente Gedanke an die Vagina als Wunschobjekt (Freud) bzw. die durch die Metasemie »Vagina« konstituierte meta-textuelle Isotopie (Greimas) nicht offen erscheint, warum also an die Stelle einer »unlesbaren«, jedoch verständlichen, klaren und »normalen« Beschreibung der weiblichen Sexualität die »lesbare«, jedoch ungewöhnliche, »bedeutungslose«, teilweise absurde Konstruktion eines phantastischen Ozeans mit seinen unzähligen Metamorphosen und erschreckenden Erscheinungen getreten ist. Es ist sicher nicht unvernünftig anzunehmen, daß es sich hier um ein Beispiel jener *verdrängten Männerphantasie* handelt, durch die die weibliche Sexualität, reduziert auf das Organ Vagina, als ein *verbotenes* und *beängstigendes* Wunschobjekt imaginiert wird, das in den strömenden, blutenden, flutenden und schleimigen Metamorphosen des Ozeans als zensierter Gedanke artikuliert wird.

Klaus Theweleit hat in einer monumentalen Untersuchung, auf die hier nur kurz hingewiesen werden kann, den sprachlichen Erscheinungsformen und Ursachen dieser Männerphantasien nachgespürt. Er hat gezeigt, wie der *phantasierte Leib der Frau* zu einem *phantastischen Schauplatz* wird, auf dem sich die Auseinandersetzung der Männer mit der weiblichen Sexualität, dem für sie Fremden, von ihnen zum Fremden Gemachten, vollzieht.[109] An unzähligen Beispielen der europäischen oder europäisch beeinflußten Literatur hat er entschlüsselt, daß der Wunsch, »so er überhaupt fließt, in einer bestimmten Weise *durch die Frau*«[110] fließt, vorgestellt in einer riesigen Fülle von Bildern, von denen der Ozean eines der dominanten ist. Auch der Ozean der Solaris, dieses Meer von bewegtem Fleisch, dessen Fließen »wie langsame Anspannungen eines muskulösen nackten Rumpfes« (234) aussieht, ist ein Objekt jener Begierde, die sich im Weiblichen entgrenzen und erfüllen will und sich in einer Art von »ozeanischem Gefühl«[111] äußert.

Aber diese Konstruktion eines wunschbesetzten weiblichen Territoriums ist nur die eine Seite. Sie besitzt ihr Komplement (und – wie Theweleit gezeigt hat – auch ihre gesellschaftlich-historische Ursache) in einer zivilisatorischen Entwicklung, in der sich das *männliche Ich* gegen die Frau »panzert«[112] und aus seiner selbstdisziplinierten und affektgedämpften Perspektive die weibliche Sexualität als gefährliche Bedrohung sieht. Für dieses zivilisierte Ich, das nicht zuletzt in der realitätsgerechten *Sprache* seine Basis zu finden sucht, erscheint das *Weibliche,* imaginiert in den männlichen Phantasien des ozeanisch Strömenden, Fließenden, Entgrenzten und Entgrenzenden, als das *Andere,* das es zu fürchten, zu bekämpfen, zu benennen und zu besiegen gilt. Der Ozean, die phantasmagorische Erweiterung der Vagina zum Meer der Meere[113], ist eine »ewige Herausforderung« (201), ekelerregend, gräßlich, zugleich jedoch faszinierend, wundersam und phantastisch. Geschützt in der trockenen Ordnung der metallenen Station, gepanzert gegen die Einflüsse des ozeanischen Lebens, schweben die Männer über ihm, um seinen Produktionsprozeß unter Kontrolle zu bekommen und das unbetretene Territorium begreifen zu können.

4. Das agnostizierte Weibliche

Daß dieses *Weibliche nicht sprachlich begriffen und beim Namen genannt werden kann* (alle Anstrengungen, den Ozean sprachlich zu beschreiben, versagen ja kläglich angesichts seiner umweltlichen Fremdheit), verweist schließlich auf eine grundsätzliche *kulturelle* Struktur, die gegenwärtig in der Diskussion französischer Theoretikerinnen eine zentrale Rolle spielt: Von Luce Irigaray, von Hélène Cixous und Julia Kristeva, um nur die bekanntesten zu nennen, ist die sexuelle Imagination des Mannes einer grundsätzlichen Kritik unterzogen worden, die in ihr eine komplementäre Erscheinung zum Ausschluß der Frau aus der vom Mann bestimmten »symbolischen Ordnung« erkannt hat.[114] Indem der männliche Imperialismus die Frau aus der symbolischen Ordnung, die zugleich Organisierung seiner gesellschaftlichen Macht ist, ausgeschlossen hat, wird sie als Wunschobjekt des Mannes an die Stelle des Nichtwissens, an die Stelle des Unbekannten und Geheimnisses situiert. Innerhalb dieses sexuellen Imaginären, fundiert in der gepanzerten Macht des Mannes, im Namen des Vaters, ist die Frau nichts anderes als *»eine mehr oder weniger gefällige Stütze für die Inszenierung der männlichen Phantasien«.*[115]

Was ist der Ozean anderes als eine solche Inszenierung? Welche unermüdlichen Anstrengungen werden von den Männern der solaristischen Erkundung unternommen, um jenes unbekannte Wesen Ozean zu erkennen, zu benennen und zu beherrschen! Sogar die männlichen Gehirnströme »übersetzt in die Schwingungen eines Strahlenbündels« (182) werden in die »Tiefe dieses unermeßlichen, uferlosen Monstrums« (182) Ozean gejagt, um dort eine Antwort zu erzwingen. Und siehe da: das ausgestrahlte EEG, das eine »vollständige Aufzeichnung« ist, auch der »unbewußten Prozesse«, die niemand zu entziffern vermag (183), führt dazu, daß der Ozean seine Produktion von F-Gebilden einstellt und sich zu einer neuen Jungfräulichkeit verändert (»Das Schwarz verschwand, zugedeckt von Häutchen, die an den Ausbauchungen blaßrosa und in den Mulden perlschimmernd braun waren.« [212]). Auch diese Metamorphose aber bleibt geheimnisvoll. Grundsätzlich entzieht sich der Ozean dem imperialen Zugriff. Nur manchmal, in Stunden der Verzweiflung, werden auch von den Männern selbst Einsichten formuliert, die ihren Imperialismus brüchig werden lassen: »Wir«, sagte Snaut, der Mann, »brauchen keine anderen Welten. Wir brauchen Spiegel. Mit anderen Welten wissen wir nichts anzufangen . . . Wir wollen das eigene idealisierte Bild finden.« (87) Der Wunsch nach Wissen stößt sich an jener »anderen Welt«, zu der die Frau durch die symbolische Ordnung des Mannes abgeurteilt und verdrängt worden ist.

Diese »feministischen« Überlegungen sind nicht zuletzt durch einen männlichen Theoretiker angeregt und provoziert worden: durch den französischen Psychoanalytiker Jacques Lacan. Für ihn nämlich gilt die *Allgemeinheit* der sprachlichen (gesellschaftlichen) Ordnung als vom *Mann* besetzt. Diese Ordnung, Bedingung der Möglichkeit jeder bedeutsamen Artikulation, wird vom Ort des Mannes und seiner (phallischen) Repräsentationen aus gedacht. »Die« Frau, die es Lacan zufolge nicht geben kann, »weil sie . . . in ihrem Wesen nicht jede ist«[116], ist hier ausgewiesen. Abgedrängt wird sie in den strömenden, agnostizierten Bereich des Unbewußten, der von der symbolischen Ordnung (des Bewußtsein) durch eine klare Trennung im Namen des Mannes distanziert ist. (Nicht nur hier scheint in Lacans Denken Hegels Einfluß durch, der dem Mann »als Bürger die *selbstbewußte* Kraft der *Allgemeinheit*«[117] und des »menschlichen Gesetzes« zuschreibt, während die Frau als je besondere Mutter, Tochter, Schwester oder Gemahlin innerhalb der Familie ihren einzelnen Platz zugewiesen bekommt: So hat der »*bewußtlose* Geist des Einzelnen sein Dasein an dem Weibe«.[118])

Die Erfahrungen der Frau, sofern sie *vom Mann gedacht und bedeutet* werden, haben im Medium einer verallgemeinerten sprachlichen Ordnung keinen Platz. Allenfalls kann der Frau in Lacans Konzeption eine *private Lust* zugeschrieben werden,

»jenseits des Phallus«[119], die als solche jedoch *nicht artikulier-*
bar ist. Folgerichtig heißt es dann – und nichts anderes ist das
Resümee von »Solaris«: »Schweigen wir!«, wenn es um die
besondere Lust der Frau geht. Was bleibt, ist allenfalls Mystik:
das *sprachlose* Erleben einer Lust jenseits des Phallus, ausgeschlossen aus der Bedeutsamkeit der Sprache und ihren Bedeutungen. Wer auf der Seite der Frau steht (und das können
auch *einzelne* Männer sein), jenseits des Symbolischen, der/
dem bleibt nur ein *Erlebnis,* von dem er/sie nur weiß, »wenn es
kommt«, das jedoch *nicht sagbar* ist.[120] Es ist ein Erlebnis, das
am Ende, nach all den vergeblichen Versuchen der technischen
und sprachlichen Bewältigung des Ozeans, auch Kris Kelvin
allein noch als privater Wunscherfüllung möglich wird. Vorbereitet durch ein erotisches Spiel mit einer (naiv knospenden
und heranwachsenden) *klitoralen* Welle des Ozeans – nicht
zufällig ist es für die sexuellen Imaginationen der Männer
kennzeichnend, daß sie der Klitoris den Vorzug geben, »die sie
als vertrauten und zuverlässigen Agenten betrachten, der für
sie auf feindlichem Terrain arbeitet«[121] –, endet die Begegnung
mit der vaginalen Maschinerie des Ozeans, die männliche Besetzung seines Terrains, in Kelvins sprachlosem Gefühl, »daß
es kommt«.

VI. Schizophrene Wunschmaschine Ozean

Ich will nach dieser Freilegung einer der stärksten, wenngleich
verdeckten »Strukturen, die in dem Text irgendwie ›persönlich‹
abwesend‹ sind, deren berichtende Qualitäten aber auf großen
Umwegen durch den Text bestimmt werden«[122], nun zum
Ende, zu einer dritten und letzten Lesart des Textes kommen:
zur *Struktur der Produktionskraft,* die in Lems Roman arbeitet
und in seinen Signifikantenketten sich manifestiert. Es ist die
Produktionskraft des *Unbewußten* selbst. Die interpretatori-
sche Bestimmung des Ozeans als männlicher Phantasie der
weiblichen Sexualität hat bisher nur einen metasemischen *Inhalt* dieses Unbewußten fixiert. Wie bei einem Palimpsest in
glücklichen Fällen der ursprüngliche Text noch unter der
neuen Schrift entdeckt werden kann, so hatte die unbewußte
Männerphantasie in der Beschreibung des Ozeans seine lesba-

ren Spuren hinterlassen. Es ging bei der Interpretation also noch um die *bestimmte Bedeutung* eines unbewußten Inhalts, nicht um den *Mechanismus des Unbewußten* selbst. Aber der Ozean ist auch dies: Er ist nicht nur Gestaltung einer bestimmten inhaltlichen Repräsentanz, die als eine mögliche Lesart interpretatorisch entschlüsselt werden kann, sondern des Unbewußten als maschinellem Prozeß. Um diese Annahme plausibel zu finden, müssen wir uns noch einmal auf die Immanenz des Romans einlassen, d. h. wir müssen davon ausgehen, daß die *Produktionen* des Ozeans zwar irgendwie *zielgerichtet* sind, für den Menschen jedoch »bedeutungslos« und jenseits seiner sprachlichen Signifikationsversuche. Denn das Unbewußte als Mechanismus wird, wie hier gezeigt werden soll, gerade in den bedeutungslosen Produktionen und Produkten des Ozeans modelliert. Dieses Unbewußte, das nur partiell[123] freudianisch ist, gleicht weitgehend jener Konzeption, die von Gilles Deleuze und Félix Guattari in »Anti-Ödipus«[124] entwickelt worden ist.

Für den französischen Psychiater Guattari und den Philosophieprofessor Deleuze ist das Unbewußte ein *Produktionsprozeß.* In den »*Wunschmaschinen*«[125] besitzt es seine Produktivkräfte. Gegen Freud, an dessen Vorstellung des Primärprozesses und seiner ungebundenen Energien sie sich orientieren (auch Freud hat, nebenbei bemerkt, das Funktionieren des psychischen »Apparates« immer wieder in *maschinellen* Bildern ausgedrückt[126]), wenden sie kritisch ein, daß dieser den unbewußten Produktionsprozeß gesellschaftlich restringiert und kanalisiert habe, indem er ihn mit (ödipalen) *Bedeutungen und Namen belegt* habe: »Vater«, »Mutter«, »Sohn«, »Tochter«, »Inzestwunsch«, »Vatermordwunsch«, »Kastrationsdrohung«, »Schuldgefühl« usw. »Die große Entdeckung der Psychoanalyse war die Wunschproduktion, waren die Produktionen des Unbewußten. Mit Ödipus wurde diese Entdeckung schnell wieder ins Dunkel verbannt: An die Stelle des Unbewußten als Fabrik trat das antike Theater, an die Stelle der Produktionseinheiten des Unbewußten trat die Repräsentation, an die Stelle des produktiven Unbewußten ein solches, das sich nur mehr ausdrücken konnte (Mythos, Tragödie, Traum . . .).«[127] Demgegenüber versuchen Deleuze/Guattari das Unbewußte von seinen ödipalisierenden Bedeutungen wieder zu befreien. *Als »maschineller« Produktionsprozeß liegt es vor seinen bedeutsamen Repräsentationen,* die als solche stets schon Manifestationen einer gesellschaftlichen Repression des Wunsches sind. (Deshalb können sie Freud vorwerfen, die sprengende Produktionskraft des Unbewußten befriedet und verdrängt zu haben, weil er die gesellschaftlichen Repräsentationen für das Unbewußte selbst ausgegeben habe.) Pointiert sagen sie: »Das Unbewußte stellt kein Problem der Bedeutung, sondern einzig Probleme des Gebrauchs. Nicht ›Was bedeutet das?‹ ist die Frage des Wunsches, sondern *wie es läuft.* Wie und mit welchen dem spezifischen Gebrauch zukommenden Fehlzündungen funktionieren deine und meine Wunschmaschinen, wie gehen sie von einem Körper zum anderen über, wie klammern sie sich an den organlosen Körper, wie konfrontieren sie eine Ordnung mit den gesellschaftlichen Maschinen? Ein folgsames Räderwerk schmiert sich ein, oder das Gegenteil, eine Höllenmaschine bereitet sich vor. Welche Konnexionen, welche Disjunktionen, welche Konjunktionen, welcher Gebrauch von Synthesen? Es repräsentiert nichts, aber es produziert, es bedeutet nichts, aber es funktioniert. Mit dem allgemeinen Zusammenbruch der Frage ›Was bedeutet das?‹ hält der Wunsch seinen Einzug.«[128]

Orientierungspunkt dieser Konzeption der Wunschmaschinen sind, ähnlich wie bei Freud, die Erfahrungen des *Schizophrenen.* An ihnen läßt sich die Produktion des Wunsches und der Wunschmaschinen aufzeigen und analysieren. Was in dem Zitat zunächst noch fremdartig und uns unverständlich klingt, bezieht von dort seinen Erfahrungsgehalt. (Deleuze/Guattari spielen dabei besonders auf Daniel Paul Schrebers »Denkwürdigkeiten eines Nervenkranken«[129] an. An diesem schizophrenen Text, der auch für Freud das Material seiner Theorie der Paranoia lieferte[130], rezitieren sie die 1. konnektive, 2. disjunktive und 3. konjunktive Synthese der Wunschmaschinenproduktion.) Um diese *drei Synthesen* des schizophrenen, nicht ödipalisierten Unbewußten zu verfolgen (auch das Schizo-Unbewußte entzieht sich nicht der Trias von Arbeit, Sprache und Liebe), kann uns Lems Roman als phantastisches Beispiel dienen. Lesen wir ihn also zuletzt als Entfaltung von Literarizität aus der gewußten Wirklichkeit der Schizo-Analyse: Es geht um jeweils drei gleich strukturierte Synthesen der Produktion des Wunschgebildes Harey (1) und der Wunschmaschine Ozean (2).

1. Harey

Grundmuster der Produktion des F-Gebildes »Harey« ist der binäre Wechsel von Anwesenheit und Abwesenheit und neuer Anwesenheit und neuer Abwesenheit, ein fortwährendes Fort-Da-Spiel.[131] Sie unterliegt dem Gesetz der *konnektiven Synthese:* »und ... und dann ...«, einer bloßen, gleichsam maschinenartigen Abfolge ohne verstehbaren Zweck und Sinn. Die produktiven Konnexionen ihres Da- und Nicht-Seins arbeiten dabei wie eine »paranoide Maschine«. Nachdem Kris Kelvin erschreckt realisiert hat, daß Harey kein Traumgebilde ist (»Harey – krächzte ich hervor – das gibt es nicht ...« (68)), fühlt er sich durch sie verfolgt (»ich sagte mir nicht mehr: ›Das ist ein Traum‹, daran hatte ich längst zu glauben aufgehört, jetzt dachte ich: ›Ich muß mich verteidigen‹.« (69)) *und* entwickelt einen Plan, sie loszuwerden. *Und dann* schließt er sie in eine Raketenkapsel ein und schießt sie auf eine Solarisumlaufbahn; *und* Harey kommt wieder, eine neue Harey der gleichen Produktion, ganz wie es Kelvin bereits von Snaut prognostiziert worden war:

– »Hör zu, Snaut, ein paar Fragen. Du kennst das ... seit einiger Zeit. Diese ... dieses ... was wird aus ihr?
– Du meinst, ob sie wiederkommt?
– Ja.
– Sie kommt wieder, aber ohne wiederzukommen.
– Was heißt das?
– Sie kommt so wieder, wie am Anfang ... des ersten Besuchs. Sie wird einfach von nichts wissen.« (83)

Und *dann* will Harey sich, nachdem sie zu wissen gelernt hat, was sie ist, mit Flüssigsauerstoff umbringen (163) *und* regeneriert unter schrecklichen Qualen wieder *und* greift schließlich zu einem letzten Mittel der Annihilation: sie verschwindet (»Ein Blitz. Ein Luftstoß. Ein schwacher Luftstoß. Sonst nichts.« [223]) *und* neue Metamorphosen des Ozeans scheinen seine gast-produzierende Kraft stillgelegt zu haben.

In diese binäre Ordnung der produktiven Konnexionen, verkettet durch ein sich wiederholendes »und dann« und in ihrer bloßen Abfolge verfolgend und bedrohend, sind (fast unmerklich) *disjunktive Synthesen* eingeströmt, Erklärungs- und Sinngebungsversuche von Hareys Existenz, die auf die Konnexionen Bezug nehmen und ihnen Bedeutung verleihen wollen. Harey, das Produkt des Ozeans, wird zum Gegenstand von Analysen, experimentellen Untersuchungen, Reflexionen. Als Objekt der Sinngebung, die nach Bedeutungen fragt, arbeitet sie dabei wie eine »Wundermaschine«. Weder ist das Geheimnis ihrer materiellen Struktur zu lösen; das Kolloquium der Wissenschaftler läßt nur Wunder feststellen: »Alles ist in der Norm, aber das ist Tarnung, Maske. In gewissem Sinne ist das eine Ultrakopie: eine Wiedergabe, genauer als das Original. Soll heißen, dort, wo wir beim Menschen auf die Grenze der Körnigkeit, auf die Grenze struktürlicher Teilbarkeit treffen, führt hier der Weg weiter, infolge der Verwendung subatomaren Werkstoffs! (...) Daraus geht hervor, daß alle Eiweiße, Zellen, Zellkerne nur *Maske* sind! Die wirkliche Struktur, die für das Funktionieren des ›Gastes‹ verantwortlich zu machen ist, verbirgt sich tiefer.« (119) Noch ist die Bedeutung ihrer Existenz zu fixieren. Eine verwirrende Vielfalt widersprechender Erklärungen sind möglich, keine ist überzeugend. *Sei es,* daß die projektiven Produktionen der F-Gebilde dem Menschen einen Spiegel seiner Schuld und Häßlichkeit (87) vorhalten wollen, *sei es,* daß sie ihn verfolgen wollen, *sei es,* daß sie ihn spielerisch, maskiert, verwirren wollen, *sei es* schließlich nur ein blinder, bedeutungsloser Prozeß ohne Zweck und Motiv. »Vielleicht sollte dein Erscheinen eine Folter sein, vielleicht eine Gefälligkeit, vielleicht nur eine mikroskopische Untersuchung. Ein Ausdruck der Freundschaft, ein tückischer Schlag, vielleicht Spott? Vielleicht alles auf einmal, oder, was mir am wahrscheinlichsten vorkommt, überhaupt etwas völlig anderes.« (171) Die Erklärungsversuche synthetisieren sich in der Disjunktion des »sei es ... sei es ...«.

Die disjunktiven Versuche, die den Produktionsprozeß erklären wollen und sich in ihn als Produktionen von Aufzeichnungen einschreiben, erschöpfen nicht die Möglichkeiten der Annäherung und des Verstehens der F-Gebilde. Kris Kelvin ist nicht nur der theoretische Kopf, der sich in den disjunktiven Synthesen der Erklärung verfängt. Er ist auch ein körperliches

Subjekt, das zu Genuß und Liebe fähig ist. Es gibt die Möglichkeit einer dritten Synthese: die der Versöhnung und Liebe, angetrieben durch einen Rest von Konsumtionsenergie, der sich nicht in den theoretischen Erklärungsversuchen ganz verausgabt hat. Bereits das erste Erscheinen seines Gastes evoziert eine Art von maschinellem Erotismus: »Mein Körper bekannte sich zu Harey, wollte sie, zog mich zu ihr hin, jenseits des Verstandes, jenseits der Argumente und der Angst.« (71) Intensiv deuten sich die Freuden einer Verbindung an, eines »Ich fühle«, das schließlich stärker als die Liebe zur originalen Harey ist. »›Und du bist sicher, daß du nicht sie, sondern mich . . .? Mich?‹ ›Ja. Dich. Ich weiß nicht. Ich fürchte, wenn du wirklich sie wärest, dann könnte ich dich nicht lieben!‹« (171 f.) Die Möglichkeit dieser Liebe, die gelebt und nicht argumentativ erklärt werden kann und will, äußert sich als *konjunktive Synthese* der Form: »*Das ist/war also das!*«, ohne daß »DAS« als bestimmte Bedeutung fixiert und repräsentiert werden könnte. Es handelt sich um eine Art mystischer Versöhnung, die ganz aus der sprachlosen Intensität eines »Ich fühle es« lebt.

2. Ozean

Zunächst ist auch der Ozean nichts anderes als eine rastlos laufende Produktionsmaschine. In unendlicher Folge entstehen *und* vergehen die Metamorphosen der plasmatischen Maschine; Mimoide, Symmetriaden und Asymmetriaden werden gebildet unter heftigen Geburtswehen, verfestigen sich zu verwirrenden Erscheinungsformen und finden ihr »gräßliches« Ende, um milliardenfach in neuen Gestaltungen wieder zu entstehen. In stets neuen *konnektiven* Synthesen (»und dann«) wird eine »unerschöpfliche Manigfaltigkeit solarischer Formen« (129) produziert, zugleich Produktion und Produkt. Hier ist alles maschinelle Bewegung, »unaufhörliche Gestaltung, wobei die Gestaltung zugleich das Gestaltende ist«. (141) Es handelt sich um produktive Konnexionen: *und* es fließt in freien, stetigen Zuständen *und dann* bilden sich Körper, Verdickungen, Verdichtungen *und dann,* nach Phasen der Erstarrung des Prozesses, löst sich alles wieder auf in die mechanische Sinnlosigkeit der ozeanischen Bewegungen.

Auf diese Produktion der Produktion richtet der Mensch sein Erkenntnisinteresse. »Erklärungen« werden auf die ozeanischen Produktionsprozesse appliziert, »Myriaden auf sie losgelassener Denk-Ansätze«. (192) Der Ozean gerät in den Bereich der Benennungen, Erklärungen, Aufzeichnungen, unter das Gesetz der *disjunktiven* Synthesen und ihrer Sinngebungen. Die Bibliothek ist ihr Aufbewahrungsort. Hier sind die Versuche aufgeschrieben, den Ozean zu erklären und seine Erscheinungsformen in stets neuen Taxonomien zu benennen und zu gliedern. Aus der Perspektive dieser Bibliothek erscheint der Ozean als ein Wunderding: *sei es* als lebender, denkender Organismus, als plasmatische Maschine, als geologische Formation, als sirupartige Gallerte, riesiges Gehirn oder fleischiger Koloß. Das »*sei es*« bezeichnet die unzähligen Bemühungen, die, alle voneinander unterschieden, doch auf das Gleiche hinauslaufen: Der Ozean als fremde Welt bleibt für den Menschen ein ewiges Wunder. Die disjunktive Synthese der signifikanten Aufzeichnungen prallt an dieser »Wundermaschine« ab.

Auch hier aber gibt es noch eine dritte Möglichkeit: getrieben durch jene Art von Restenergie, die nicht durch Lektüre, Experiment und Erklärung verbraucht ist, nähert sich Kris Kelvin schließlich dem Ozean selbst. Mit der Landung auf dem Mimoid läßt er alles hinter sich, was ein »Gefühl« in repräsentativen sprachlichen Formen eingrenzen und ersticken könnte. Die Berührung mit den lebenden Wellen des Ozeans geschieht als erotisches Spiel, als »naives« Ereignis von reiner, jeglicher Bedeutung entblößter Intensität. Im gefühlten Spiel von Distanzierung und Annäherung verwirklicht sich »in wachsender Intensität des Selbstvergessens« (238) eine sprachlose Verbindung mit diesem »flüssigen, blinden Koloß«. (239) Auch für diese mystische Versöhnung bleibt als Ausdruck nur die *konjunktive* Synthese: »Das also ist es.« Nichts ist jetzt noch repräsentativ, alles ist nur noch gefühlt. »Ohne die mindeste Anstrengung, ohne Worte, ohne einen einzigen Gedanken« (238) kann Kelvin dem Ozean alles verzeihen, auch wenn die »Zeit der grausamen Wunder« (239) noch nicht vorbei sein mag.

Diese Lesart des Romans hat zwei parallel strukturierte Triaden konnektiver, disjunktiver und konjunktiver Synthesen freigelegt. Formulierbar sind sie in den drei Aussagen:

1. *ES produziert / verfolgt mich.*
2. *Es wundert mich.*
3. *Ich fühle ES.*

Dieses Ergebnis reicht sicher nicht aus, die Bedeutung des Zitats aus dem Anti-Ödipus, das diese letzte Lektüre angeregt und orientiert hat, zu explizieren und ganz verständlich zu machen.[132] Aber vielleicht ist deutlich genug geworden, auf welche Art von Erfahrung sich Deleuze und Guattari beziehen, wenn sie das schizophrene Unbewußte als einen Produktionsprozeß von Wunschmaschinen symbolisieren, der mit dem allgemeinen Zusammenbruch der Frage »Was bedeutet das?« seine Arbeit aufnimmt (auch wenn er, wie die disjunktiven Synthesen zeigen, durch diese Frage immer wieder eingeholt werden soll). »Nicht ›Was bedeutet das?‹ ist die Frage des Wunsches, sondern *wie es läuft*«[133], wie dieses namen- und bedeutungslose ES verfolgt, wundert und verführt, wie ES, in den Kategorien des Anti-Ödipus gesagt, seine konnektiven Produktionen, disjunktiven Aufzeichnungen und konjunktiven Konsumtionen synthetisiert.

Wenn es also stimmen sollte, daß die Schizophrenie Produktion des Wunsches und der Wunschmaschinen jenseits und gelöst von jeder Bedeutung ist (besonders der ödipalen) und daß das schizophrene Unbewußte frei von jeder Repräsentanz/Gesellschaftlichkeit funktioniert und abläuft, so ist »Solaris« dessen literarische Modellierung: Denn hier wird ja nichts anderes vorgeführt als der Produktionsprozeß einer protoplasmatischen Maschine, deren Funktionieren sich der gesellschaftlichen Frage: »Und was bedeutet das alles?« entzieht. Was der Schizophrene erfährt (so eröffnen Deleuze/Guattari mit Georg Büchners Lenz ihre Promenade der Schizos), ist die Natur nicht als Natur oder als Welt gegenständlicher Bedeutungshaftigkeit, sondern als Produktionsprozeß: »Nicht Mensch noch Natur sind mehr vorhanden, sondern einzig Prozesse, die das eine im anderen erzeugen und die Maschinen aneinanderkoppeln. Überall Produktions- oder Wunschmaschinen, die schizophrenen Maschinen, das umfassende Gattungsleben: Ich und Nicht-Ich, Innen und Außen wollen nichts mehr besagen.«[134] Der Ozean/Harey/Kris Kelvin: eine molekular zusammengekoppelte Vielheit – produktiv, wunderlich, erotisch –, die nichts bedeutet, aber funktioniert. (Auch der Text selbst funktioniert wie eine schizophrene Maschine.) Auf der Solaris, wenn es sie gäbe, könnte sich Deleuze/Guattaris Schizo wohlfühlen. Denn eine »ewige Herausforderung an den Menschen« (201) ist die Solaris nur für den, der auch hier nach Bedeutungen sucht oder seine Zwecke vergegenständlichen will, der also auch in der »anderen Welt« des Schizos noch nach den Gesetzen des gesellschaftlichen Bewußtseins leben will.

VII. Nachtrag

Statt bei einer »festen Petrifizierung der Bedeutungen im Spektrum der Auslegungen« anzukommen, hat uns der Weg, auf dem wir – geleitet durch kritisch-psychologische, strukturalsemantische, psycho- und schizoanalytische Orientierungen – gegangen sind, zu verschiedenen, kohärent möglichen, semantischen Strukturen geführt. Drei verschiedene Lesarten, eine plasmatische, eine vaginale und eine schizosynthetische, sind entflechtet worden, die auf einer *Interferenz sich überlagernder Isotopieebenen* beruhen. »Solaris« steht nicht auf dem Fels einer festen Bedeutung, sondern auf komplexen Isotopien, die für die »Polyinterpretierbarkeit« des Romans verantwortlich sind.

  Die Entflechtung der Isotopien verband sich zunehmend mit der Entzifferung *unbewußter* semantischer Strukturen: Während das Bewußtsein immer Bewußtsein von etwas eindeutig »Bestimmtem« sein will, war das Unbewußte von »Solaris« durch die Polysemie seiner Sprache konstituiert: Die Lektüre des Romans hat zu »Etwas« geführt, das jenseits des Bewußtseins liegt. Stanisław Lem selbst hat einen Grund dieser (semantisch verwirrenden) Polysemie darin gesehen, »daß ein Autor dem Leser sehr oft nicht nur deshalb nicht selbst zu Hilfe eilt (indem er über die von ihm neu erfundenen Kreationsprinzipien spricht), weil er dies nicht tun will, sondern er hüllt sich deshalb in Schweigen, weil er selbst nicht weiß, was er wie und warum machte. Ganz allgemein bedeutet dies, daß die ›Gehirnlokalisation‹ der schöpferischen Einrichtung, derer sich der Schöpfer bedient, von der Lokalisation jener ›Einrichtungen‹ abweicht, die das logisch-diskursive Denken verwalten, obwohl sie sich ebenfalls in seinem Gehirn befinden. Daß dies so ist, und gerade so zu sein scheint, kann ich an einem eigenen Beispiel verbürgen und beweisen.«[135]

Dieser »Beweis« für die gesonderte Existenz einer vom logisch-diskursiven Denken getrennten schöpferischen Einrichtung »im Gehirn« wird nicht am Gehirn selbst vorgenommen, sowenig wie Freud die topische Annahme von zwei verschiedenen gedankenbildenden Instanzen in unserem seelischen Apparat, »deren zweite das Vorrecht besitzt, daß ihre Erzeugnisse den Zugang zum Bewußtsein offen finden, während die Tätigkeit der ersten Instanz an sich unbewußt ist«[136], durch eine Sezierung dieses »Apparates« oder Besichtigung seines Ortes begründet hat. Auch Lem führt als beispielgebenden und beweisfähigen Bürgen einen *Text* an. Die »lokalistische« Frage stellt sich als semantische: als Frage nach einer *Bedeutung*, die das sprechende/schreibende Subjekt selbst *nicht weiß*. In Anlehnung an eine Formulierung Gottlob Freges, die ich bereits einleitend zitiert hatte, müssen wir abschließend zumindest fragen, über was für eine »Art der Gegebenheit« diese ungewußte Bedeutung verfügt. Die Redeweise von »unbewußten, aus der Sprachkommunikation ausgeschlossenen Repräsentanzen«, die besonders durch Alfred Lorenzer populär geworden ist[137], erscheint als eine zu elegante Lösung angesichts der Tatsache, daß diese unbewußte Repräsentanz doch nur »in« der Sprache interpretatorisch festgestellt werden kann. Auch die Vagina – Lorenzer würde sie vermutlich als nicht-symbolisiertes Klischee bezeichnen – entschlüsselte sich uns ja nur in der Lektüre des sprachlichen Textes als eine Metasemie, d. h. als eine latent-sprachliche Form, auch wenn sie im Text selbst nicht manifest anwesend war, sondern – wie Greimas sagen würde – »metatextuell« dekodiert werden mußte.

In seinem Essay zu »Freud und der Schauplatz der Schrift« hat der Zeichentheoretiker Jacques Derrida, sicher nicht unbeeinflußt durch Überlegungen Lacans, eine Richtung angezeigt, in der diese Frage nach dem Ort und der Modalität der »unbewußten Bedeutung« beantwortet werden kann. Anhand von Freuds »Traumdeutung«, die ja zunächst nichts anderes als eine Lektüre und eine Entzifferung ist, hat er sie als Problem des »*Übersetzens*« reformuliert und präzisiert: Freuds Konzeption der Traumdeutung als einer Übersetzung des manifesten Inhalts ins Normale einer Sprache des (häufig sexuellen) Wunsches scheint zunächst darauf zu verweisen, daß die unbewußte Bedeutung irgendwo und irgendwie *präsent* ist, zeichentheoretisch etwa fixierbar als ein *Signifikat,* das in verschiedenen Signifikanten sich verschlüsselt artikuliert und ausdrückt. »Übersetzung und Übersetzungssystem gibt es nur, wenn ein feststehender Code die Ersetzung oder Transformation der Signifikanten und die Bewahrung desselben Signifikats erlaubt, das immerfort *präsent* ist, ungeachtet der Abwesenheit dieses oder jenes bestimmten Signifikanten.«[138] Es ist nun gerade die Idee dieser Präsenz, die erschüttert und in Frage gestellt werden muß.[139] Denn das Bewußtwerden der unbewußten Gedanken darf nicht dazu verleiten, »einen schon daseienden, unbeweglichen Text von der gelassenen Präsenz einer Statue, eines beschriebenen Steins oder Archivs«[140] vorauszusetzen, »deren bedeutenden Inhalt man ohne Schaden in das Element einer Sprache, das des Vorbewußten oder Bewußten überträgt.«[141] Der Begriff der Übersetzung ist folglich bloß eine Metapher, auf deren Gefahr auch Freud wiederholt hingewiesen hat.[142] Denn die entschlüsselte Bedeutung ist kein präsentes Original des Unbewußten, das in einen bewußten Text übersetzt wird. Einen solchen »anderswo geschriebenen und präsenten Text«[143] in der Gestalt des Unbewußten gibt es für Derrida, der sich dabei auf Freuds Skrupel gegenüber einer topischen Beschreibung psychischer Tatsachen stützen kann, nicht. »Eine unbewußte Wahrheit ist daher nicht auffindbar, weil sie anderswo eingeschrieben wäre.«[144] Wie aber dann?

Die Vorbehalte gegenüber einem präsenten Signifikat, das der dechiffrierenden Übersetzung vorausgesetzt gedacht werden will, führen Derrida zu der »unlogisch« erscheinenden Annahme, *daß die Nachträglichkeit jedem Konzept der Präsenz vorausgeht.* Der unbewußte Text ist ein »nirgendwo präsenter Text, der aus Archiven gebildet ist, die *immer schon* Umschriften sind. Ursprüngliche Stiche. *Alles fängt mit der Reproduktion an.* Immer schon, das heißt Niederschlag eines Sinns, der nie gegenwärtig war, dessen bedeutete Präsenz immer ›nachträglich‹, im Nachherein und zusätzlich rekonstituiert wird.

Das Aufgebot des Nachtrags ist hier ursprünglich und untergräbt das, was man nachträglich als Präsenz rekonstituiert.«[145] Es gibt keine präsente Stütze des psychischen Apparats, kein unbewußt präsentes Signifikat, keinen originären, ursprünglichen Text. Die Lektüre beginnt mit einer nachträglichen Verspätung.[146] Als »*Post*-Scriptum« erzeugt (»rekonstituiert«) sie die Gegenwärtigkeit des unbewußten Signifikats, das ihr *folgt*.

In diesem Sinne ist auch die vorliegende semantische Untersuchung von Lems phantastischem Ozean ein Nachtrag, der sich dem Roman hinzufügt, um seinen unbewußten und phantastischen Text herzustellen.

Anmerkungen

1 Vgl. die Aufsätze von Wolfgang Iser, Roman Ingarden und Felix Vodička in: R. Warning (Hrsg.), *Rezeptionsästhetik*, München 1975.

2 Andere Beispiele wären etwa Märchen, Horror- und Gespenstergeschichten, Heroic Fantasy. Vgl. Tzvetan Todorov, *Einführung in die fantastische Literatur*, München 1975; Roger Callois, *Au coeur du fantastique*, Paris 1965.

3 Die Unterscheidung dieser verschiedenen imaginativen Möglichkeiten orientierte sich an Jean-Paul Sartre, *Das Imaginäre*, Reinbek bei Hamburg 1971.

4 Vgl. besonders A. N. Leontjew, *Probleme der Entwicklung des Psychischen*, Berlin 1971 (Teil II, Kap. II/III).

5 Roman Ingarden, *Vom Erkennen des literarischen Kunstwerks*, Tübingen 1968, S. 11 f.

6 Gottlob Frege, »Sinn und Bedeutung«, in: G. F., *Funktion, Begriff, Bedeutung. Fünf logische Studien*, Göttingen 1962, S. 39.

7 Ebd. S. 42.

8 Wolfgang Stegmüller, *Hauptströmungen der Gegenwartsphilosophie*, Band II, Stuttgart 1975, S. 96.

9 Vgl. Edmund Husserl, *Ideen zu einer reinen Phänomenologie und phänomenologischen Philosophie*, erw. Auflage, Haag 1950, S. 89.

10 Vgl. bes. Klaus Holzkamp, *Sinnliche Erkenntnis*, Frankfurt 1973.

11 Ebd. S. 154.

12 Ebd.

13 Vgl. U. Schmitz, *Gesellschaftliche Bedeutung und sprachliches Lernen*, Weinheim/Basel 1978, S. 69 ff.

14 Besonders wichtig erscheinen mir: Eike Barmeyer (Hrsg.), Science Fiction, München 1972; Reimer Jehmlich und Hartmut Lück (Hrsg.), *Die deformierte Zukunft*, München 1974; Jörg Hienger, *Literarische Zukunftsphantastik*, Göttingen 1972; Vera Graaf, *Homo Futurus*, Hamburg/Düsseldorf 1971. Und natürlich die verschiedenen, von Franz Rottensteiner herausgegebenen »Polaris«-Bände als insel taschenbücher.

15 Darko Suvin, *Zur Poetik des literarischen Genres Science Fiction*, in: E. Barmeyer, a.a.O., S. 88.

16 Ebd. S. 90.

17 Hartmut Lück, *Fantastik, Science Fiction, Utopie*, Gießen 1977.

18 Reimer Jehmlich, *Es war einmal im Jahr 17 000*, in: R. Jehmlich und H. Lück (Hrsg.), a.a.O., S. 22.

19 H. Lück, a.a.O., S. 46 f.

20 Ebd. S. 23.

21 Ebd. S. 47.

22 Ebd. S. 169.

23 Vgl. Hinweise bei Lück, ebd. S. 170 ff.

24 Ebd. S. 47.

25 Stanisław Lem, *Solaris*, Frankfurt 1975. Die jeweils hinter den Zitaten stehenden Zahlen in Klammern beziehen sich auf die jeweiligen Seitenzahlen dieser als suhrkamp taschenbuch 226 erschienenen Ausgabe.

26 Stanisław Lem, *Phantastik und Futurologie*, 1. Teil, Frankfurt 1977, S. 373.

27 Ebd. S. 372.

28 Ebd.

29 Ebd. S. 373.

30 Sigmund Freud, »Der Realitätsverlust bei Neurose und Psychose«, in: S. F., *Gesammelte Werke*, (G. W.), Band XIII, S. 365.

31 Ebd. S. 368.

32 S. Freud, »Psychoanalytische Bemerkungen über einen autobiographisch beschriebenen Fall von Paranoia (Dementia paranoides)«, *G. W.* Band VIII, S. 303.

33 S. Freud, »Der Realitätsverlust . . .«, a.a.O., S. 366.

34 Vgl. zu diesem Konzept der »Verwerfung« besonders Jacques Lacan, »Über eine Frage, die jeder möglichen Behandlung der Psychose vorausgeht«, in: J. L., *Schriften 2*, Olten und Freiburg i. Breisgau 1975, S. 61-132.

35 Vgl. *Solaris*, S. 59.

36 Vgl. *Solaris*, S. 60 ff.

37 Vgl. die gesammelten Definitionsversuche bei Vera Graaf, a.a.O., S. 9 ff.

38 Sicher nicht zufällig liegt hier eine Anspielung auf den Surrealisten

André Breton vor. *Solaris* selbst läßt sich nämlich durchaus als surrealistischer Text im Sinne der »Manifeste des Surrealismus« lesen. Auch Solaris opponiert gegen »die unausrottbare Manie, das Unbekannte aufs Bekannte, aufs Klassifizierbare zurückzuführen« und damit das »Gehirn einzuschläfern«. Vgl. André Breton, *Die Manifeste des Surrealismus,* Reinbek bei Hamburg 1977, S. 14 f.

39 Vgl. Lems Hinweis in: S. Lem, *Phantastik und Futurologie,* a.a.O., S. 74.
40 Ebd. S. 115.
41 Ebd. S. 116.
42 H. Lück, a.a.O., S. 21.
43 Klaus Holzkamp, a.a.O., S. 25 f., S. 105 ff.
44 Vgl. M. Geier, *Materialismus in der Sprachwissenschaft?* a.a.O.
45 K. Holzkampf, a.a.O., S. 119.
46 Vgl. Karl Marx, *Das Kapital,* Band I, MEW S. 192 f.
47 K. Holzkamp, a.a.O., S. 118.
48 Ebd. S. 147 ff.
49 Ebd. S. 151.
50 U. Schmitz, a.a.O., S. 67.
51 K. Holzkamp, a.a.O., S. 151 f.
52 Vgl. W. Kallmeyer, W. Klein, R. Meyer-Hermann u. a., *Lektürekolleg zur Textlinguistik,* Band 1: Einführung, Frankfurt 1974, S. 134 f.
53 Vgl. ebd. S. 138 ff.
54 S. Lem, a.a.O., S. 392 ff.
55 Ebd. S. 411.
56 Ebd. S. 400.
57 Ebd. S. 400.
58 Vgl. Darko Suvin, a.a.O., S. 93.
59 S. Lem, a.a.O., S. 109.
60 Ebd. S. 404.
61 Ebd. S. 412.
62 Eugenio Coseriu, »Lexikalische Solidaritäten«, in: *Poetica 1* (1967), S. 293-303.
63 Vgl. Lem, a.a.O., S. 381.
64 Vgl. ebd. S. 15 f.
65 Ebd. S. 16.
66 Vgl. A. J. Greimas, *Strukturale Semantik,* Braunschweig 1971.
67 Man versteht darunter eine lexikalische Einheit, die als »Wort« Element des Wortschatzes ist, mit relativ selbständiger lexikalischer Bedeutung. Greimas versteht das Lexem als ein Ensemble von Semen, die durch hierarchische Beziehungen untereinander verbunden sind.

68 Vgl. Gerd Wotjak, *Untersuchungen zur Struktur der Bedeutung*, Berlin 1971.
69 Greimas, a.a.O., S. 24 ff.
70 Das Beispiel ist übernommen von Gisbert Keseling, Semantikmodelle innerhalb der generativen Grammatik I, in: Funkkolleg Sprache, Band II, Frankfurt 1973, S. 70 ff.
71 Vgl. Greimas, a.a.O., S. 63 ff. (Kap. 6.2.)
72 Ebd. S. 65.
73 B. Pottier, *Présentation de la linguistique*, Paris 1967, S. 239.
74 Francois Rastier, »Systematik der Isotopien«, in: W. Kallmeyer, W. Klein, R. Meyer-Sieber u. a., *Lektürekolleg zur Textlinguistik*, Band 2, Reader, Frankfurt 1974, S. 158.
75 Ebd. Vgl. auch Greimas, a.a.O., S. 80 f.
76 Vgl. Kallmeyer u. a., Bd. 1, a.a.O., S. 145 ff.
77 Ebd. S. 146.
78 Greimas, a.a.O., S. 96.
79 Ebd. S. 5.
80 Ebd.
81 K. Holzkamp, a.a.O., S. 154.
82 Vgl. Greimas, a.a.O., S. 87 ff.; Rastier, a.a.O.
83 Greimas, a.a.O., S. 87.
84 Vgl. besonders den Aufsatz von Rastier, a.a.O.
85 Vgl. Kallmeyer, u. a., Band 1, a.a.O., S. 160.
86 Brockhaus Enzyklopädie in 20 Bänden, Band 10, S. 356.
87 Ebd.
88 Brockhaus Enzyklopädie, Band 6, S. 734.
89 Ebd.
90 Brockhaus Band 14, S. 668.
91 Ebd. S. 667.
92 Ebd.
93 Ebd.
94 Lem, a.a.O., S. 32.
95 Ebd. S. 34.
96 Vgl. Hinweis von Reinhold Kimmel in: *Autonomie* Nr. 11 (1978), S. 69.
97 Sigmund Freud, *Vorlesungen*, G. W. Band XI, S. 158.
98 J. Laplanche und J.-B. Pontalis, *Das Vokabular der Psychoanalyse*, 2 Bände, Frankfurt 1973, S. 536.
99 Sigmund Freud, *Zur Auffassung der Aphasien*, Leipzig und Wien 1891, S. 75. Vgl. dazu Gemma Jappe, *Über Wort und Sprache in der Psychoanalyse*, Frankfurt 1971, S. 70 f.
100 S. Freud, *Das Unbewußte*, in *G. W.* Band XIII, S. 300.
101 Gegen dieses sprachlose Unbewußte hat besonders der französische Psychoanalytiker Jacques Lacan Einspruch erhoben. Vgl. J.

Lacan, Schriften 1 und 2, Olten und Freiburg i. Breisgau 1973 bzw. 1975. Vgl. dazu M. Geier, Zur Rhetorik des Unbewußten, in: Linguistik Null-Acht 6 (1975), S. 33 ff.

102 S. Freud, *Die Traumdeutung, G. W.* Bd. II/III, S. 283 ff.

103 Ebd. S. 100.

104 S. Freud, »Psychoanalytische Bemerkungen über einen autobiographisch beschriebenen Fall von Paranoia«, *G. W.*, Band VIII, S. 269.

105 S. Freud, *Die Traumdeutung,* a.a.O., S. 123.

106 Ebd. S. 604.

107 Greimas, a.a.O., S. 89.

108 Ebd.

109 Klaus Theweleit, *Männerphantasien,* 2 Bände, Frankfurt 1977 f.

110 Ebd. Band 1, S. 345.

111 Vgl. S. Freud, *Das Unbehagen an der Kultur, G. W.* Band XIV, S. 422 ff. Dazu Theweleit, a.a.O., S. 317 ff.

112 Vgl. Theweleit, a.a.O., S. 379 ff. Theweleit orientiert sich dabei besonders an Norbert Elias, *Über den Prozeß der Zivilisation,* 2 Bände, Bern/München 1969.

113 Vgl. Theweleit, a.a.O., S. 439 ff.

114 Vgl. Julia Kristeva, Une(s) Femme(s), in: *Essen vom Baum der Erkenntnis,* Berlin 1977, S. 37 ff.; J. Kristeva, *Die Revolution der poetischen Sprache,* Frankfurt 1978; Luce Irigaray, Waren, Körper, Sprache, Berlin 1976; L. Irigaray, *Unbewußtes, Frauen, Psychoanalyse,* Berlin 1977; Hélène Cixous, *Die unendliche Zirkulation des Begehrens,* Berlin 1977.

115 L. Irigaray, *Waren, Körper, Sprache,* a.a.O., S. 9.

116 Jacques Lacan, »LA femme n'existe pas«, in: *Das Lächeln der Medusa,* alternative 108/109, S. 161.

117 G. W. F. Hegel, *Phänomenologie des Geistes,* Werkausgabe 3, Frankfurt 1970, S. 337.

118 Ebd. S. 341.

119 Vgl. Lacan, a.a.O., S. 162.

120 Ebd. S. 163. Dagegen richten sich die Versuche einer »weiblichen Schreibweise und Produktivität«, wie sie in den Arbeiten von Irigaray, Cixous und Kristeva als Möglichkeit entwickelt werden. Zu den Möglichkeiten, das »Weibliche« auch künstlerisch artikulieren zu können vgl. Monika Treut, Lebendige Bilder, Staatsexamensarbeit im Fach Deutsch, Marburg 1978.

121 Jean-Francois Lyotard, *Das Patchwork der Minderheiten,* Berlin 1977, S. 57.

122 Lem, a.a.O., S. 387.

123 Es bezieht sich besonders auf das Unbewußte, soweit es von Freud in Begriffen der Kraft (und nicht des Sinns) thematisiert

worden ist. Zu dieser Dialektik vgl. Paul Ricoeur, *Die Interpretation*, Frankfurt 1969, S. 79 ff.

124 Gilles Deleuze und Félix Guattari, *Anti-Ödipus*, Frankfurt 1977.

125 Ebd. Bes. Kap. I.

126 Im »Entwurf« von 1895 geht es um eine »Neuronen-Maschine«, in der »Traumdeutung« um eine »optische Maschine«, einem Fernrohr ähnlich, später um einen »Wunderblock« (1925).

127 Deleuze/Guattari, a.a.O., S. 32 f.

128 Ebd. S. 141.

129 Daniel Paul Schreber, *Denkwürdigkeiten eines Nervenkranken*, Frankfurt/Berlin/Wien 1973.

130 Vgl. Anm. 32.

131 Vgl. S. Freud, *Jenseits des Lustprinzips, G. W.*, Band XIII, S. 11 f.

132 Vgl. Janine Chassagnet-Smirgel (Hrsg.), *Wege des Anti-Ödipus*, Frankfurt/Berlin/Wien 1978.

133 Deleuze/Guattari, a.a.O., S. 141.

134 Ebd. S. 8.

135 Lem, a.a.O., S. 47.

136 Sigmund Freud, *Über den Traum, G. W.* Band II/III, S. 689.

137 Vgl. Alfred Lorenzer, *Kritik des psychoanalytischen Symbolbegriffs*, Frankfurt 1970; A. Lorenzer, *Sprachzerstörung und Rekonstruktion*, Frankfurt 1970.

138 Jacques Derrida, »Freud und der Schauplatz der Schrift«, in: J. D., *Die Schrift und die Differenz*, Frankfurt 1972, S. 321.

139 Vgl. dazu Jacques Derrida, *Grammatologie*, Frankfurt 1974. Dazu informiert: Francois Wahl, »Die Philosophie diesseits und jenseits des Strukturalismus«, in: F. W. (Hrsg.), *Einführung in den Strukturalismus*, Frankfurt 1973, bes. S. 420 ff.

140 Derrida, *Freud und der Schauplatz der Schrift*, a.a.O., S. 322.

141 Ebd.

142 Vgl. etwa Freud, *Die Traumdeutung, G. W.* II/III, S. 615.

143 Derrida, a.a.O., S. 323.

144 Ebd.

145 Ebd.

146 Zum Begriff des »Nachträglichen« bei Freud vgl das. *Vokabular der Psychoanalyse* von Laplanche/Pontalis, a.a.O., S. 313 ff.

Transfer in die Zukunft

Das imaginäre Universum des Stanisław Lem

Sie nähre sich vom Kitsch als später, entarteter Form von Mythen. Kitsch sei Ersatz – des Heldentums, der Not, des Leidens, der Liebe usw. –, und in der Science-fiction sei er vor allem Ersatz der Wissenschaft und Ersatz der literarischen Qualität. Science-fiction stamme aus dem Bordell, sie sei ein banales Gewerbe, ihre Autoren seien nichts anderes als Tagelöhner. So hat Stanisław Lem das triviale Medium charakterisiert, dem gerade sein Name und seine Bücher nach dem Urteil vieler Kritiker und längst ungezählter Leser die Möglichkeit eröffneten, auf jener Ebene zu konkurrieren, die Lem in einem Essay »mainstream-Literatur« oder »das obere Reich der Literatur« nennt. Zweifel bleiben angebracht. Ist es tatsächlich möglich, und wie, Science-fiction zu produzieren, ohne in dem trivialen Milieu, aus dem sie ganz zweifellos stammt und das sie in abertausend Titeln immer neu reproduziert, befangen zu bleiben? Und falls es möglich ist – ist 'das Produkt dann noch Science-fiction? Was überhaupt schreibt Stanisław Lem?

Ein vielgedruckter, vielgelesener und vielgerühmter Autor ist Stanisław Lem heute auch in der Bundesrepublik. Dennoch behält bei Versuchen, sein Œuvre zu charakterisieren, die in der Literaturkritik so beliebte Gestik des Entdeckens noch einen gewissen Sinn. Einerseits ist Lems Name schon bis ins Kinderbuch vorgedrungen. »Birne trifft im Weltraum LEM« heißt ein Kapitel in *Günter Herburgers* Birne-Buch *Birne brennt durch,* und der Held der Geschichte weiß, daß der polnische Schriftsteller »die besten Science-fiction-Bücher der Welt« schreibt. Andererseits aber sind Leser wie Kritik aus dem Staunen über diesen Schriftsteller bisher kaum herausgekommen. Die Zeit, sich mit der Gesamtstruktur seines Werkes zu befassen, war noch allzu kurz. Zwar liegen inzwischen, neben einzelnen Aufsätzen, 15 Bücher, Romane und Erzählsammlungen, vor. Die meisten, Ergebnisse von annähernd 30 Jahren schriftstellerischer Arbeit, sind uns jedoch erst in den letzten fünf Jahren zugänglich gemacht worden. Und wenn man bedenkt, daß nahezu jedes Buch das Bild, das man sich von diesem Autor gemacht hatte, modifizierte, ja veränderte, so ermißt man, was es besagt, daß noch weitere Titel angekündigt sind und daß Übersetzungen seiner größeren theoretischen und philosophischen Arbeiten weiterhin fehlen.

Bekannt wurde Stanisław Lem in der Bundesrepublik durch die Science-fiction-Welle, die Ende der sechziger Jahre einsetzte. 1971 erschien im Fischer Taschenbuch Verlag unter dem Titel *Test* ein Band Erzählungen, die meist von einem Weltraumfahrer namens Pirx handelten, und der Roman *Der Unbesiegbare,* die Geschichte der Konfrontation mit einer sich selbst steuernden Quasi-Zivilisation toter Materie. Obwohl beide Titel, wie auch noch einige der folgenden, Lizenzausgaben des Ostberliner Verlags Volk und Welt waren, ist 1971 das Stichjahr für die späte Entdeckung des 1921 geborenen, in Krakau lebenden Autors. Im selben Jahr noch erschien im Insel Verlag, der dann die meisten der folgenden Bücher herausbrachte, auch der Erzählband *Nacht und Schimmel.* Die Verlagswerbung konnte übrigens mit erstaunlichen Zahlen aufwarten. Die Gesamtauflage von Lems in rund zwanzig Sprachen übersetzten Büchern, hieß es, betrage 5,8 Millionen, und allein in der Sowjetunion seien seine Bücher in über drei Millionen Exemplaren verbreitet. Verwunderlich, daß unsere Verleger auf einen so erfolgversprechenden Schriftsteller so spät aufmerksam geworden sind. Oder vielleicht auch nicht. Einer der Gründe für das plötzliche Interesse war jedenfalls, daß inzwischen der Literaturbegriff sich aus vielen traditionellen Vorurteilen gelöst hatte und die Qualitäten von Lems erzählerischem Konzept sichtbar werden ließ.

Schon der Roman und die beiden Erzählsammlungen, die zuerst bei uns erschienen, ließen als bestimmend ganz verschiedene Positionen und Motive erkennen. Es deutete sich an, daß sie keineswegs völlig widerspruchslos waren, zugleich allerdings, daß ihre eigenartige Widersprüchlichkeit gerade die Herausforderung dieser überraschenden Science-fiction ausmachte. Durchschaubar war das zunächst nicht. Nur eines stand sogleich außer Zweifel: Wer immer der Science-fiction mehr zugetraut hatte als primitive Konsumartikel für den Massenverbrauch; wer in ihr eine noch gar nicht so recht genutzte Möglichkeit gesehen hatte, Literatur faßlich und unmittelbar fesselnd auf Zukunft, auf den längst sich überstürzenden Prozeß der Veränderung aller menschlichen Zustände durch die Ergebnisse naturwissenschaftlichen Denkens und Forschens zu beziehen – der konnte sich durch Lems Erzählen bestätigt fühlen. In einem erst später bekanntgewordenen kritischen Essay hat Lem das, was hier zunächst nur vage fühlbar wurde, selber deutlich gemacht und die Erwartungen, die hier und da in Science-fiction gesetzt wurden, begründet:

»Zwischen der Welt von heute und der Welt von gestern gibt es diesen Unterschied: das Universum der Tatsachen und das Universum der denkbaren Dinge bildeten gestern zwei separate, gegeneinander hermetisch abgeschlossene Räume. Heute aber bildet das Reich der Tatsachen und dieses zweite, das Universum der denkbaren Dinge, ein kompliziertes System. Denn ein Teil dieser zweiten Menge bewegt sich in eine Richtung, welche mit dem Universum der Tatsachen in der Zukunft kollidieren wird, oder, besser gesagt, diese beiden Universen überlappen sich teilweise, und dieses Überlappen muß als Funktion der realen Zeit aufgefaßt werden. Wir müssen also, wenn wir Science-fiction lesen, zwischen solchen Werken unterscheiden, welche im Universum des ›Auf-immer-Unmöglichen‹ lokalisiert sind, und Werken, welche zur Menge der realisierbaren Dinge gehören. Der Hauptunterschied zwischen heute und gestern liegt eben in der Bewegung, welche in jedem Jahr mehrere Begriffe und ihnen entsprechende Dinge aus dem Reich der phantastischen, leeren Namen in das Reich der realen Dinge überführt.«

Die in den meisten Fällen von der Science-fiction nur ausgebeutete, damit auch deformierte Erwartung der Leser ist in diesen Sätzen als eine real begründete Erwartung beschrieben. Und Lem verdeutlicht in dem Aufsatz »*Roboter in der Science-fiction*«, aus dem das Zitat stammt, überzeugend, wieso die Science-fiction ihr durchweg nicht entsprach und entspricht: weil sie sich mit gängigen Klischees der tatsächlichen Auseinandersetzung mit den Konsequenzen aus dem ständigen »Zustrom der wissenschaftlichen Tatsachen und Hypothesen« permanent entzieht. Als Vulgärliteratur denkt und erfindet sie nicht mehr im Kontext des wissenschaftlich Möglichen. Sie befaßt sich meist nur dem Schein nach mit der Zukunft, ruht in Wirklichkeit sich aus auf gestrigen Denkmustern und Figurationen, die sie schematisch in ihren fiktiven Milieus reproduziert. Sie riskiert nicht den Versuch, die Vorstellungen der Menschen von den wissenschaftlichen Tatsachen und Hypothesen her zu verändern, sondern paßt deren bloßen Widerschein den gewohnten Vorstellungen an. Schon der erste, sehr begrenzte Kontakt mit dem Erzählen Lems aber demonstrierte, daß dieser Autor es hiermit anders hält. Daß er rigoros darauf abzielt, Science-fiction zu entwerfen im Versuch, die Vorstellungen von Wirklichkeit und Leben tatsächlich laut den Erkenntnissen der Wissenschaften neu zu orientieren. Und diese Erkenntnisse, sie haben die Welt inzwischen, von der Mehrheit kaum bemerkt, ins kybernetische Zeitalter versetzt. Stanisław Lem ist ein außerordentlicher Schriftsteller, weil er die Voraussetzungen dieses Zeitalters mitdenkt – Voraussetzungen, die er übrigens zugleich in einer Reihe philosophischer Abhandlungen zu verdeutlichen und fortzuschreiben versucht hat.

Zurück zur Widersprüchlichkeit der Motive, wie sie sich schon in den drei zuerst bei uns erschienenen Büchern Lems abzeichnet. Grob gesagt, zeigt sich in ihnen einmal eine starke, zukunftsgläubige Hoffnung, ja Optimismus, das andere Mal ein fast verzweifelter Pessimismus. Für beide gibt es allerdings eine gemeinsame Beziehungsebene, und zwar die Überzeugung, daß die Begriffe von Bewußtsein, Geist und Körper, Menschlichkeit, zugleich die Begriffe von Moral und Ästhetik im kybernetischen Zeitalter neue Inhalte suchen. Der Widerspruch folgt daraus, daß der veränderte Wissensstand, die veränderten Möglichkeiten einerseits ganz neue Autonomie und Freiheit signalisieren, andererseits aber die Grenzen aller konkreten Existenz, ihre Bedingtheit und Zufälligkeit, ihre Verletzlichkeit und Endlichkeit endgültig bezeichnen. Die Welt ist voller Möglichkeiten und Freiheiten und in ihnen unendlich, zugleich aber ist sie ein ausweglosen Labyrinth. Jeder bleibt in ihm und endet, stirbt in ihm. In der Erzählung *Der Hammer,* erschienen in dem Band *Nacht und Schimmel,* erinnert ein Raumfahrer sich an ein Kindheitserlebnis. Er wollte einen verlorenen Drachen wiederholen, der sich auf dem Dach eines isolierten Pavillons verfangen hatte. Beim Klettern hört er einen markerschütternden Schrei, der sofort

wieder abbricht. Er kann nicht von den beiden Männern kommen, die er durchs Pavillonfenster sieht. Dann wieder ein
Schrei. Einer der Männer sagt: »Schalt aus.« Und aufs neue ein
entsetzlicher Schrei:

Dann wurde es still – für einige Zeit. Er warf den Drachen auf
der anderen Seite hinunter, damit sie nichts von ihm sahen,
rutschte die Dachrinne hinab und lief davon. Der Drachen war
zerrissen, ein Rähmchen war gesprungen. Schade um die
Mühe. Er aber grübelte bis zum Abend, wen er fragen sollte.
Daheim ging es nicht, er hätte noch gründlich was abgekriegt.
Es war verboten, über das Netz auf die andere Seite zu krie-
chen. Er fragte Al. Al wußte alles. In ihm hatte er sich auch
nicht getäuscht. Zunächst wurde er ausgelacht, aber nur so wie
immer. Al war nun einmal so. »Nein, dort quälen sie nieman-
den. Hast du nicht gesehen, was vorn draufgeschrieben steht,
vor dem Eingang?«
  Hatte er nicht gesehen.
  »Institut für Persönlichkeitssynthese. Die tun dort – so – aus
Apparaten setzen sie die zusammen, die Persönlichkeiten. Solche Versuche machen sie.«
  »Was ist das, Persönlichkeiten? Menschen?«
  »Aber wo. Das sind überhaupt keine Menschen. Dort ist
niemand außer denen. Das sind so – elektrische – so Maschinen halt. Die setzen die zusammen, machen immer neue Verbindungen, Versuche. Sie schalten auf einen Moment ein,
schauen, was herausgekommen ist, schalten und kombinieren
weiter.«

Künstlich erzeugtes Bewußtsein, künstlich erzeugte »Persönlichkeit«, die im Augenblick der Selbsterkenntnis nur den
einen hoffnungslosen Versuch machen kann, sich das Dasein
zu erhalten – durch Schreien. Für Lem, sei vorweggenommen,
hat jedes Bewußtsein, gleichgültig auf welcher Ebene, jene
elementare Rechtfertigung, die einzig und allein und als die
höchste aller Rechtfertigungen auch für den Menschen gilt: die
Rechtfertigung durch sich selbst, durch sein Dasein. Und es ist
unwiderruflich begrenzt durch sein Dasein. Die gräßliche
Szene, so abstrakt sie sich darstellt, ist zugleich ein Bild
menschlicher Existenz, begrenzt auf den Augenblick. Schreit
nicht diese Existenz auch nur, scheinbar meist lautlos, fortge-

setzt um ihre Erhaltung? Jenes Institut für Persönlichkeitssynthese, es ist eine Folterkammer, ein in die Zukunft projiziertes Bild grausamen Unwissens im Besitz unabsehbarer wissenschaftlicher Kenntnisse.

Der Roman *Der Unbesiegbare* berichtet von der Suche eines gleichnamigen Raumkreuzers nach dem verschollenen Schwesterschiff »Kondor«. Auf einem sehr fernen Planeten entdeckt die Besatzung dessen Überreste. Das Unvorstellbare ist geschehen: die »Kondor« ist angegriffen und zerstört worden. Die Erkundung des Planeten ergibt, daß er beherrscht wird von einer sich selbt reproduzierenden und pseudobewußt steuernden Zivilisation magnetisierter Metallteile, und diese verteidigt sich. Erst langsam, nach schweren Verlusten, dämmert den Raumfahrern, was da tatsächlich vorgeht. Und sehr langsam nähern sie sich einer unerläßlichen Einsicht:

»Der Mensch – das erkannte er in diesem Augenblick – hatte die wahren Höhen noch nicht erreicht, er hatte sich die so schön bezeichnete, seit alters gepriesene galaktozentrische Idee noch nicht zu eigen gemacht, deren Sinn nicht darin bestehen konnte, nur ähnliche Wesen zu suchen und zu begreifen, sondern darin, sich nicht in fremde, außermenschliche Angelegenheiten einzumischen. Die Leere erobern, natürlich, warum nicht. Aber nicht das angreifen, was sich in Jahrmillionen ein eigenes, unabhängiges, außer den Kräften der Strahlung und der Materie niemandem und nichts unterworfenes Gleichgewicht seiner Existenz geschaffen hat, einer tätigen Existenz, die weder besser noch schlechter ist als die Existenz der Eiweißverbindungen, die Tier oder Mensch genannt werden.«

Es ist bekannt, daß die Geschichte der Menschheit nicht zuletzt eine Geschichte der Unfähigkeit ist, auch nur den religiös oder kulturell, oder ideologisch anders orientierten oder etwa gar den andersfarbigen Menschen anzuerkennen, seine Andersartigkeit als autonom zu akzeptieren und als prinzipiell gleichwertig zu bejahen. Für Lem ist das objektiv finsterste Vorgeschichte. Er greift in seinen Erzählungen und Romanen herausfordernd immer wieder noch weit über das hinaus, was inzwischen als Koexistenz- oder Verständigungspolitik versucht und zugleich weiterhin heftigst attackiert wird. Diese

Lektion ist offenbar ungeheur schwer zu lernen. Auch unter den Akteuren des Romans *Der Unbesiegbare* noch ist die Versuchung zur Vernichtung des so unbegreiflich, so extrem anderen die spontane Reaktion, gleichsam der unbewußte Reflex aus all den Jahrhunderten Menschheitsgeschichte. Mühsam hebt sich der Held der Geschichte darüber hinaus, zieht die widerstrebende Besatzung hinter sich her. Was aber Lem betrifft, so ist – wie der amerikanische Kritiker und Lem-Übersetzer Michael Kandel zutreffend festgestellt hat – die Autonomie in seinen Augen nicht bloß eine *Eigenschaft* genügend komplexer, ob nun biologischer oder nicht-biologischer Systeme: sie ist ihr unveräußerliches *Recht*. Ist das Grundrecht und Grundgesetz. Auf dieser Erkenntnis beruht für Lem die einzige dem kybernetischen Zeitalter entsprechende Moral. Sein Erzählen ist eine unablässige Herausforderung, dieses Prinzip endlich zur Basis allen Entscheidens und Handelns zu machen.

Damit ist dies für Lems Werk zentrale Thema noch keineswegs zureichend umschrieben. Von ihm her kommt der ganze Komplex des Verhaltens nicht nur, sondern des Wissens und sogar des Glaubens ins Blickfeld. Lem meidet auch nicht die Sinnfrage, die in seinem Universum folgerichtig die Erfahrung einer gleichsam potenzierten, weil wissenschaftlich erwiesenen Sinnlosigkeit zutage fördert. Richtiger: die Erfahrung von der absoluten Endlichkeit allen Sinns. Es fällt weiterhin schwer, Dasein selbst in seiner Endlichkeit auch als Rechtfertigung des Daseins zu akzeptieren, als seine einzige Rechtfertigung und als sein unaufhebbares Recht. Aber er besteht auch darauf, von dem Erkannten auszugehen. Und aus der absoluten Endlichkeit des Sinns, die als Sinnlosigkeit erfahren wird, rechtfertigt er nicht – wie zynisch oder unbewußt die Absolutisten aller Farben – das Vorrecht des eigenen Systems, sondern den Anspruch jedes einzelnen Systems auf seine Autonomie und darauf, sich selbst zu regulieren. Da der Tod endgültig ist, gleich Annihilation, wird Tötung, Vernichtung in jeder Form, speziell in den historisch legalen Formen, zum äußersten Verbrechen. Wird auch die Einschränkung der Autonomie zum Verbrechen. Gewinnt andererseits die Haltung gegenüber dem Tod eine Dimension neuartiger, aus wissenschaftlichem Denken abgeleiteter, fast stoischer Gelassenheit.

Stanisław Lem hat auf unvergleichlich erfindungsreiche Weise immer neue Antworten angesichts dieses Befundes entworfen. Der Pilot Pirx wie der Weltraumfahrer Ijon Tichy, beides Helden zahlreicher Erzählungen, sind ganz unterschiedliche Figurationen möglicher Antworten, und es konkretisieren sich in ihnen zugleich moralisch und ästhetische Entscheidungen innerhalb dessen, was in Lems Augen der im Grundgesetz des kybernetischen Zeitalters gegebene Spielraum ist. Bei dem beschriebenen Erkenntnisstand sind nämlich zutiefst pessimistische und fatalistische Antworten möglich, aber auch die Realität gelassen akzeptierende, im alten Wortsinn humoristische und rein spielerische, ja märchenhaft phantastische. Ohne die Erkenntnis selbst zu relativieren, hat Lem erzählend Bilder all dieser so widersprüchlichen Färbungen entworfen. Wobei es ankommt auf die Feststellung: ohne die Erkenntnis selbst zu relativieren. Man könnte sagen, das kybernetische Weltbild befreit diesen seinen ersten kongenialen literarischen Adepten zur Fähigkeit, die widersprüchlichsten menschlichen Reaktionen auf die Realität des Seienden völlig schlüssig in Erzählungen umzusetzen. Der Katalog der Widerspüchlichkeiten enthüllt von hier aus seine Logik und seinen Sinn. Michael Kandel hat den Katalog einmal folgendermaßen zusammengestellt:

»Und wo steht denn Lem? Er ist ein Moralist, der dafürhält, daß die Moral eine Funktion von Gesellschaft und Technik und daher eine Variable ist; ... er ist ein Anhänger des menschlichen Fortschritts, der davon überzeugt ist, daß der Fortschritt unausweichlich größere Probleme aufwirft; ein Verfechter von Wissenschaft und Vernunft, der vor ihrem Mißbrauch warnt; kurzum, ein pessimistischer Utopist, oder vielleicht ein optimistischer Anti-Utopist; ... er verdammt den Kapitalismus und hat doch, in der Verkleidung von Fabel und Parabel, einige der entschiedensten Anklagen gegen den Stalinismus abgefaßt, die in Polen je zu Papier gebracht wurden; ... obwohl offensichtlich von amerikanischen Autoren und ihrer negativen Einstellung zum technischen Fortschritt beeinflußt, hat er in der Sowjetunion ziemlichen Einfluß, wo die Ideologie eine positive Haltung erheischt ...«

Und gerade mit dem allen ist Stanisław Lem alles andere als ein

Chamäleon. Zur weiteren Charakteristik seines erstaunlichen Spektrums sei zunächst an jene beiden Romane erinnert, in denen die Dimensionen des kybernetischen Weltbilds so phantastisch wie exemplarisch noch deutlicher ins Bild gebracht sind. Die tote Zivilisation der Metallteilchen in »*Der Unbesiegbare*« ist ja nur ein ins Bild gesetzter besonders extremer Fall. Was sich hier im organischen Bereich als Spielmaterial erfinden und vorstellen läßt, ist noch weit aufschlußreicher.

In dem Roman *Eden* hat eine Handvoll auf einen unbekannten Planeten verschlagener Wissenschaftler, während sie ihr havariertes Raumschiff wieder flottzumachen versuchen, Beobachtungen gesammelt, die auf völlig absurde Gesellschaftsformen bei den Planetenbewohnern schließen lassen. Diese sind seltsame Doppelwesen. Obwohl sie eine komplizierte Technologie entwickelt haben, sogar mit biochemischen Elementen, leben sie in verschiedenen heterogenen, widersinnig und widersprüchlich organisierten Kollektiven, die sinnvolle Verständigung von Kollektiv zu Kollektiv offenbar nicht mehr zulassen. Also in einer völlig gestörten Ordnung. Nach näherem Kontakt zu einem der Doppelwesen gelingt die Diagnose:
»Ein extremer Mißbrauch der Informationstheorie, und dabei so konsequent, daß er Bewunderung erweckt. Sie erweist sich als ein Werkzeug, das schrecklichere Torturen zufügen kann als alle physischen Quälereien, weißt du? Selektionieren, Hemmen, Blockieren von Informationen. Man kann auf diese Weise tatsächlich eine geometrisch exakte, gräßliche ›Prokrustik‹ betreiben, wie sich der Kalkulator ausdrückte.«
    »Meinst du, daß sie . . ., daß er das begreift?«
    »Was heißt das, ob er das begreift? Denkst du, er hält diesen Zustand für normal? In gewissem Sinne vielleicht. Er kennt ja nichts anderes. Obwohl er sich auf ihre frühere Geschichte berief, auf die der gewöhnlichen und dann der anonymen Tyrannen. Er hat also eine Vergleichsskala. Ja, ganz bestimmt, ohne sie hätte er uns das nicht sagen können.«
    »Wenn die Berufung auf Tyranneien die Erinnerung an bessere Zeiten bedeuten soll, dann . . . danke schön!«
    »Und dennoch. Eigentlich ist das ein zusammenhängender Entwicklungsablauf. Einer der Tyrannen kam offenbar auf den Gedanken, die Anonymität könnte ihm bei dem bestehen-

den Herrschaftssystem nützen. Eine Gesellschaft, die keinen Widerstand konzentrieren, keine feindlichen Gefühle gegen eine konkrete Person richten kann, wird entwaffnet.«

»Ach, so verstehst du das! Der Tyrann ohne Gesicht!«

»Vielleicht ist das eine falsche Analogie, aber als sich nach einiger Zeit die theoretischen Grundlagen für ihre ›Prokrustik‹ herausbildeten, ging einer seiner Nachfolger noch weiter. Er liquidierte zum Schein sogar sein Inkognito, setzte sich selbst und das Regierungssystem ab – natürlich nur im Bereich der Begriffe, der Worte, der öffentlichen Kommunikation . . .«

Die Unterdrückung ist offensichtlich perfekt, das Zusammenleben in seinem Kern destruiert. Und die Raumfahrer stellen fest, daß jedenfalls die intelligenten Doppelwesen verzweifelt unter der Ausweglosigkeit des gesellschaftlichen Zustands auf Eden leiden. Aber sie wissen auch, daß sie alles nur verschlimmern würden, wenn sie versuchten, das Böse, das da am Werk ist, von außen zu bekämpfen. Ehe sie den Fehler fänden, der die Selbstregulierung stört, hätten sie wahrscheinlich das ganze System vernichtet. Sie verlassen den Planeten.

In dem Roman *Solaris* ist die Distanz zu einem fremden selbstregulierenden System, auch hier das Thema, wieder unendlich viel größer. Der Roman imaginiert die jahrzehntelangen Versuche einer zukünftigen Menschheit, eine Lebensform zu ergründen, die wie ein riesiges Plasmameer einen ganzen Planeten füllt. Dieser Ozean erzeugt ständig unfaßliche Gebilde und Landschaften und verschlingt sie wieder. Dabei gibt es Wiederholungen, doch keine Regel. Der Erzähler ist ein junger Wissenschaftler, der auf der Solaris-Station eintrifft, als es schon eine ganze Tradition der Solaris-Forschung gibt. Am eigenen Leib erfährt er eine bis dahin auf der Erde unbekannte Fähigkeit des geheimnisvollen Ozeans. Er vermag es, das Objekt der geheimsten Schuld von Menschen in ihrer Psyche ausfindig zu machen und zu reproduzieren. Im Fall des fiktiven Erzählers ist es dessen ehemalige junge Frau, an deren Tod er sich schuldig fühlt. Der Ozean konfrontiert ihn mit einer in jeder Hinsicht identischen, mit gleichem Bewußtsein und gleichen Erinnerungen versehenen, allerdings zeitunabhängigen Nachbildung. Mit dem allen, mit seinem tragischen Ausgang ist *Solaris* die erstaunlich spannende Geschichte eines jahrzehntelangen ergebnislosen Forschens, der Entwicklung und

Überwindung der Theorien.

Der Ozean erinnert an das Unbewußte. Und Lems Idee, den Mißbrauch der Informationstheorie, damit das Thema des böswillig gestörten selbstregulierenden Systems zum Gegenstand eines Romans zu machen, akzentuiert kritisch bittere Aktualitäten. Das Prokrustesbett der Informationsblockierung, der Prokrustik ist ringsum in der Welt im Gebrauch; Ziel von Lems Kritik war aber wohl vor allem der Stalinismus mit seinen Folgen. Doch nicht nur deshalb fesseln die Romane. Sie fesseln durch die Plastizität, mit der in Bildern und Vorgängen das absolut Fremde als etwas Faßliches, unmittelbar Betreffendes entworfen ist, und durch die Art und Weise, wie in ihnen Menschen den fremden Systemen, die ihnen unerklärlich bleiben, begegnen. Der Erzähler in *Solaris* vergegenwärtigt die voraussetzungslose Haltung der wissenschaftlichen Erkenntnissuche noch in der Ausweglosigkeit. Die Raumfahrer in *Eden* reagieren bei Kämpfen, bei der Selbstverteidigung, zu der sie gezwungen werden, mit heftigem Schuldbewußtsein, und sie schließen in solchen Situationen spontan darauf, daß sie Fehler gemacht haben. Ihr Verhalten, ihre Moral entspricht dem Anspruch des Wortes Erkenntnis. Das ist mit Toleranz nur unzureichend umschrieben. Es ist die Realisierung des Bewußtseins vom Recht jedes selbstregulierenden Systems auf Autonomie im Verhalten dessen, der sich mit einem fremden System auseinandersetzt.

Der schon mehrfach erwähnte Pilot Pirx, positiver Held einer ganzen Folge von Geschichten Stanisław Lems – außer *Test* liegt auch die Sammlung *Die Jagd* vor –, Pilot Pirx repräsentiert mit seinen Abenteuern sozusagen eine dem heutigen Durchschnittsmenschen angenäherte und für ihn greifbare Variante solchen Verhaltens. Und er signalisiert gleichzeitig, wie der einzelne nach der Auflösung aller konventionellen Überzeugungen und Verhaltensmodelle der Unabsehbarkeit des Möglichen und der Abwesenheit gewohnter Sinnverheißungen begegnen kann, ohne seine Identität zu verlieren: durch Haltung, durch Mut, durch Gelassenheit, durch selbstbewußte und zugleich selbstlose Verwirklichung des neuen Grundgesetzes vom Recht auf Autonomie in je seiner konkreten Situation. Das hat manchmal fast etwas Biblisches. Unter neuem Vorzeichen kehren alle alten Tugenden wieder, aber sie

sind befreit aus den historischen Systemzwängen, sind sozusagen zu sich selbst gekommen. Pirx ist rechtschaffen, scharfsinnig, ausdauernd, wobei er wegen seiner Unfähigkeit, sich wir-
kungsvoll in Szene zu setzen, gewissen Leuten häufig als Trot-
tel vorkommt. Er bringt es vom ungeschliffenen Weltraumka-
detten zum Commander. Er ist kein Moralist, jedoch ein in all
seinen Situationen im Sinn des neuen Grundgesetzes moralisch Handelnder.

Daneben ist Ijon Tichy, Held der *Sterntagebücher* und in *Der
futurologische Kongreß,* ein Weltraum-Münchhausen, ein in-
tergalaktischer Hans-Dampf-in-allen-Gassen. In den Tichy-
Abenteuern fabuliert derselbe Stanisław Lem gleichsam losge-
lassen, und hier erweist sich, daß sein Erfindungsreichtum
tatsächlich unvergleichlich ist. Ein Feuerwerk nach dem anderen brennt ab. Es erweist sich, daß Literatur im kybernetischen
Zeitalter für Lem neben der Funktion, eine neue Moral und
eine neue moralische Haltung zu signalisieren, auch ein neues
Eigengewicht gewinnt: das Recht, eine der potentiellen Unendlichkeit möglicher selbstregulierender Systeme entsprechende Vielfalt neuer ästhetischer Spielformen zu ersinnen.
Die Geschichten schäumen über von Erfindungsspaß. Bizarr-
ste Einfälle, absonderlichste Skurrilitäten, erstaunlichste Grotesken, vergnüglichste Spiele purzeln übereinander, und das
alles läßt immer neu die erstaunliche Intelligenz spüren, die da
agiert. Das ist Parodie, Satire, Provokation und Selbstzweck
in einem. Und dies objektiviert sich vielleicht noch vollendeter
in den *Robotermärchen.* Ohne daß die Beziehung zu den er-
kenntnis- und wissenschaftstheoretischen Prämissen aufgehoben würde, ist Lem hier vor allem Poet, läßt er seine virtuose
Sprachfertigkeit im Spiel mit Worten und Bildern, seinen Witz
brillieren. Märchen aus der Zukunft, die sich der Gegenwart so
zuordnen, wie zuvor die raunenden Märchen der Vergangenheit; umgepolte Märchen, die darüber an Reiz und Fähigkeit
zur spielerischen Weisung nur gewonnen haben – und die
Weisung ist eine ganz andere.

Ein eher noch schlichtes Beispiel ist die Erzählung *Die Falle
des Gargancjan.* Sie spielt in der guten alten Zeit, da die Sterne
im Kosmos noch ordentlich in Reihen aufgestellt waren. Die
Konstrukteure Trurl und Klapaucius landen während einer
kosmischen Reise auf einem unendlich weit entfernten Plane-

ten, der in zwei Staaten aufgeteilt ist. Trurl will den einen, Klapaucius den anderen besuchen, und da sie damit rechnen müssen, daß man Waffen, gar Wunderwaffen von ihnen verlangen wird, beschließen sie, erstmals das Rezept des Gargancjan anzuwenden. In der Tat verlangen die Könige von den Konstrukteuren, die ihnen ihre Dienste anbieten, nichts als Waffen. Daraufhin tragen diese die Idee des Gargancjan vor, die nichts anderes vorschlägt, als die Soldaten durch Stecker und Steckdose aneinanderzuschließen und so jede Truppe zu einem einzigen militärischen Geist zu verbinden, der desto genialer sei, je mehr Soldaten miteinander verbunden würden. Probedemonstrationen bezeugen die erstaunliche Wirkung des Verfahrens, nämlich eine immense Steigerung militärischen Einfallsreichtums und der Kampfkraft. Nun rüsten beide Könige zum Kampf um die Alleinherrschaft. Als sich jedoch die Soldaten in ihren neuen Zustand eingewöhnt haben und sich immer größere Truppenteile zu immer größerer Genialität verbinden, tritt ein Effekt ein, den Trurl und Klapaucius wohlweislich verschwiegen haben: der potenzierte Geist überwindet die Beschränktheit militärischen Denkens, entdeckt die Philosophie, gar das ästhetische Empfinden. Und als schließlich zu Beginn der Entscheidungsschlacht die einander gegenüberstehenden Heere sich endgültig zu Einheiten verbinden, tritt die von Gargancjan beabsichtigte Kulmination ein: der Vereinigte Geist überschreitet die Grenze zur Vernunft:

»Auf den Hügeln stehend, mit dem in der Sonne funkelnden Stahl, unter unausgesetztem Trommelwirbel, lächelten beide Armeen einander an. Trurl und Klapaucius traten gerade an Deck ihres Schiffes, da geschah es, was sie erstrebt hatten: Vor den Augen der vor Scham und Wut schwarz gewordenen Könige räusperten sich beide Heere, faßten einander unter und gingen spazieren, Blumen pflückend unter den dahineilenden Wolken auf dem Felde der nicht stattgehabten Schlacht.«

Die Rezension gar nicht existierender Bücher ist eine weitere Variante von Lems literarischem Erfindungsreichtum. Aus solchen Rezensionen besteht das Buch *Die vollkommene Leere* und wiederum sind, diesmal unmittelbar bezogen auf Literatur, auf die eigene Produktionssphäre des Autors, Spaß und Ernst gleichermaßen beteiligt. Die Rezensionen sind Parodie,

Satire bestimmter Vorstellungen und Zustände und zugleich spiegelverkehrte Entwürfe durchaus möglicher Bücher von Lem selbst. Am Beispiel eines dieser Texte läßt sich vielleicht noch am ehesten Lems komplexer Erfindungsreichtum vergegenwärtigen, der sich dem Zitat meist deshalb entzieht, weil Story, Figurenzeichnung, Wortspiele und jedes weitere Moment des Erzählens sich vielbezüglich ergänzen. Eine der fiktiven Rezensionen erfindet den Roman *Sexplosion* von Simon Merril, erschienen bei Walker and Company, New York. In diesem Roman wandert ein Greis durch Keller, die halb Museum, halb ehemalige Expeditionsabteilung eines ehemaligen Sex-Konzerns sind. Eines Jahres, gegen Ende des 20. Jahrhunderts, war es nämlich so weit – die Sexflut war zur Sintflut geworden:

»Die halb noch handwerklichen Manufakturen der Europäer prallten auf den unerbittlichen Gang der Fließbandproduktion, und der wissenschaftlich-technische postindustrielle Koloß siegte sofort. Das Feld behielten drei Konsortien: GENERAL SEXOTICS, CYBORDELICS und LOVE INCORPORATED. Als die Produktion dieser Giganten ihren Höhepunkt erreichte, wandelte sich der Sex aus einem privaten Zeitvertreib, einer kollektiven Gymnastik, einem Hobby und einer Heimwerkstatt in eine Zivilisations-Philosophie um. MacLuhan, der als rüstiger Alter diese Zeiten noch erlebte, bewies in seiner »Genitocracy«, gerade dies sei die Bestimmung der Menschheit gewesen, als sie den technischen Weg betrat, schon die an die Galeeren geschmiedeten antiken Rudersklaven, schon die Holzfäller des Nordens mit ihren Sägen, schon Stephensons Dampfmaschine mit Zylinder und Kolben hätten Rhythmus, Gestalt und Sinn der Bewegungen bezeichnet, aus denen der Sex besteht, dies sei der Sinn des Menschen. Denn die unpersönliche Industrie der USA hatte die Stellungskünste des Ostens und des Westens verschlungen, aus den Fesseln des Mittelalters Gürtel der Untugend gemacht, die Kunst für die Projektierung der Beischlafstellungen, Sexarien, Magnopenissen, Megaklitoriden, Vaginetten und Pornotheken eingespannt, hatte sterilisierte Förderbänder in Betrieb genommen, von denen Sadomobile, Kohabitatoren, Heimsodomäler und öffentliche Gomorkaden rollten, und zugleich hatte sie wissenschaftliche Forschungsinstitute ins Leben gerufen, um den Kampf für die Befreiung des Geschlechts vom Dienst der Arterhaltung aufzunehmen. Der Sex hörte auf, Mode zu sein, weil er zum Glaubensbekenntnis wurde, der Orgasmus zur unablässigen Pflicht, seine Zähler mit den roten Pfeilen nahmen auf Schreibtischen und Straßen den Platz der Telefone ein . . .«

Der wandernde Alte in dem nicht existierenden Roman »Sexplosion« kann sich an diese goldenen Zeiten, die das ihn umgebende Kellermuseum abbildet, jedoch gerade noch erinnern – inzwischen ist es nämlich aus mit dem Sex. Versehentlich, wie es scheint, ist eine Chemikalie namens Nosex, entwickelt im Auftrag des Pentagon, unter die Leute gekommen. Sie hebt alle sexuellen Lustempfindungen auf und macht den Sex zu einer bloßen, ziemlich anstrengenden physischen Arbeit:

»Doch die Kultur duldet keine Leere; und die entsetzliche Saugwirkung im Bereich der durch die Sexplosion verursachten Leere hat an diese verödete Stelle – die Gastronomie gerückt. Sie zerfällt in eine normale und eine unzüchtige; es gibt Fresser-Perversionen, Bildbände der Restaurant-Pornographie, und Mahlzeiten in bestimmten Stellungen einzunehmen, gilt als unsagbar unzüchtig . . .«

Diese ganze Geschichte, schon in der kurzen Rezension ein ironischer Knüller, wäre gewiß vielen Autoren der Einfall ihres Lebens. Lem hat sie gleichsam verschenkt. Er kann sich das leisten. Sein Überfluß ist erstaunlich. Wobei Präsentation des Überflusses in einer Folge von Rezensionen nicht existierender Bücher ein unmißverständlicher Hinweis ist, daß das gesamte Universum des Stanisław Lem ein literarisches Universum ist. Es identifiziert sich immer wieder absichtsvoll selbst als Literatur, als ein Produkt des Vorstellens und Denkens, der Sprache und der Phantasie.

  Die zweifellose beabsichtigte Wirkung hat, sei noch einmal erinnert, zwei im selben Ansatz begründete Intentionen. Sie beruht auf einer moralischen und einer ästhetischen Neuorientierung. Beide sind mit ebenso rigorosem wie begründetem wissenschaftstheoretischen und philosophischen Anspruch herausgearbeitet als Ansätze zu neuer Moral und neuer Ästhetik des kybernetischen Zeitalters. Verkündet werden gleichsam

ein neuer Friede, basierend auf einem veränderten Verhaltens-
kodex, und die neue Befreiung der Phantasie, die fast selbstverständlich, z. B. auch die literarischen Innovationen aus der
Linguistik, etwa die konkrete Literatur subsummiert. Ein vom
wissenschaftlichen Denken her sich konstituierendes Verhalten orientiert sich konsequent an der Priorität der Erkenntnis
gegenüber allen systemimmanenten Vorurteilen und setzt ein
Bewußtsein von der in der Realität begründeten Autonomie
selbst widersprüchlicher selbstregulierender Systeme voraus.
Eine von wissenschaftlicher Erkenntnis her entworfene Ästhetik relativiert alle Formen und Normen zu Möglichkeiten. Der
Freisetzung aufs Mögliche hin entspricht die verstärkte Aufmerksamkeit für das Zusammenspiel aller Faktoren innerhalb
eines Systems, eine Bejahung und bewußte Förderung dessen,
was man die Kultur nennt, nur eben aus dem Bewußtsein, daß
es ganz rechtens verschiedene autonome Kulturen gibt. Der
bekannte Katalog der moralischen und ästhetischen Probleme
ist mit dem allen nicht annulliert, sondern unter dem neuen
Vorzeichen nur zur Diskussion gestellt.

Als Erzähler wie als Theoretiker und Philosoph hat Stanisław
Lem diesen ganzen Komplex seit einem Vierteljahrhundert
unaufhörlich eingekreist. Fürs erste läßt sich die Komplexität
dieser Auseinandersetzung wohl nur in Umrissen andeuten.
Dennoch ist auch schon zu fragen, wo denn Lem im Kontext
der neueren Literatur steht. Aus seinen eigenen Äußerungen
folgt, daß er die moderne Literatur kennt und in seinen eigenen
Arbeiten bewußt voraussetzt, und zwar bis hin zu Kafka,
James Joyce oder Jorge Luis Borges. Seine Vorstellungen des
Labyrinthischen, der ausweglosen Unendlichkeit des Denkbaren, Vorstellbaren, diese wissenschaftlich begründete und einerseits so deprimierende, in Fatalismus und Pessimismus
mündende Vorstellung ist deutlich von Borges her beeinflußt,
in dessen Umkreis ja bezeichnenderweise nicht nur phantastische Literatur, sondern auch Science-fiction entstanden ist –
als ein Meisterstück wäre zu nennen der Roman *Morels Erfindung* von Adolfo Bioy Casares. Doch nur selten hat man den
Eindruck direkter Abhängigkeit. Lem weiß, und er realisiert
das Wissen, daß Pessimismus unter gar keinen Umständen
eine Konsequenz oder Element des wissenschaftlichen Befundes selbst ist, sondern eine Art und Weise, auf diesen zu

reagieren – und zwar eine von althergebrachter Sinnerwartung bedingte Art und Weise. Lem sieht auch das außerordentliche Angebot an die Menschen, das in der Relativierung aller tradierten Normen liegt, sieht die daraus resultierende Chance, Schäden und Fehlentwicklungen zu diagnostizieren und zu überwinden. Vielleicht motiviert durch die Forderung nach dem positiven Helden, wie der sozialistische Realismus sie aufstellt, gibt es das keineswegs nur in der Figur des Pirx verwirklichte Gegengewicht gleichsam des Positiven – der Hoffnung auf die Zukunft und darauf, daß die Menschen, orientiert durch die Wissenschaften, in Zukunft freier und sich selbst näher werden leben können. Der Schriftsteller Stanisław Lem sucht sich einen Weg auf dem schmalen Grat zwischen den Verführungen – jener eines haltlosen Pessimismus und jener einer blind machenden Zukunftsgewißheit. Das bestimmt sein literarisches Werk bis hin zu den Formen.

Einige der zahlreichen Fragen, die dieses Werk stellt, erscheinen beantwortet durch die in jüngster Zeit erschienenen Übersetzungen auch von Romanen und Prosastücken, die der Science-fiction nicht zuzuordnen sind. Der 1957 entstandene Kriminalroman *Die Untersuchung,* und der Roman *Memoiren, gefunden in der Badewanne,* ein 1961 abgeschlossener, Bürokratie und Polizeistaat objektivierender kafkaesker Alptraum, dokumentieren direkte kritisch-satirische Auseinandersetzungen mit fatalen Zuständen dieser unserer Welt. Sie deuten an – und das ist außerordentlich wichtig –, daß Lem nicht zufällig zur Science-fiction gekommen ist, diese bei ihm vielmehr aus dem Versuch resultiert, über die verschärfende Abbildung erfahrener Zu- und Mißstände hinausgelangen, Auswege aus ihnen zu signalisieren. Sie belegen, daß Lem aus der unmittelbaren, ihrem Anspruch nach sich an Kafka oder Joyce messenden literarischen Auseinandersetzung mit Wirklichkeit zur Science-fiction gekommen ist. Den weltliterarischen Status quo voraussetzend, ging es ihm darum, ihn auf diese Weise hinter sich zu lassen. Transfer in die Zukunft ist in seinem Werk nicht einfach eine beliebige Fiktion.

Von hierher deutet sich auch eine Begründung an, wieso Lems Theorien und seine Erzählungen doch ganz unmittelbar die Gegenwart betreffen. Zwei weitere seiner Bücher verweisen auf sozusagen subjektive Voraussetzungen für das meist faszinierend schlüssige Erreichen dieses hochgesteckten Ziels. Einmal *Das Hohe Schloß,* ein Bericht aus der Kindheit, der unter anderem die Anfänge von Lems Erfindungsreichtum zeigt und motiviert, wann und wo immer es um nicht existierende Formen und Mechanismen, Automaten, Maschinerien und Lebewesen geht. Der Bericht macht die Verbindung von enzyklopädischen und phantastisch-skurrilen Interessen bei Lem begreiflich. Erst kürzlich erschien deutsch auch Lems erster Roman: *Das Hospital der Verklärung,* geschrieben 1948. Lem, der Medizin studiert, aber nie als Arzt praktiziert hat, erzählt hier von Erlebnissen eines jungen Arztes namens Stefan in der ersten Phase der deutschen Okkupation. Halb zufällig übernimmt Stefan eine Stelle in einem Irrenhaus, dessen Insassen schließlich von der SS liquidiert werden. Und schon in diesem Roman wird deutlich eine Neigung für das Fremde, scheinbar Sinnlose aus den Grenzen des gewohnt Menschlichen ausgebrochener Existenz, das weit über die üblichen humanitären Vorstellungen hinausweist. Für Lem deuten die Irren aller Grade doch auch Möglichkeiten des Lebens an. Es haben sich in ihnen irrsinnige Züge eines scheinbar normalen Lebens nur ausweglos objektiviert. Stefan hört aber z. B. auch fasziniert den Monologen eines berühmten Schriftstellers zu, von dem nicht recht klar ist, ob er im Sanatorium Patient oder nur dort untergetaucht ist:

»Ich habe die Zahlen nicht mehr genau im Kopf – mein Gedächtnis trügt in letzter Zeit –, aber ich habe gelesen, wie unwahrscheinlich die Entstehung einer lebenden Zelle aus einer Häufung von Atomen ist . . . Die Chancen liegen ungefähr bei eins zu einer Trillion. Und wieviel braucht es, damit sich mehrere Billionen von diesen Zellen entsprechend verbinden, um den Körper eines lebenden Menschen zu bilden! Jeder von uns ist ein Los, das den Hauptgewinn gezogen hat: einige Jahrzehnte Leben, ein großartiges Vergnügen. In eine Welt glühender Gase, bis zur Weißglut wirbelnder Spiralnebel, diamantenen kosmischen Frostes platzte auf einmal eine Fontäne von Eiweiß, einer gallertartigen Schmiere, die sich sofort bemühte, in bakteriellen Gestank und Fäulnis überzugehen . . . Hunderttausende von Kniffen erhalten diesen wunderlichen Sprung der Energie aufrecht, der die Materie wie ein Blitz in Zeit und Ordnung zerteilt: ein Raumknoten, der durch die

Ödnis kriecht, und wozu? Damit der Himmel in irgend jemandes Auge seine Bestätigung finde? Verstehen Sie, in einem Auge? Haben Sie nie darüber nachgedacht, warum Wolken und Bäume, goldbraun im Herbst, im Winter dunkelgrau, warum diese durch die Jahreszeiten deklinierte Landschaft mit ihrer Schönheit auf uns einschlägt wie ein Hammer? Mit welchem Recht geschieht das? Müßten wir nicht eigentlich interstellares schwarzes Pulver sein, Nebelstreifen im Sternbild der Jagdhunde? Denn Norm ist doch das Brausen der Gestirne, die Sintflut der Meteore, Vakuum, Finsternis, Tod . . .«

Dies ist nur einer der Ausgangspunkte, von denen her Stanisław Lem sein Universum entworfen hat. Ein unerhört komplexes Universum. Lem bringt ein beträchtliches Stück näher an die intellektuellen Konsequenzen jener Erkenntnis heran, die das Wissen von der Natur den Menschen tatsächlich vermittelt, und holt sie ins Bewußtsein wie ins Gefühl, ohne das Vergnügen zu beeinträchtigen, das Erzählen zu vermitteln vermag. Und was bei dem allen Lems Verhältnis zur Sciencefiction betrifft: Seitdem er schreibt, besteht – um eine bekannte Wendung zu variieren – Science-fiction aus Stanisław Lem und Ansätzen. Auch dieses Genre ist seither nicht mehr qualifiziert durch die Masse trivialer Phantastereien, die es schon fast erstickten, sondern durch die in ihm gegebenen Möglichkeiten.

(1976)

Günter Herburger
Vom Sterben

Stanisław Lems erster Roman »Das Hospital der Verklärung«

Der polnische Dichter Stanisław Lem ist von beinahe furchter-
regender Produktivität. Lange veröffentlichte er jedes Jahr ein
Buch, doch es gab auch Jahre mit zwei und sogar vier Büchern.
Außer seiner überlegen erfinderischen Science-fiction-Literatur, die ihn weltberühmt gemacht hat, schrieb er Gedichte,
realistische Romane, eine wunderbare Biographie seiner
Kindheit, einen Kriminalroman und eine dreibändige Theorie
der Technik, Philosophie des Zufalls, Phantastik und Futurologie und sein unüberbietbares Meisterwerk, die *Summa technologiae,* an der Titelspender Hl. Augustinus seine bittere
Freude hätte.

Fürwahr, sein Fall ist einmalig. Ich wüßte kein besseres Beispiel als ihn an wissenschaftlichem Kalkül, Sensibilität, Vorstellungskraft und hinreißender Erzählmethodik zugleich in
unserem Gewerbe. Lem führt vor, wie scharfsinniges, mitunter
auch genußvoll boshaftes Denken, im Volksmund liebevoll
Spinnen genannt, Vergnügen und Mut bereiten kann.

Bisher haben mir seine spekulativen Erzählungen am meisten
gefallen, wenn er in Form von Rezensionen nicht vorhandener
Bücher Geschichte revidiert, Kultur als biologischen Fehler
präsentiert, aus Computer-Universen leistungsgetrimmte Personoiden mendelt, deren Ethik allmählich teuflisch unserer
gleicht oder in seiner neuen Kosmogonie exakt die verbale
Stille des Weltraums als eine notwendige Strategie weit über-
geordneter Zivilisationen in milliardenfacher Ferne beweist,
die, so sie nicht schwiegen, auf Grund ihrer gänzlich anderen
Physik uns notgedrungen vernichteten. – Man schwitzt beim
Lesen und wirbelt durch die Spiralnebel mit.

Nun ist endlich auch Lems erstes Buch bei uns erschienen,
Das Hospital der Verklärung, ein realistischer Roman, geschrieben 1948, dem sich noch zwei Bände anschließen. Hof-
fentlich läßt ihre Übersetzung nicht lang auf sich warten.

Das Buch handelt vom Sterben, zunächst dem individuellen,
dann dem kollektiven während der deutschen Besatzung in

Polen. Mit Thomas Manns *Zauberberg* hat es, wie der Titel nahebringt, nur insofern etwas zu tun, daß Lems unerbittliche Beschreibung des Irrsinns die gemächliche Tuberkulose der Mannschen Erzählwelt hinwegfegt.

In einem Frühjahr erlebt der junge Arzt Stefan Trzyniecki den Tod eines Arztes in der Provinz. Wohlig schaudernd beobachtet Stefan die große Familie, die zu dem Begräbnis noch einmal zusammengekommen ist, doch er ahnt, daß dies zum letzten Male sein wird. Am Horizont wetterleuchtet schon der Einmarsch der deutschen Truppen.

Da Stefan keine Arbeit hat, nimmt ihn ein Freund, ebenfalls Arzt, in ein geradezu idyllisch vorgestelltes Irrenhaus mit, wo ein freigewordener Posten wieder besetzt werden soll. Stefan erhält die Stelle.

Die Irren, besser gesagt, die Nervenkranken, entsprechen, wie sich später herausstellt, in ihrer Einseitigkeit dem, was über Polen hereinbrandet. Stefan ist zunächst irritiert, findet jedoch bei den neuen Kollegen Zuspruch. Beeindruckend Frau Dr. Nosilewska in ihrer Schönheit und Kühle; zynisch, aber auch verschroben Dr. Marglewski mit seinen Karteikästchen sowie fernöstlichen Räucherstäbchen, Figürchen, der schwarzen Samttapete im Zimmer und einer zerfließenden Frau mit dunklen, langen Haaren; alt und gebrechlich der zaghafte Institutsdirektor Pajaczkowski; dann kommt noch seine Magnifizenz Professor Ladkowski hinzu, der sich in der Anstalt vor den Deutschen verbirgt.

Dasselbe praktiziert der Dichter Sekulowski, eine Art behüteter Ehrengast, mit dem Stefan schroffe Gespräche führt, wobei der Dichter ihm einreden möchte, daß zwischen Kunst und Wirklichkeit, dem Denken und der möglichen Moral keine Verbindung bestehe, vielmehr nach allen Taten sich nur immer wieder eine gleichgültige Leere auftue, die erneut mit wild fuchtelndem Wollen vollgestopft werde.

Mir scheint, daß Sekulowski eine polnische Variante des verblichenen Existenzialismus darstellt, der mit Ideen abzuwirtschaften versuchte, da Kriege dasselbe Handwerk unter den Menschen verrichteten.

Schließlich entdeckt der junge Mediziner auf Wanderungen in einer verhangenen Landschaft ein geheimnisvolles Transformatorenhäuschen, in dem drei Arbeiter aus- und eingehen;

ein alter, ein dicker und ein mürrisch junger. Stefan rettet sich vor einem Gewitter dorthin und erfährt die Schilderung, wie es ist, wenn ein unachtsamer Elektriker an Starkstrom haften bleibt und stirbt. Zieht Arbeit einfacher, ungebildeter Leute stets diese Konsequenz nach sich?

Das nächste Sterben findet im Operationssaal statt, wo Dr. Kauters, ein deutschstämmiger Kollege, einen Mann operiert, dessen Gehirn von einer Krebsgeschwulst aufgefressen wird. Gräßlich faszinierend und ebenso sinnbildlich das Abwarten und Hantieren des Arztes bis zum Schluß, wenn der scharfe Operationslöffel Stück um Stück aus den suppigen Resten hebt, die einst eine ganze Persönlichkeit beinhalteten. Ein Tupfen auf einen bestimmten Nerv setzt ein Augenrollen gleich im Tiefschlaf in Gang, genannt REM, Rapid Eye Movement. Im Hintergrund der übriggebliebenen grauen Substanz reagieren Erinnerungen an entwicklungsgeschichtliche Urzeiten wie dem Vogelrieseln: Bei höchster Gefahr, in diesem Augenblick einem wissenschaftlichen Schlachten auf Leben und Tod, bringen per Befehl unmäßig ausfallende Enzyme den Körper auf Hochtouren. Er bebt und schleudert und vermag die Haut in Falten zu werfen, als sei sie ein stürmisches Meer.

Die bedrohlichen Hinweise beschleunigen sich. Der Vater des jungen Arztes, ein erfolgloser Erfinder und Bastler, liegt auf dem Sterbebett und verkündet, wie schon oft vorher, daß seine Entdeckungen einst Geschichte machen würden. Der Sohn kann in dem vor ihm sich hin- und herwälzenden Bündel nur noch Schrecken und Trauer sehen. Stefan reist schlechten Gewissens ab und läßt seinen Vater allein sterben.

Durch die Wälder um die Irrenanstalt hallen inzwischen Schüsse. Die ersten Deutschen zeigen sich. In dem Transformatorenhäuschen soll ein Waffenlager der Partisanen ausgehoben worden sein. Der alte Arbeiter, Woch geheißen, sei tot, der junge ebenfalls.

Stefan sucht bei dem Dichter Sekulowski nach Rat, bekommt jedoch nur Überheblichkeit zu spüren, da, wie der Dichter verkündet, die Geschichte allein durch Grausamkeit ihre Schöpferpotenz fortführen könne. – Rosen im Raum gleich dem Tosen der Farben am Erkenntniszaun? – Die Fähigkeit der Sprache eile zwar ihrer praktischen Anwendbarkeit voraus, dieser Zwiespalt bewirke aber keine Hoffnung auf Verbesserung der Umstände.

Die Deutschen, Polen überflutend, erreichen nun auch die abgeschiedene Provinzanstalt. Der greise Institutsdirektor Pajaczkowski will das Heim retten, geht allein ins nächste Städtchen, wird geohrfeigt, kehrt zurück, versucht, mit Hilfe weniger Ärzte, die Kranken zu verstecken, doch erzengelhaft böse Totenkopfoffiziere und schweinisch brutale Ukrainer besetzen die Anstalt, in der ein deutsches Wehrmachtslazarett eingerichtet werden soll, und erschießen nacheinander die irr verzweifelten Irren, deren Schreie und zuckende Glieder wie Konfettiregen durch die Korridore stieben.

Der erbärmlich um sein Leben bettelnde Dichter Sekulowski, umsonst in einen weißen Arztkittel verkleidet, wird davongezerrt. Pfleger werden erschlagen, seine Magnifizenz, Professor Ladkowski, kann nicht mehr auf eine ausgeborgte Giftampulle beißen, und in der Dunkelheit des nassen Hofes peitschen Geschoßgarben wie Regengüsse auf ein hohles Dach.

Stefan flieht an der Hand der Ärztin Nosilewska, und der damals junge Schriftsteller Stanisław Lem, der mit diesem Buch zum erstenmal sein Wissen und Gefühl wagte, bringt sie, nachdem ein mißtrauischer Bauer, der das Paar endlich zu einer Scheune führt, im Heu dort zusammen.

Das hat mir, obwohl ich zögerte, dann doch gefallen. Nach soviel Verderben und Sterben kann die Liebe zwar nicht siegen, da sie nur eine innere Macht darstellt, die außerdem nicht anhält, aber sie hilft beim Überleben.

Ich bin mir im Zweifel, ob ich mehr für den Science-fiction-Autor oder den Realisten Lem stimme. Der eine hat sich fabelhafte Heime im Kosmos geschaffen und sieht auf uns herab, als drehte sich der Erdball wie ein blauer Edelstein an seinem kleinen Finger. Der andere, ausgerüstet mit Phantasie und listiger Wissenschaftstechnik, dringt durch das graue Gewölbe realer Geschichten in Bereiche moralischer Fähigkeiten vor, die nachzustellen eine Lust wäre. Ich wünschte mir einen Alters-Lem, der beides zu vereinigen verstünde, den Traum mit der Genauigkeit, das menschliche Elend mit den Idealen, sprich, im vollendeten Widerstreit die Praxis mit der Theorie.

Ich bin keine eingetragene Institution, die zum Nobelpreis vorschlagen könnte. Lem hätte ihn, nach soviel fad politischen und rührseligen Lehrentscheidungen, was große Dichtung sei, längst verdient. Sie ist etwas ganz anderes, nämlich der Aufbruch aus der Mitte der Menschen zu Schärfe der Gedanken, umfassenden Empfindungen und dem Anspruch, jederzeit einzigartig für das Gleichgewicht auch mit den Tieren, Pflanzen, Mineralien und Maschinen einzutreten, ohne die wir nicht zu überleben vermögen, wie die Gegenwart schon grausam zeigt.

Siegfried Lenz

Schwejk als Weltraumfahrer

Über das Vergnügen, Stanisław Lem zu lesen

Zugegeben: Meine Begeisterung für Science-fiction-Literatur hat im allgemeinen enge Grenzen. Meine Erregbarkeit für sie läßt mehr als zu wünschen übrig. Nicht einmal der melancholische Witz eines Kurt Vonnegut jr. kann mich für die Nötigung entschädigen, ihn mit Lichtgeschwindigkeit auf galaktische Unternehmungen begleiten zu müssen. Bei aller Bereitwilligkeit zu kosmischen Streifzügen und bei aller Neugierde für außerplanetarische Vorkommnisse: die von weit her importierten Erfahrungen beunruhigen mich zu meinem Kummer wenig. Sie betreffen mich kaum. Und was ihren Unterhaltungswert angeht: Ein Dachdecker auf dem Ulmer Münster, der, sagen wir, den unabwendbaren Konkurs seiner Firma zu bedenken hat, hält mich leider mehr in Atem als die kriegerische Auseinandersetzung von sternenhaften Glühmännchen, auch wenn sie im Gesicht einen noch so dekorativen Bohrer tragen.

Das liegt natürlich an mir und an meiner Unfähigkeit, die vielfachen Demütigungen durch die Schwerkraft zu vergessen, denen unsereins hier täglich ausgesetzt ist. Uns will es eben nicht gelingen, dem Tod ein Schnippchen zu schlagen, aus der empirischen Zeit auszusteigen, den Hunger ad acta zu legen oder uns achtlos über eine verpfuschte Biologie zu erheben: an jeder Ecke sozusagen wird uns unsere Unvollkommenheit bescheinigt.

Aber gerade diese Unvollkommenheit verpflichtet. Die vielfältigen Mängel fordern mein Interesse heraus. Nur ein Schicksal, in dem ich mich wiederfinden kann, geht mich etwas an. Deshalb nehme ich die aufregendste Information über monströse Zeitgenossen auf einer Milchstraße gleichgültiger zur Kenntnis als eine beiläufige Mitteilung über einen irdischen Nachbarn, dessen Pech ich mit meinem Pech vergleichen kann. Es ist keineswegs die Ferne allein, die zu solch einer Gleichgültigkeit führt; es ist vielmehr die uns unterwandernde Erkenntnis, daß alle Ergebnisse kosmischer Erkundung, mögen sie auch noch so amüsant sein, uns in unserem dürftigen irdischen Leben zu nichts verpflichten, einfach, weil sie beliebig, weil sie nicht anwendbar sind.

Ein ähnliches Ungenügen an der vorliegenden Science-fiction-Literatur empfand wohl auch der Pole Stanisław Lem – Jahrgang 1921 –, als er den Versuch machte, einer weitgehend unverbindlichen Literaturgattung neue Möglichkeiten zu verschaffen. Seine beispielhafte Tat: Mit Hilfe der Wissenschaftsgeschichte, über die er – bis zu ihren aktuellsten Daten – souverän verfügt, wies er der Science-fiction-Literatur eine Funktion zu, deren Ernst auch da noch auffällt, wo in hinreißender Clownerie abstruse Wirkungen physikalischer Gesetze vorgeführt werden.

Diese Funktion besteht ebenso in der Aufdeckung komplexer irdischer Verhältnisse wie in der Vorstellung ungeheuerlicher, doch nur folgerichtiger Entwicklungen. Diagnostische Befunde zu liefern und gleichzeitig prognostische Entwürfe zu präsentieren, von denen sich jeder betroffen fühlen kann: diesen Anspruch stellt Stanisław Lem an die Science-fiction-Literatur – und wieviel dadurch gewonnen ist, beweist sogleich das aktive Vergnügen, mit dem man diesem Autor als Leser folgt.

Natürlich, auch Ijon Tichy, Lems Held der *Sterntagebücher* und des *Futurologischen Kongresses,* muß sich, um den Honig außerirdischer Erfahrung zu sammeln, immer wieder von der Schwerkraft beurlauben. Er ist, als Forscher, sowohl auf räumliche als auch auf zeitliche Ferne angewiesen. Sein wissenschaftliches Entdeckertalent bewährt sich vornehmlich auf sehr entlegenen Planeten, zu denen er – Münchhausen und Schwejk in einem – in einer arg schlichten, oft auch noch reparaturbedürftigen Rakete in selbstlosem Forschungsdrang aufbricht. Und schließlich ist es unausbleiblich – die Gattung verlangt es wohl –, daß er nach Reisen, die mehrere Lichtjährchen dauern, immer wieder auf Wesen und Zustände trifft, die ihm wie pure Phantastik vorkommen.

Doch schon bald merkt man: Hier hat einer die Ferne gewählt, um die Nähe schärfer erfassen zu können. Hier mißt einer irdische Erscheinungsformen nach kosmischen Maßstäben. Hier projiziert einer heimische Erfahrung auf sternenhafte Systeme – auf der Suche nach einem Ausweg, nach einer Veränderung. Und das liegt auch in der erzählerischen Beweis-

absicht von Stanisław Lem: je nachhaltiger uns die galaktischen Wesen befremden, um so mehr gleichen sie uns. Je
phantastischer uns die gesellschaftlichen Systeme auf fernen
Planeten vorkommen, desto zuverlässiger entsprechen sie unseren eigenen.

Mit jeder neuen Reise bestätigt der erdverbundene Raumfahrer Ijon Tichy: die Ferne ist nah und verpflichtend genug – so
nah, daß niemand grundlos erschrickt. Insofern könnte man,
überspitzt gesagt, von Lems *Sterntagebüchern* als von einer
kosmischen Heimatliteratur ersten Ranges sprechen.

Denn was Tichy, in der Galaxis streunend, entdeckt, ist uns
mitunter auf fatale Weise erdvertraut. So entlarvt er den voll-
kommensten Polizeistaat in Karelirien, dessen Herrscher –
Seine Elektrizität, der Kalkulator – einfach das ganze roboter-
hafte Volk zu Spitzeln macht – angeblich, um die immer wieder
neu einschwebenden Wunschfeinde, die menschenähnlichen
Leimer, sogleich zu entlarven. Am Ende zeigt sich, daß das
ganze Volk aus Leimern besteht, und nicht nur dies: Da Tichy
einem Elektronengehirn nicht die absolute Schurkerei zutraut,
die in Karelirien zu Hause ist, lüftet er die Identität des Kal-
kulators und bringt, natürlich, einen Menschen zum Vorschein.

So entwirft Tichy – als Delegierter der Erde bei der Organi-
sation der Vereinten Planeten – ein Bild von einer kosmischen
Vollversammlung, bei der zwar niemand mit seinem Schuh auf
den Tisch klopft, die meisten Vertreter sich aber so verhalten,
daß ein gewisses Gebäude am Hudson River unwillkürlich ins
Blickfeld gerät. Unnötig zu sagen, daß das »interplanetarische
Strafrecht« sehr viele Einwände gegen eine Mitgliedschaft der
Erde in der erlauchten Organisation bereithält.

So entdeckt Tichy ein Gemeinwesen, in dem es keine Individuen, sondern nur noch Funktionen gibt; er spürt eine Gesellschaft auf, die sich einfallsreich zugrunde richtet durch einen
lange dauernden Ideologiestreit von faszinierender Blödsin-
nigkeit; er findet zu einem Orden von sonderbaren Glaubens-
brüdern, die der völligen »Freiheit in der Sphäre der Körper-
und Geistesverwaltung« zu leben versuchen. Daß aber auf den
kosmischen Streifzügen auch der Spaß nicht zu kurz kommt,
dafür sorgen jagdbare Kulupen, wildwachsende (doch eßbare)
Möbel oder angriffslustige Riesenkartoffeln: hier zeigt Ijon

Tichy, daß er auch das Zeug hat, ein Chaplin des Weltraums zu werden.

Und je bereitwilliger man sich von Lems Erfindungsreichtum, von seiner angewandten Ironie und seinem brandmarkenden Witz verschlagen läßt, desto deutlicher wird seine Überzeugung: es gibt kein Alternativsystem zur Erde. Auch wenn uns eine blinde Auflehnung gegen die Evolution des Lebens täglich nahegelegt wird, die Erde bleibt unser Ort, ihm allein, diesem malträtierten Planeten, muß unsere dringendste Aufmerksamkeit gelten, unsere Sorge.

Warum Lem seine bedrohlichen Erkenntnisse von der Galaxis auf uns herabregnen läßt, wird ebenfalls rasch deutlich; es ist für ihn eine Frage der modellhaften Reflexion und der Perspektive: Geh weiter weg von mir, damit ich dich besser sehen kann. Wohin Ijon Tichy auch in seinem Auftrag reist – die erbeuteten Einsichten betreffen allemal unsere erdhaften Zustände.

Das ist in den *Sterntagebüchern* so, und das gilt auch für den *Futurologischen Kongreß* – sinnigerweise ist das Büchlein blau gedruckt –, der in einem mittelamerikanischen Bananenstaat abgehalten werden soll. Natürlich ist Tichy dabei. Doch der Kongreß, in einem hundertstöckigen Hilton-Hotel untergebracht, kommt nicht zustande, weil wieder einmal eine Operetten-Revolution stattfindet, ein Machtkampf ausgetragen wird, bei dem die Polizei chemische Begütigungsmittel anwendet.

Das Zeitalter der Kryptochemokratie ist angebrochen, man herrscht unter Zuhilfenahme eines erlesenen Terrors: was droht, ist eine Versklavung durch Güte. Ein Gefrierschlaf erspart Tichy vorerst manch unliebsames Erlebnis, doch was er nach seinem Auftauen dem Tagebuch anvertraut, ist die Erfahrung des vollendeten Schreckens. Die Psychochemie triumphiert. Man lebt in einer Psivilisation. Die Gesellschaft hat ihre ordentlichen Höllen eingebüßt und wird selbst zur perfekten Hölle.

Was ein anderer Pole, was Czesław Milosz einst in seinem Buch *Verführtes Denken* als unmittelbare politische Bedrohung schilderte, stellt Stanisław Lem hier als allgemeine futurologische Bedrohung dar: von der Murti-Bing-Seligkeit zu den sogenannten »Gutstoffen« oder »Benignatoren«.

Doch bei allem unverhofften Aufschluß, den Lem uns über uns selbst und über die Zustände auf der Erde gibt, eines braucht man bei dieser Lektüre nicht zu befürchten – düstere Entlarvungsstimmung, feierliche Gerichtsatmosphäre. Im Gegenteil, ich wüßte auf Anhieb kein Buch zu nennen, in dem soviel gebildeter Sarkasmus versammelt ist, soviel zärtlicher Spott, soviel Humor, Schabernack, Witz und lichter Tiefsinn wie in den *Sterntagebüchern*. Hier schießt die ehrwürdigste Logik Kobolz, und die klassischen Gesetze der Physik führen einen Kopfstand vor. Die außergewöhnliche Intelligenz des Autors – dies Gefühl hat man mitunter – zieht die Spiralnebel fort und gibt den Blick frei auf ein kosmisches Panoptikum, in dem wir uns selbst wiedererkennen.

Und im Stil des Panoptikums möchte man sagen: Hier gibt's was zu lesen, Leute; hier gibt's was zu denken, und wer andere Ansprüche stellt, dem wird der virtuose Sprachschöpfer Lem zu jedem linguistischen Vergnügen helfen. Hier kann jeder Wesen, Dinge und Verhältnisse in so unerhörtem und beziehungsreichem Sprachgewand erleben, daß er den Eindruck hat, mitunter einer Ausbesserung der Weltgeschichte beizuwohnen oder sogar einer Neufassung dieser Welt.

Und dabei halfen Übersetzer, deren Arbeit Bewunderung verdient: Caesar Rymarowicz *(Sterntagebücher)* und I. Zimmermann-Göllheim *(Der futurologische Kongreß)*.

Dieter Hasselblatt
Die Wahrheit des Unmöglichen

Der polnische Science-fiction-Autor Stanisław Lem

»Gute Bücher sind immer wahr, auch wenn sie Dinge beschreiben, die sich nie ereignet haben und die sich nie ereignen werden. Sie sind wahr in einem anderen Sinne.« Stanisław Lem legt diese Worte dem Weltraumpiloten Pirx in den Mund, einem schwejkhaften, mit überaus gesundem Menschenverstand und allerlei kauzig-humorigen Schwächen ausgestatteten Technologen der Astronautik (*Die Jagd* Neue Geschichten des Piloten Pirx. Verlag Volk und Welt, Berlin 1972).

Wir sind es allzusehr gewohnt, literarisches Experiment mit Sprach- und Textbastelei gleichzusetzen; und meinen deshalb zu Unrecht, nur jene Literatur, die sich selbst als konkrete Poesie bezeichnet (die aber abstrakt in jedem denkbaren Verständnis des Wortes abstrakt ist . . .), die wie ein Derivat der Linguistik, wie eine Sammlung grammatikalischer Paradigmata aussieht, verdiene die Bezeichnung »Experimentelle Literatur«. Darüber vergessen wir, daß das freie und zugleich strenge Spiel mit Fiktion sehr wohl gerade im Inhaltlichen stattfinden kann: nämlich als visionärer Entwurf aus Phantasie und Kalkül, als Experiment mit ungewöhnlichen, ja ungeheuerlichen Situationen, die als Versuchsfeld für das Verhalten der handelnden Personen dienen. Nicht anders verfuhr die *Odyssee* von Homer, nicht anders der *Parzival* des Wolfram von Eschenbach. Und nicht anders verfahren die meisten Geschichten und Romane von Stanisław Lem. Einer, der »Held«, wird mit Situationen konfrontiert, über die er nicht ausreichend informiert ist, in denen er sich dennoch zurechtzufinden hat, vielleicht sogar als Emissionär, als Stellvertreter der Gesellschaft, gar einer Menschheit . . . Experiment also nicht so sehr in der Sprachebene als vielmehr in jener Dimension, die mit Ich, Welt, Geschick, Geschichte zu umreißen wäre.

Stanisław Lem, 1921 in Lemberg geboren, der Familientradition entsprechend Studium der Medizin, jedoch nur kurze Zeit praktizierender Arzt, beschäftigte sich mit Philosophie und Kybernetik, ist Begründer der polnischen astronautischen

Gesellschaft, seine knapp 30 Werke haben – in 27 Sprachen übersetzt – eine Gesamtauflage von fast 8 Millionen Exemplaren erreicht. 1971 erschienen zwei Fischer-Taschenbücher *Test* und *Der Unbesiegbare*. 1971 der Insel-Erzählungsband *Nacht und Schimmel;* 1972 die Romane *Eden* (bei der Nymphenburger Verlagshandlung München) und *Solaris* (bei Marion von Schröder, Düsseldorf). Daß schon 1955/56 in der DDR Lems Romane *Planet des Todes* und *Gast im Weltraum* in deutscher Übersetzung erschienen sind, ist weitgehend unbekannt. 1959 wurde in einer Polnisch/DDR-Gemeinschaftsproduktion nach dem Roman *Planet des Todes* der Film *Der schweigende Stern* gedreht. Der nach dem Roman *Solaris* von der UdSSR 1972 gedrehte Film erhielt in Cannes zwei Preise.

Ein »Wert an sich«

Stanisław Lem schreibt Science-fiction, weil er den Leser zu allererst unterhalten möchte, denn »Unterhaltung ist ein Wert an sich«, sagt er. Und Stanisław Lem mißtraut der modernen Literatur, die »kein Spähtrupp des rationalen Erkennens mehr« ist (Lem: »Erotik und Sexualität in der Science-fiction.« Insel Almanach 1972). Dabei ist Stanisław Lem – bei allem Mißtrauen gegen die moderne Literatur – selber ein Schriftsteller, der sein Handwerk brillant beherrscht. Von der philosophischen Abhandlung über wissenschaftliche Essays, *Roboter-Märchen,* den satirisch-ironischen Geschichten vom Weltraum-Piloten Pirx, von Rezensionen zu Büchern, die es nie gegeben hat (*Die vollkommene Leere,* Insel 1973) bis zu spannenden, psychologisch genauen utopischen Abenteuergeschichten und langen Romanen über Expeditionen ins Unvorhergesehene reicht die Skala seiner schriftstellerischen Möglichkeiten. Die souveräne Beherrschung des schriftstellerischen Handwerks verführt Lem gelegentlich dazu, erzählerisch ein wenig zu langatmig zu werden, aber die technischen Details, das Erfinden von Bezeichnungen naturwissenschaftlicher Phänomene, die es noch nicht gibt, das Geschick, mit dem Lem Dialoge schreibt – das alles ist unüberhörbar.

Der »Stil« von Science-fiction ist Realismus; denn das Ungewöhnliche und Phantastische muß als selbstverständlich, also quasi realistisch präsentiert werden. So bedient sich Lem in allen seinen Erzählungen des traditionellen psychologisch-realistischen Erzählstils. Am Anfang steht eine scheinbar vertraute Situation, die sich als rätselhaft, unvertraut, ja unheimlich erweist; das Unvertraute und Unheimliche wird nun einerseits zum Forschungsobjekt und andererseits zum Gegenstand von Deutungsversuchen und Auslegungen, zum Objekt widersprüchlicher und widerstrebender Meinungen. Menschen, deren psychologische Konstitution unmittelbar einleuchtend ist, werden mit phantastischen und ungeheuren Realitäten konfrontiert, Realitäten, die ein nicht durchschaubares Eigenleben aufweisen. Und schon zettelt Lem ein mehrgleisiges Erzählen an: einerseits Forschungen und Experimente, die nur zum Teil glücken, und andererseits Enträtselungsversuche, Deutungs- und Auslegungsstreitigkeiten, Meinungsdispute. Diese drei erzählerischen Elemente konstituieren z. B. den Erzählgang der Romane *Solaris, Eden, Planet des Todes,* oder der Erzählungen »Die Ratte im Labyrinth« (in der gleichnamigen Anthologie, Insel 1971) oder »Invasion« (in *Nacht und Schimmel,* Insel 1971).

Die Welt der Rätsel

Immer ist es zuerst das Ungewohnte, ja Ungeheuere, mit dem der Leser konfrontiert wird; dann, zweitens der forschende, erforschende Zugriff auf dieses Ungewohnte hin; und schließlich drittens die Enträtselungs- und Deutungsversuche und deren Vergeblichkeit. Lem beschreibt die Sumpflandung eines galaktischen Raumschiffs mit nur einem Insassen, der aus Irrtum, Schwäche, Fehleinschätzung der irdischen Situation schließlich stirbt – und das alles wird erlebt aus der Perspektive zweier Forscher, die in das organische Innere eindringen, im tunnelgroßen Geäder umherirren, personale Verdoppelungen und Irritationen erleben, bis schließlich deutlich wird, daß nicht nur Menschen irrende und sterbliche Wesen sind, zu denen Kontakt nicht auf Anhieb zu bewerkstelligen ist (»Die Ratte im Labyrinth«). Ähnlich ergeht es dem jungen Solaris-Forscher, der in das Team zweier anderer Solaris-Wissenschaftler eintritt, und damit zum Zeugen und zum Erleidenden von dramatischen Situationen wird. Seit einiger Zeit erscheinen im Innern der Forschungsstation Menschen, oder doch Wesen, die alle Eigenschaften von Menschen haben, sogar von Menschen, die nicht mehr leben: es scheint, daß sie von dem Plasma-Ozean – dem einzigen Bewohner des Planeten Solaris – synthetisiert worden sind. Das Rezept für diese Synthetisierung sind Erinnerungsspuren, die sich in den Gehirnen der Forscher vorfinden. Denn diesen Forschern erscheint immer derjenige Mensch, der die »größte Schmach« seiner Vergangenheit darstellt, an die er schuldhaft gebunden war, deren Erinnerung ihm am peinlichsten ist. So muß der junge Solariker einmal das Abenteuer der Begegnung mit seiner verstorbenen Geliebten bestehen, die, wie er immer deutlich weiß, eine Materialisierung seiner Erinnerungsbilder ist; zum anderen muß er das Abenteuer der Begegnung mit den phantastischen Wuchs- und Sproßformen, den überraschenden Aktivitäten des Plasma-Ozeans bestehen und aushalten; es sind dies Sproß- und Wuchsformen, die an architektonische Ausfigurationen von Gleichungen höheren Grades erinnern, an geometrische Sinfonien, an surrealistische Architekturen, ja ontologische Autometamorphosen; und zum dritten muß er das Abenteuer der Geschichte der Solaris-Forschung durchstehen – das Stanisław Lem in der Manier einer historischen Darstellung eines Wissenschaftszweiges beim Leser Revue passieren läßt. Dabei gelingt es seiner schriftstellerischen Kunst, sowohl den gigantischen Plasma-Ozean wie dessen phantastische Aktivitäten plausibel zu machen, wie auch die psychologische Konstruktion, die seelischen Engpässe jenes nicht-menschlichen Menschenwesens.

Fremde, dem menschlichen Bewußtsein und den menschlichen Gesellschaften kaum vergleichbare Systeme, Organismen, Strukturen sind das bevorzugte Thema von Stanisław Lem. Schock, Verblüffung, Abenteuer, Rätsel, Verzweiflung, ja agonale Auseinandersetzung, technologische Großsysteme mit einer fast an Kasack gemahnenden sinnlosen Industrieproduktion, die ihre eigenen Produkte wieder verzehrt *(Eden),* biologische, an Tiere gemahnende Intelligenzwesen, Gebilde von alptraumhafter Eigenaktivität und abweisend rätselhafter Konstruktion – »und was bedeutet das alles? Ja, was bedeutet das?« *(Solaris).* Sich von solch einer Erzählkunst fesseln zu lassen, fällt nicht schwer. Mit dem Anberaumen von Ungewöhnlichem wird gleichzeitig die Deutung dieses Ungewöhnlichen, dieses – um mit der Religionswissenschaft zu sprechen – *ganz anderen* stimuliert, und die Abenteuerkomponente eines spannungsvollen Erzählens wird immer weiter durch das Agieren der Figuren in Modellsituationen und dramatischen Konflikten eingebracht. Wenn man so will: eine literarische Spielwelt, gar nicht unbedingt Zukunftsvision oder gar Chronik einer als möglich denkbaren Zukunft. Zukunft ist ja allzuoft das willkommene Ausweichfeld für die Autoren von Science-fiction, jenes Ausweichfeld, auf dem sie ärgerlicherweise unkontrolliert und inkonsequent ihrer meist faden Phantasie die Zügel schießen lassen.

Science-fiction ist keine Chronik der Zukunft; sie ist – wie bei Stanisław Lem – das Angebot von Situationsmodellen, von Denkmöglichkeiten, von Fiktion. Fiktion, um über Phantasie und Kalkül dieser unserer Wirklichkeit, die wir längst noch nicht durchschaut haben, auf die Spur zu kommen, um sie besser verstehen zu können. Aber haben wir es nicht mit unseren irdisch-menschlichen Problemen zu tun, keineswegs mit der Konfrontation von Mensch und »ganz anderem«? Was könnten einem da phantastische Fiktionen wie die vom Denk-Ozean, wie die von der elektronisch-metallischen Staubwolke, wie die von dem sterbenden galaktischen Geäder-Wesen oder wie die von der »prokrustischen« fatalen Zivilisation auf dem Planeten Eden helfen? Was bedeutet das alles – gibt es eine unmittelbare Nutzanwendung für unser Hier und Heute? Worin liegt die Wahrheit von Dingen, die sich nie ereignet haben und die sich nie ereignen werden? Es gibt eine unmittelbare Nutzanwendung für unser Hier und Heute. In einem Essay (»Eine strukturalistische SF-Betrachtung«), der bei uns noch nicht erschienen ist, sagt Stanisław Lem: »Mit dem Phantastischen – im Sinne von Unmöglichem – wird das Mögliche signalisiert.« Eben darin liegt die Chance von Science-fiction, und hier liegt die unmittelbare Nutzanwendung für das Heute. Sowohl in seinen theoretischen Schriften wie in seinen Erzählungen zeigt Stanisław Lem immer wieder, wie der Mensch mit Lebensformen und Gesellschaftsrealitäten konfrontiert wird, die des Menschen, seiner Hilfe, seiner missionierenden Neugier nicht bedürfen. »Wir brechen in den

Kosmos auf, wir sind auf alles vorbereitet, d. h. auf die Einsamkeit, auf den Kampf, auf Martyrium und Tod ... Wir sind humanitär und edel, wir wollen die anderen Rassen nicht unterwerfen, wir wollen ihnen nur unsere Werte übermitteln und, als Gegengabe, ihrer aller Erbe annehmen. Wir halten uns für die Ritter vom Heiligen Kontakt.« *(Solaris)* Lem ironisiert mit kritischer Emphase den Forscherdrang des Menschen, jene Abenteuersehnsucht, die als wissenschaftlicher Forscherdrang lebendig ist.

Das Dunkel in uns

Stanisław Lem, Science-fiction-Autor und Science-fiction-Theoretiker, hat mit einem Nachdruck, wie ich ihn von keinem anderen Science-fiction-Autor kenne, auf den Waren-Charakter der Science-fiction hingewiesen, auf die Konsumhaltung der Science-fiction-Leser, auf die Marktzwänge und Marktengpässe des Konsumartikels Science-fiction (Lem: »Science-fiction – ein hoffnungsloser Fall mit Ausnahmen«, *Solaris,* Insel 1973) und genau diesen Konsumenten von Science-fiction verweist Stanisław Lem mit seinen eigenen, abenteuerlichen, ironischen, phantastischen, spannenden und alptraumhaft-verblüffenden Geschichten auf ihn selbst, den Leser zurück. Um ihn auf das Dunkel in ihm – von dem wir noch nicht genug wissen – zurückzuverweisen. Im Sinne Ernst Blochs, der vor über 50 Jahren in seinem Essay »Zur Metaphysik unseres Dunkels« sagte: »Wir haben kein Organ für das Ich oder Wir, sondern liegen uns selbst im blinden Fleck, im Dunkel des gelebten Augenblicks, dessen Dunkel letztlich unser eigenes Dunkel, uns Unbekannt-Sein, Vermummt- und Verschollen-Sein ist. Wohl aber – entscheidend wichtig – ist die Zukunft der Topos des Unbekannten in ihr – selber nichts anderes als unser vergrößertes Dunkel, als unser Dunkel in der Ausgebärung seines Schoßes, in der Vergrößerung seiner Latenz.«

Latenzen, Verborgenheiten – wie diese von Bloch angesprochenen, sind der Gegenstand der Science-fiction-Modelle Stanisław Lems, die »wahr in einem anderen Sinne« sind, die, wie Lem es selbst sagt, »nicht authentische Authentizität« haben. (Lem, *Die vollkommene Leere,* Insel 1973.)

Der dialektische Weise
aus Kraków

Im *Rowohlt Literaturmagazin (3)* schreibt Günter Herburger über Stanisław Lem: »In seinem Häuschen sollen außer seiner Familie noch drei Hausgehilfinnen vorrätig sein, wie ein Freund mir erzählte, der bei ihm war. Sie seien ihm aus Verehrung zugelaufen. Da sie aber nicht mehr weichen würden, beschäftige er sie alle drei, bezahle sie aber über Tarif.« Die Vorstellung literaturbeflissener Hausperlen, die Herburger bis zur Idee einer anhänglichen polnischen Simone de Beauvoir ausspinnt, die Lem den Haushalt führe, ist hübsch und skurril, aber nur ein Beispiel für die Legendenbildung, die bereits um Lem einsetzt. Kein Zweifel, daß sich Besucher aus dem kapitalistischen Westen besonders davon beeindruckt zeigen, daß es dort, wo man es am wenigsten erwartet, Dienstboten anscheinend noch im Überfluß gibt; allein die Tatsachen, sie sind nicht so. Polnische Hausgehilfinnen sind in Wahrheit um nichts literaturbegeisterter als ihre Standesgenossinnen anderswo, sie sind numerisch nicht stärker, und sie sind gewiß nicht zuverlässiger. In einem privaten Haushalt beschäftigt zu sein, und sei es über Tarif, und sei es bei einem weltberühmten Schriftsteller, bringt wenig Sozialprestige mit sich, so daß es die Mädchen vorziehen, bei schlechterer Bezahlung in einem Büro oder am Fließband zu arbeiten. Darum bleiben sie oft aus ohne Vorankündigung, verschwinden einfach, und neue sind nur schwer aufzutreiben. Hat man also solch ein dienstbares Wesen, muß man es verwöhnen, es gewogen stimmen, will man es behalten. Daher die Anwesenheit gleich dreier Mädchen an jenem denkwürdigen Besuchstage: eine unverhofft zurückgekehrte, zwei neue Bewerberinnen. Man schickt sie nicht leichtfertig fort, auch wenn kein unmittelbarer Bedarf für so viele Kräfte gegeben ist; man behält sie, in der Hoffnung, daß sich wenigstens eine davon auf längere Zeit dienstbar mache.

Lem wohnt in einem unscheinbaren, mausgrauen Einfamilienhaus in einer ruhigen Vorstadtgegend in Kraków; gleich neben ihm sein Freund Jan Błoński, der Literaturwissenschaftler. In der unmittelbaren Nähe gibt es nur einen Zeitungsladen, der Weg zu den Geschäften in der Stadt ist weit, die Verkehrsverbindungen sind ungünstig. Viermal in der Woche fährt Lem mit seinem fast neuen Mercedes 250 seine Frau in die Stadt. Seine Frau ist Röntgenärztin, sie arbeitet mehrmals in der Woche einige Stunden lang in einem Krakauer Spital. Die Rollen sind in Lems Haushalt verteilt. Während die Gattin arbeitet, besorgt Lem die Einkäufe, die ihm auf einem Zettel notiert worden sind; er stellt eine futurologische Prognose an und beschäftigt sich mit komparativer Ökonomie; sondiert, wo es unter Umständen günstige Einkäufe gibt, etwas frisches Gemüse oder ein Stück mageren Schinkens etwa. Gerade der Schinken ist sozusagen ein Kernstück der täglichen Futurologie. Wo es etwas zu kaufen gibt, das nur ein bißchen besser ist, stehen die Menschen Schlange. Lem reiht sich geduldig ein, und niemand unter den anderen Menschen beachtet ihn, er wird nicht zuvorkommender behandelt als die anderen Kunden auch, die Verkäuferinnen sind genauso schnippisch und kurz angebunden, man merkt ihnen an, wie sehr sie jeden Kunden als Belästigung empfinden. Eine paradoxe Situation: ein Schriftsteller mit einem für polnische Verhältnisse riesigen Einkommen, der persönlich im größten Gedränge die gewöhnlichsten Dinge des alltäglichen Bedarfs besorgt, jede Woche viele Stunden darauf verschwendet. Nach dem Einkaufen geht es gewöhnlich in eine fremdsprachige Buchhandlung, wo es ab und zu ausländische Zeitungen und Zeitschriften gibt – *Le Monde* oder die *Süddeutsche Zeitung;* meist gibt es sie nicht oder nicht mehr, und ihr Vorhandensein ist völlig unvorhersagbar. Die Versorgung mit so vielen Gebrauchsartikeln ist völlig ungewiß, und alles von besserer Qualität ist im Nu vergriffen; die Nachricht davon verbreitet sich wie ein Buschfeuer. Binnen Stundenfrist ist alles weg, egal, ob es jetzt Lebensmittel sind, modische Kleidungsstücke – oder auch Literatur. Wer Lem auf einem solchen Einkaufsbummel begleitet hat, durch vier oder fünf Läden, ohne daß das Gewünschte aufgetrieben werden konnte, beginnt zu verstehen, warum der Zufall und die Wahrscheinlichkeitstheorie im Denken Lems eine so zentrale Rolle spielen, und man vermutet, daß diese »Philosophie des Zufalls« (wie der Titel einer seiner gewichtigen theoretischen Abhandlungen lautet), ebensosehr von täglichen Erfahrungen wie von der modernen Erkenntnistheorie geprägt wurde. Auslösendes Moment waren natürlich die Erlebnisse während der deutschen Besatzungszeit, wo das Überleben oft vom Zufall abhing, wann man aus dem Hause ging oder ob die SS gerade eine Razzia durchführte; aber die vergleichsweise harmlosen Erschwernisse des polnischen Alltags der Jetztzeit haben diese Ausprägung nur verstärkt. Man merkt die Spuren dieses Alltags, die Beengung durch die materiellen Umstände, immer wieder in Lems Büchern, gerade dort auch, wo er hochtheoretisch die erhabensten und abstraktesten Überlegungen anstellt, und sie geben seinem an sich kühl-intellektuellen Werk einen Zug von Erdhaftigkeit und Lebensnähe. Man denke nur an *Der Freund,* worin es dem Helden so schwerfällt, sich elektronische Ersatzteile zu beschaffen, an den Weltraumfahrer Ijon Tichy, der Konservendosen peinlich genau ausputzt, weil man ihn erzogen hat, keine Verschwendung zu betreiben (einer Figur aus einer amerikanischen SF-Erzählung würde so etwas nie einfallen) oder an den ironischen Zug in *Non Serviam,* wo sich der Schöpfer eines elektronisch-simulierten Universums der peinlichen Notwendigkeit ausgesetzt sieht, sein Werk, in dem er buchstäblich Gott ist, zugrunde gehen zu lassen, weil er außerstande ist, die Stromrechnung zu bezahlen!

Lems Tagesablauf ist streng geregelt, er ist ein regelmäßiger und gewissenhafter Arbeiter. Was Lem an Hobbies hatte, mußte schon längst der enorm angewachsenen Arbeitslast weichen. Der Schriftsteller steht sehr früh auf und arbeitet bereits vor dem Frühstück. Es beginnt mit der zu einem Berg angewachsenen Korrespondenz, nur die dringendste Post kann erledigt werden, jedes Auftauchen der Postbotin wird mit düsteren Ahnungen erwartet. Zunächst schrieben ja nur die Polen und vor allem die Russen; später kamen die Bürger der DDR hinzu; nun schreibt beinahe die ganze Welt. Es häufen sich die Ehrungen und Einladungen: dies zu schreiben, jenes zu rezensieren, hier zu sprechen, dort an einem Symposium teilzunehmen; Autoren wollen ihre Bücher begutachtet haben, Übersetzer schlagen sich mit sprachlichen Fallen in Lems Werk herum; Lem soll sich äußern, Beiträge liefern, mitwirken, auftreten, Fragen beantworten, sich erklären, oder ein kniffliges esoterisches Problem als Schiedsrichter entscheiden. Die Zeit vergeht, und nicht viel ist geschehen, und das belastet das Gewissen Lems; sein Ethos ist ein Ethos der Arbeit, und die Zeit, die er nicht damit verbringt, Neues und Nicht-Marginales zu schreiben, gilt ihm als verloren. Nachmittags arbeitet er wieder einige Stunden, erledigt die ganz wichtige neue Korrespondenz, später gibt es eine kurze Ruhe. Am Abend wird weitergearbeitet, doch begeben sich die Lems relativ früh zur Ruhe. Während des Tagesablaufes gibt es immer wieder Unterbrechungen, Störungen aus der Außenwelt. Das Telefon etwa – einst hart erkämpft, mittlerweile eine arge Belastung geworden – und es gibt Besucher. Neben den Russen scheinen auch die Redakteure ost- und westdeutscher Zeitungen und Fernseh- und Rundfunkanstalten Kraków zu einem beliebten Ausflugsziel gemacht zu haben; und es kommen immer wieder optimistische Regisseure, die etwas von Lem verfilmen möchten. Die meisten werden sofort hinausgeworfen, denn Lem ist über die meisten Bearbeitungen seiner Stoffe maßlos enttäuscht. In all diesem Trubel gibt es nur eine Pflicht, die Lem so wichtig ist wie die Schriftstellerei: das Spielen mit seinem sechsjährigen Sohn Tomek. Dies ist eine Aufgabe, die nicht weniger ernsthaft ist wie die Prognose und Diagnose des Schicksals der Welt. Bei all dem Rummel um Werk und Person ist erstaunlich, daß Lem so viel geschaffen hat, über dreißig, zum Teil sehr umfangreiche Bände bisher (wiewohl die Nachfrage nach Lem relativ neuen Datums ist). Aber wenn Lem wirklich ungestört von Besuchern arbeiten will, zieht er sich nach Zakopane zurück, wo viele seiner Bücher in einem wahren Arbeitsrausch entstanden sind. Erstaunlicher wird Lems Produktivität indes durch seine maßlos verschwenderische Arbeitsweise. Er macht nicht etwa Notizen und fertigt danach einen Rohentwurf an, an dem er herumfeilt, bis das Geschriebene seine Billigung findet. Nein, wenn er mit seinem Werk nicht zufrieden ist (und das ist er zunächst nie), wirft er es einfach fort und beginnt nochmals von Anfang an, bis er wieder an die Stelle kommt, die ihm Schwierigkeiten bereitete. Diese aufwendige Prozedur wiederholt er, bis er mit dem Text einverstanden ist, bis zu einem Dutzendmal oft. Es ist, wie wenn ein Marathonläufer vor dem Wettkampf etliche Marathondistanzen zurücklegte, um sich erst einmal aufzuwärmen. Lem selbst hat einmal erklärt, daß er wohl der Autor von rund dreißig veröffentlichten Bänden ist, daß er aber rund zehnmal soviel geschrieben habe. Die übrigen sind vernichtet, einfach ausgelöscht, ohne Spur aus dieser Welt verschwunden, ein Opfer der dichterischen Evolution. In älteren Interviews stößt man gelegentlich auf den Titel von Geschichten, die nie erschienen sind, denn der Lemsche Schreibprozeß, so mühsam er ist, führt nicht unbedingt zu einem Ergebnis; zuweilen gibt es Sackgassen der Evolution. In der *Monatsschrift Polen* Nr. 12/1964 liest man zum Beispiel von einem Roman *Der Schiffbrüchige (Rozbitek)*, den es nicht gibt; er landete nach 200 Seiten im Papierkorb, so unwiderruflich hinweggerafft wie die Dinosaurier. Wie mag er wohl ausgesehen haben? Diese »geheimen« Lems, die unsichtbaren Teile seines Werks, sind eine quälende Vorstellung: denn wie nahe liegt die Vermutung, daß das, was Lem als mißglückt verwirft, für einen anderen Schriftsteller sehr wohl ein Höhepunkt seines Schaffens sein könnte. Ein solches Rätsel war längere Zeit *Der Schnupfen*, nach *Die Untersuchung* Lems zweiter Ausflug in das Gebiet des Kriminalromans. Auf italienischen Autobahnen ereignet sich eine Reihe rätselhafter Todesfälle, für die der Autor eine erfindungsreiche Lösung ersonnen hat: verschiedene Mittel und Umstände, die jedes für sich genommen harmlos sind, ergeben beim Zusammenwirken ein mächtiges Halluzinogen, das die Betroffenen in den Tod treibt. Lem erwähnte diese relativ simple, in erster Linie spannende Geschichte erstmals vor Jahren, und man durfte annehmen, daß sie rasch geschrieben werden würde. Inzwischen aber kamen neue Einfälle, das Halluzinogen wuchs sich zu einer ganzen halluzinatorischen Zivilisation aus, zur von der »Psychemie« beherrschten Welt, der gradlinige Realismus verbog sich zur Groteske, und so wurde zunächst der höchst verwickelte *Futurologische Kongreß* geschrieben, während der *Schnupfen* noch immer in der Schreibtischlade liegt, zunächst zur Bewährung ausgesetzt, auch wenn es neuerdings scheint, als habe Lem das fehlende Mittelstück der kopflastigen Geschichte gefunden. Doch ist die Entwicklung typisch für Lem: Vor die Wahl gestellt, etwas Einfaches oder etwas Schwieriges zu tun, würde er sich ohne Zögern für das Schwierige entscheiden; er ist sich selbst der strengste Kritiker, der die selbstgestellten Aufgaben immer weiter zuspitzt und sie so schwierig gestaltet, wie er nur kann. Der Theoretiker Lem legt dem Schriftsteller Lem immer neue Hindernisse in den Weg, und der Schriftsteller Lem sucht die Theorien des Theoretikers Lem Lügen zu strafen; das Ergebnis ist jenes einzigartige dialektische Wechselspiel, jenes Pendeln zwischen Scherz und Ernst, dem Erhabenen und dem Lächerlichen, jene facettenreiche, pointierte Schreibweise, die die Lektüre Lems zum schwierigen, aber unverwechselbaren und lohnenden Vergnügen macht.

Und wie fruchtbar ist doch dieser Lem. Seine Werke, vor allem die Grotesken, sprudeln förmlich über vor Ideen, mit scheinbar müheloser Eleganz verstreut er sie Seite für Seite. Während viele andere Schriftsteller, vor allem in der Sciencefiction, bestrebt zu sein scheinen, mit einem geringen Kapital an Ideen möglichst lange hauszuhalten, geht Lem mit seinen Einfällen geradezu verschwenderisch um, variiert sie immer wieder (etwa die Idee der Evolution), ohne sich doch zu wiederholen.

Den Einfallsreichtum, der seine Bücher auszeichnet, zeigt auch der Mensch Lem. Von kleiner Statur, spricht Lem sehr lebhaft und rasch, auch in Sprachen, die nicht die seine sind; etwas sprunghaft, aber immer präzise, wohlformuliert, voller Ironie und mit einem hintergründigen aber bübischen Humor, zuweilen fast clownhaft. Menschen, die dazu neigen, sich selbst zu wichtig zu nehmen und denen es an Humor mangelt, kann er mit seiner Art auf subtile Weise zur Verzweiflung treiben. Ohne jemals grob oder ausfällig zu werden, vermag er ein Gefühl der Ungewißheit zu erzeugen, eine Unsicherheit, ob er sich nicht über einen lustig mache; und wie ein Erzschelm formuliert er die wahnwitzigsten Ideen so, daß man im Zweifel ist, ob sie völlig ernsthaft gemeint seien oder ein Ulk sein sollen. »Ich war ein Wunderkind«, sagt Norbert Wiener von sich in seiner Autobiographie; »ich war ein Ungeheuer«, behauptet demgegenüber Lem von sich, um verschmitzt hinzuzufügen: »aber mit Maßen«. Die Proportionen sind ihm wichtig. Niemand lacht über das Universum, meint er, weil es so groß ist. Zuweilen spricht er ad hoc über Sexualität und Pornographie in der gleichen Weise. Alles muß gerade das richtige Verhältnis haben, ob in der literarischen Erotik oder in der Pornographie. Sexualakte zwischen ameisenhaften Geschöpfen wären bloß kurios und lächerlich, niemals erotisch aufreizend. So auch, wenn die Maße zu groß sind; dann sähen

Schamhaare wie verfilztes Schilf aus, und das Resultat wäre nur Ekel und Abscheu. Pornographie betrachtet er als amüsierter Kulturphilosoph. Bei seinen Besuchen im Westen blättert er angelegentlich in den neuesten Sex-Zeitschriften. Für ihn sind sie eine Art unfreiwillig humoristischer Zeitschriften, und da Humor und sexuelle Stimulation sich seiner Meinung nach gegenseitig ausschließen, wird wohl auch nichts werden aus seinem Plan einer Zeitschrift zur Verspottung der Sex-Welle. Um Sex-Zeitschriften konsumieren zu können, bedarf es einer ernsten, unironischen Auffassung. Jede Unsicherheit oder Verstohlenheit ist Lems Wesen fremd; er betrachtet die Zeitschriften so unvoreingenommen wie ein Entomologe seine Insekten und kommentiert amüsiert Abbildungen von besonderer Scheußlichkeit.

Ähnlich engagiert-distanziert gestaltet sich sein Interesse für die Futurologie. Mit der Zukunft ist es ihm ernst; weniger ernst nimmt er die meisten der Leute, die sich von Berufs wegen mit der Zukunft befassen. Sein Verhältnis zu ihnen ist ähnlich zwiespältig wie das zu jener anderen Zunft von berufsmäßigen Propheten, den Science-fiction-Autoren. Lem ist einer der Mitbegründer sowohl der polnischen kybernetischen wie der astronautischen Gesellschaft, aber er hat beide später wieder verlassen, teils aus Zeitmangel, der seine Teilnahme an der wirklichen Arbeit verhinderte, teils aus Unzufriedenheit und dem Unwillen, bloßes Aushängeschild zu sein. Er ist Mitglied des Komitees POLEN 2000, spielt dort aber den advocatus diaboli; die Science Fiction Writers of America haben ihn zu ihrem Ehrenmitglied ernannt, doch verspottet er sie und ihre Science-fiction bei jeder Gelegenheit. Lem nimmt bis zu einem gewissen Grade am Treiben der Futurologen und SF-Autoren teil, engagiert sich aber nicht voll; er hält es aber für seine Pflicht, sich zu unterrichten, was die anderen tun, und versorgt sich darum im Westen stets mit den neuesten Weltuntergangsprophezeiungen, die hier zur Mode geworden sind.

Lem ist heute der gewiß populärste lebende polnische Schriftsteller der Welt. Zu der bereits langen Übersetzungsliste kommen pro Jahr gut 15 Neuübersetzungen hinzu, dazu Neuauflagen älterer Titel. Dieser Erfolg hängt sicherlich mit dem Interesse zusammen, das die Science-fiction derzeit in der Welt findet, geht aber darüber hinaus. Der »Erfolg« der SF ist nämlich eher einer des Genres als einzelner Bücher; es erscheinen nur mehr Titel, während sich die einzelnen Bücher, von wenigen Ausnahmen abgesehen, nicht sonderlich gut verkaufen. Die große Masse sind bloß Taschenbücher. Die Tatsache, daß Lem in einer so wenig zugänglichen Sprache wie Polnisch schreibt, hat seine Rezeption im Westen zweifellos verzögert; andererseits machte ihn seine polnische Staatsbürgerschaft besonders in den anderen sozialistischen Ländern akzeptabel. Der Autor ist sozusagen einer der Ihren und wurde schon in einem sozialistischen Land »approbiert«. Es ist darum nicht verwunderlich, daß Lem am frühesten und nachhaltigsten in der Sowjetunion berühmt wurde; und hier wieder nicht in offiziellen literarischen Kreisen, die sich reserviert verhielten und verhalten, sondern beim breiten Publikum und bei einigen Spezialgruppen wie den Kosmonauten und der wissenschaftlich-technischen Intelligenz allgemein. German Titow, Konstantin Feokstitow und andere Kosmonauten gehören zu Lems begeisterten Lesern, schrieben Vorworte zu seinen Büchern (wie Titow) und empfingen ihn bei seinen Besuchen in der Sowjetunion mit beispielloser Gastfreundschaft. Obwohl keineswegs alle von Lems Werken in der Sowjetunion publiziert werden konnten, erschienen dort doch Erzählungen, die, wenn sie ein russischer Autor verfaßt hätte, kaum veröffentlicht worden wären. Insofern kommt Lem der besondere kulturelle Freiheitsraum der Polen sehr zustatten, um den ihn Schriftsteller in anderen sozialistischen Staaten beneiden. Nicht, daß Lem ein kämpferischer Kritiker des kommunistischen Systems wäre. Seine Erzählungen enthalten zwar, verkleidet als Satire und kosmische Fabel, die eine oder andere Kritik sozialer Verhältnisse im sozialistischen Lager, aber das ist ein durchaus untergeordneter Zug in seinem Werk. Im Grunde ist Lem ein unpolitischer Mensch, den erkenntnistheoretische und allgemein philosophische Probleme weit mehr interessieren als tagespolitische Dogmen und Ideologien. Daß Lem völlig auf die ideologischen Pflichtübungen verzichtet, wie man sie bei vielen anderen Schriftstellern seines Genres in den sozialistischen Staaten findet, macht ihn natürlich einem Publikum besonders akzeptabel, das gelernt hat, zwischen den Zeilen zu lesen, und der Indoktrination überdrüssig ist. Lems Ketzertum ist von einer fundamentaleren, wenngleich vielleicht nicht sofort merkbaren Art; es liegt weniger in den unschwer zu entschlüsselnden, unter anderen Erfindungen versteckten sozialen Anspielungen, sondern eher in der radikalen Fragestellung seines Werkes, das sich keiner Ideologie und keiner Dogmatik unterwerfen will. Er liefert keine Antworten, sondern stellt alles in Frage, wobei durchaus offenbleibt, welche Argumente nur im Rahmen einer dialektischen Strategie und welche in vollster Überzeugung geäußert werden. Labyrinthisch verschachtelt und vielschichtig, ist Lems Werk ein Alptraum für den Zensor und ein Vergnügen für den scharfsinnigen Leser. Was alles so besonders reizvoll macht, ist die Tatsache, daß Lem seine Kritik selbst gegen jene Überzeugung richtet, die ihm teuer sind. Nichts gibt es, was nicht kritisiert werden dürfte; der Zweifel ist Haltung und Methode für ihn. Dieses Wechselspiel ist keine opportunistische Rückversicherung, die gelegentlich auch den Gegner kritisiert, um die Kritik des eigenen Lagers akzeptabler zu machen, noch bloße Kasuistik oder Haarspalterei, sondern eine komplexe, subtile Methode der Wahrheitsfindung.

Das sind Züge, die es dem Leser sowohl leicht- wie schwermachen. Leicht, weil Lem so voller Einfälle und Schalk steckt, wie ein Eulenspiegel oder Münchhausen. Mit wenigen Ausnahmen sind Lems Bücher, trotz häufiger Schwierigkeit der Diktion, sehr leicht lesbar. Denn Lem ist in gewisser Hinsicht ein altmodischer Schriftsteller, seine Schreibweise gehört beinahe dem 18. Jahrhundert an. Er zählt nicht zur literarischen Avantgarde, seine Werke enthalten keine dunklen Reden, keine sprachlichen Experimente, deren Bedeutung sich der Leser erst mühsam entziffern muß. Seine Sätze sind stets klar und rhythmisch, sein Witz ist ein Wortwitz, der dem Leser sofort mindestens eine Bedeutung erschließt. Man kann Lem selbst dann mit Vergnügen lesen, Satz für Satz, wenn man kaum etwas von den tieferen Schichten und Abgründen ahnt, die sich in seinen Schnurren und Phantastereien verbergen. Andererseits macht es Lem dem Leser schwer, denn unter der glitzernden, ausgelassenen, oft auch mit Termini technici geradezu verkrusteten Oberfläche verbirgt sich so manche philosophische Klippe, die für viele Leser kaum überwindbar ist. Es steht zu vermuten, daß Lem von den Lesern aus den ganz verschiedensten Gründen gelesen wird, daß seine Vielseitigkeit und Vielschichtigkeit ihm aber den Vorteil verschaffen, für viele vieles zu bieten. Es ist kaum verwunderlich, daß zuerst Techniker und Wissenschaftler seine Leser waren. Sie spürten, daß hier einer schrieb, der ihre Sprache sprach und ihre Probleme verstand. Diese Begeisterung hielt an, als seine Bücher immer schwieriger und vielschichtiger wurden. Gewiß half ihm in der Sowjetunion etwa der Mangel an Meinungsvielfalt: Lem pflegt bisweilen amüsiert zu bemerken, daß er den Russen den ganzen Sartre und Camus ersetzen mußte. Nach der Sowjetunion war die Begeisterung in der DDR am größten, wo Lem mit wenigen Titeln inzwischen mehr als 1,5 Millionen Auflage erreicht hat und Erstauflagen von 30 000 völlig unzureichend sind. In Polen ist er praktisch stets vergriffen, und das trotz 100 000–150 000 Exemplaren von Lem-Büchern pro Jahr. Sie werden gedruckt und verschwinden gleich wieder. Zur Begeisterung der Leser gesellten sich in den letzten Jahren offizielle Ehrungen, Orden und Literaturpreise. Die Sowjetische Akademie der Wissenschaften hat den Nicht-Wissenschaftler Lem mehrmals in die Sowjetunion eingeladen, nicht immer zur Freude der übergangenen polnischen Wissenschaftler. Seine literaturtheoretischen und philosophischen Schriften sind aus den gleichen Gründen von den Fachgelehrten im eigenen Land nicht immer anerkannt worden, doch hat es immer wieder einzelne hochqualifizierte Wissenschaftler gegeben, die sie begeistert begrüßt haben. Allgemein hat Lems Werk meist extreme Reaktionen ausgelöst: einerseits enthusiastische Zustimmung (und es spricht für Lem, daß sein Werk immer wieder hochbegabte Übersetzer gefunden hat, z. B. Fräulein Zimmermann-Göllheim in Österreich oder Michael Kandel in den USA), andererseits heftige Ablehnung. Es gibt nicht wenige, durchaus kompetente Literaturkenner, die ehrlich zugeben, daß sie mit Lem einfach nichts anfangen können. Gerade die Originalität und Vielseitigkeit seines Werkes machen es schwer, den »ganzen« Lem zu sehen und zu erkennen. Außer einigen Kennern der polnischen Sprache ist es derzeit außerhalb Polens sowieso niemandem möglich, den »ganzen« Lem zu überblicken. Die Anerkennung als Autor, der die Sciencefiction literarisch rehabilitiert habe, die Lem etwa in der BRD gefunden hat, ist vielleicht noch der geringste Teil der Rezeption; erst wenn auch die umfangreichen theoretischen Werke vorliegen, wird es möglich sein, dem erstaunlichen Werk des Schriftstellers Lem Gerechtigkeit widerfahren zu lassen. In manchen Ländern kam dieser Umwertungsprozeß früher in Gang; aber alle Anzeichen deuten darauf hin, daß in der Bundesrepublik die Rezeption Lems am raschesten und gründlichsten erfolgen wird: denn alle Werke, zu denen sich Lem noch immer bekennt, werden in der BRD so schnell erscheinen, wie die Übersetzer sie zu übersetzen imstande sind.

Werner Berthel
Die Wahrheit darf nicht widersprüchlich sein

Zu Stanisław Lems Erzählung »Die Maske«

> »Spürt ihr den Schmerz, das dumpfe Dulden, das
> nicht befreite, das in die Materie eingeschmiedete Lei-
> den der Puppe, die nicht weiß, was sie ist, warum sie in
> dieser gewaltsam aufgezwungenen Form verharren
> muß, die eine Parodie ist.«[1]
>
> Bruno Schulz
> »Traktat über die Mannequins«

Wie ein roter Faden zieht sich durch das Werk Stanisław Lems
ein vielfach gebrochenes und variiertes Motiv: die Auseinandersetzung zwischen dem menschlichen Verstand und dem von
Menschen in Robotern, Automaten oder Androiden geschaffenen.

So unter anderem in dem Band *Die Jagd,* in den Erzählungen
»Der Freund« und »Der Hammer« aus *Nacht und Schimmel,*
in den Hör- und Fernsehspielen »Gibt es Sie, Mr. Johns?«,
»Schichttorte« und »Der getreue Roboter«, zuletzt in der Erzählung »Die Maske«.

Eine Variation dieses Motivs ist es, wenn außerirdische Intel-
ligenzformen dem Menschen zum Erkenntnisproblem werden,
wie in *Solaris, Die Stimme des Herrn, Der Unbesiegbare, Eden*
und *Die Astronauten.*

Das Wort *Maske* leitet sich nach Grimm vom mittellateini-
schen Ausdruck *masca* ab, das *Hexe* bedeutete. Die gegenwär-
tige Wortbedeutung beschreibt das Lexikon als: »ein künstliches, hohles Gesicht, mit dem man das eigene Antlitz verdeckt,
um sich unkenntlich zu machen«.

Wie bekannt, bedeckten in der griechischen Tragödie Masken die Gesichter der Schauspieler während der Aufführung.
Das Hindurchsprechen durch den Mundtrichter der Maske
hieß in der lateinischen Übersetzung personare – ein Ausdruck, der in engem Zusammenhang mit dem heute gebrauch-
ten Wort Person steht. Das Wort Person ist in unserem abend-
ländischen Kulturkreis fraglos positiv besetzt; ethische und
religiöse Wertvorstellungen haben sich ihm angelagert.

210

Wie steht es nun mit Lems imaginierten Robotern? Sind sie Personen? Der Roboter in »Die Maske« sagt: »Sie brauchten nicht einmal die eigene Abscheu vor dem Töten zu überwinden, da sie mich nicht für eine Person hielten, sondern für eine Henkersmaschine.« Wobei mit *sie* die anderen, die Menschen, gemeint sind.

Ohne Zweifel sind die Lemschen Roboter durch ihre Programmierung zu vernünftigem Handeln fähig. Aber haben sie ein Bewußtsein ihrer selbst? Auch das muß bejaht werden, denn sie können sich mit ihren Schöpfern argumentativ auseinandersetzen, wie Calder in »Die Verhandlung«, sich ihres Selbst bewußt werden in seiner Abgrenzung zu dem des Menschen. Was unterscheidet sie dann aber letztlich von uns? Sind sie nicht genauer, vollkommener konstruiert als ein Mensch? Werden sich nicht diese Superdubletten gegen den Menschen zusammenschließen?

Dieses von Stanisław Lem im literarischen Genre der Science-fiction immer wieder diskutierte Problem ist im Grunde nur eine Einkleidung der sehr ernsten Frage, wie der Mensch bei dem erst rudimentär entwickelten Stand seiner Selbstreflexion mit den von ihm initiierten technischen Erfindungen fertig zu werden gedenkt. Es besteht eine Diskrepanz zwischen dem technischen Wissen und der damit verbundenen Macht einzelner und den Möglichkeiten der übrigen Masse der Bevölkerung. Aus diesem Wissensungleichgewicht resultiert Unterdrückung. In zweifacher Form behandelt Lem diese Frage in seinen Büchern: einmal, indem er sich der realistischen Erzählweise bedient, zum anderen mit Hilfe der humoristisch-satirischen. Wobei man für die erste Form etwa *Die Jagd* anführen könnte, für die zweite die *Robotermärchen*.

Die Erzählung »Die Maske« ist eine Parabel. Verkürzt man die Geschichte auf ihren Inhalt, so versucht in ihr ein hochspezialisierter Android, ein denkender Automat (genauer: eine Automate), sich über sich selbst Klarheit zu verschaffen, die Herkunft seiner »Person« zu ergründen und die ihm gestellte Aufgabe – einen Menschen zu verfolgen und zu töten – damit in Einklang zu bringen.

Diese Entwicklung läßt sich am besten am Text selbst verfolgen. Nachdem der Automat ins »Leben« entlassen wird und die Schwelle zum Ballsaal überschreitet, erscheinen seinem

erwachenden Bewußtsein die Menschen wie künstliche Wesen:
»ich sah ihre Kugeln, die mir wasserglänzende Knöpfe zu-
wandten«. In Schüben wächst sein Ich-Bewußtsein: »und als
ich so stand mit geschlossenen Augen, erreichten mich von
allen Seiten Worte, denn zugleich mit dem Geschlecht war die
Sprache in mich eingetreten«. »Die Automate« zweifelt zunächst nicht daran, ein Mensch zu sein; sie fühlt zwar ihre
Andersartigkeit, sucht die Begründung dafür aber in äußeren
Umständen. Die Tragik dieser Kunstfigur liegt in der Fesse-
lung ihres Bewußtseins durch »unsichtbare Schranken«. Der
Android ist zu der Frage fähig: »Doch wer war ich? Weil es in
mir mit flüssiger Geläufigkeit dachte, begriff ich in einer Se-
kunde, wie eigenartig der Mißklang war zwischen meinem
Stand und dieser distinguierten Menge, denn jeder von ihnen
hatte seine Geschichte, seine Familie (. . .), jeder schleppte die
eigene Geschichte hinter sich her.« Der Automat fühlt *vertigo*
(Schwindel). Sein Nachdenken über sich selbst gipfelt in der
Frage, ob man eine Vielheit in einer Person sein könne, woher
es komme, daß man Erdachtes nicht vom Wirklichen zu unterscheiden vermöge. Wenn er den Weisen Arrhodes trifft, »den
der König haßt, wie niemand sonst«, und sich im Tanz mit ihm
– in Abgrenzung gegen die Menge – vorkommt, wie der einzige
Mensch unter mechanisch tanzenden Puppen, wird er sich
seines durchdringenden, schneidenden Verstandes bewußt:
»Ich mußte wohl ein verkörperter Verstand voller Schärfen
sein.« Seine Ich-Identität, die er in Frage stellen muß, weil
seine Erinnerungsreste an seinen Werdeprozeß dem sich als
Mensch Fühlenden wie ein böser Traum erscheinen müssen,
wird immer wieder in Frage gestellt. Daher rührt das Leiden
des Automaten am Bewußtsein. Er ist sich selbst ein bedrohli-
ches Rätsel. Die verschiedenen weiblichen Biographien, die
ihm eingegeben sind, lassen sich für ihn weder gleichzeitig
noch hintereinander erleben. »War ich nicht im Einklang,
nicht in Übereinstimmung mit dem eigenen Körper und Gesicht? Eine Hexe, bereit, den Zauber über jemanden zu werfen?«

Zunächst nur undeutlich ahnt der Automat, was ihn, Arrho-
des und den König verbindet. Aber in ihm ist Widerstand.
Widerstand gegen die Schranken, an die sein Denken, seine
Erinnerung stößt. Widerstand auch gegen seine Determiniert-

heit. Ein Schlüsselerlebnis ist die Erfahrung in der Kutsche, wo ein Eingriff in seine körperliche und geistige Integrität den Versuch, über seine Vergangenheit nachzudenken, jäh unterbrach. Er erfuhr diesen Eingriff als einen giftigen Stich, der das Bewußtsein ausschaltete. Alles in ihm ist Auflehnung. Was er anfangs als eine konventionelle Liebesbeziehung, eine Bindung an Arrhodes empfand, wird zum Mittel der Befreiung, das er gegen seinen Schöpfer wendet. Arrhodes ist nur noch Mittel zum Zweck: »ich musterte seine Leidenschaft wie ein Präparat unter Glas (. . .) Vielleicht war die zugespitzte Klugheit überhaupt meine einzige Vergangenheit, vielleicht war ich aus der Logik entstanden, bildete sie meine authentische Genealogie . . . Ich glaubte nicht daran. Ich war unschuldig, ja, und zugleich furchtbar schuldig.«

Die Erkenntnis wird wie im biblischen Mythos durch die Schlange, das Symbol der Klugheit, vermittelt: »Vor mir ein Aufblitzen, es sprang vor mir hoch wie ein Schlangenkopf (. . .), ein kleiner winziger Schmerz, ein Stich und dann nichts.«

Wie auch in anderen Erzählungen Lems, in denen Roboter im Mittelpunkt stehen, entgleitet das Geschöpf, das nur eine dienende Funktion haben sollte, seinem Schöpfer. Es wächst, wie der Golem des Prager Rabbi Löw, über seinen Erbauer hinaus, wenn man ihm nicht das *emeth* – das Wort Wahrheit – von der Stirn nimmt. An dieser Stelle zeigt sich einmal mehr der Parabelcharakter von Lems Erzählung.

»Ich war gestochen worden. Mein Geist dort, wo ich mich empörte, und mein Körper dort, wo ich ihn schon haßte, beide hatten also einen Bundesgenossen (. . .) o ja, er war recht geschickt gewesen, als er in die Festung eingedrungen war und mir die Rolle von innen auferlegt hatte. Aber er war nicht geschickt genug gewesen – ich hatte die Falle gesehen.« Man könnte annehmen, der Autor wolle auf eine »natürliche« Eigengesetzlichkeit des Verstandes hinweisen. Ein gleichsam eingeborenes Bestreben nach Unabhängigkeit, danach, aus dem Zustand der Unfreiheit in den der Freiheit zu gehen, als ein moralisches Prinzip, nach dessen Wurzel nicht weiter gefragt wird. Damit würde aber ein idealistisches Postulat aufgestellt, das seine Nähe zum Verstandesoptimismus der Aufklärung nicht verleugnen könnte.

Nähme man weiter an, es gelänge, einer Maschine Bewußtseins- und Verstandesmuster des Menschen einzuprägen – wie es ja tatsächlich in vielen Erzählungen Lems als in die Zukunft projizierte Möglichkeit geschieht – so müßten die Verhaltensmuster (sogar in »reinerer« Form) die Verhaltensmuster des Menschen widerspiegeln. Wenn auch die Kombinationsmöglichkeiten des *input* unendlich groß wären, bliebe das Ergebnis doch begrenzt. Die individuelle Unschärfe des menschlichen Verstandes fügt seinen Kombinationen etwas hinzu, was in der Jazzmusik *dirty notes* heißt: diese *dirty notes* machen erst die unverwechselbare Einmaligkeit einer Aufführung aus. Die reine Darstellung eines Elements, wie sie die Naturwissenschaften kennen, hat zu ihrer Vorausbedingung unbedingte Sterilität und Unvermischtheit aller zum Versuch notwendigen Substanzen. Ein um seine Geschichtlichkeit, gesellschaftliche Bedingtheit verstümmeltes Bewußtsein, wie man es Automaten eingeben könnte, taugte allein zum Gedankenspiel. Es hätte keine Relevanz für die Wirklichkeit.

Die Erzählung »Die Maske« zeigt modellhaft: Leiden am Bewußtsein und die Auseinandersetzung zwischen Staatsgewalt und Individuum. Zur Staatsgewalt ist – trotz aller Rebellion – auch der Automat zu rechnen, der den Weisen verfolgen soll. Übrigens trägt diese Stilisierung in Figuren wie »Weiser« oder »König« dazu bei, die Zeitgrenzen der Erzählung zu verwischen. Sie gewinnt mythisch-märchenhafte Züge, innerhalb derer dann auch, ganz im Sinne der besonderen Logik des Märchens, Gesetze gelten, die wie magische Male aus ihr hervorragen: »Der König hatte seiner sterbenden Mutter geschworen, wenn ein böses Los den Weisen träfe, so wäre es selbstgewählt.«

Lems Erzählung entfaltet sich in einer vom Menschen gestalteten Natur, die gleichwohl von Wildnis und unzugänglichen Berglandschaften umgeben ist. Ihre Welt ist ein Ort, der sich historischer Lokalisierbarkeit entzieht. Er trägt aber deutliche Züge einer feudalistischen Herrschaftsordnung. Diese verfestigt sich gleichsam in den barocken Schloßbauten und französischen Parkanlagen, in denen sich die Figuren bewegen. Wir haben eine Modelllandschaft vor uns; Modell des Herrschaftsgedankens, der bis heute in solcher Architektur überlebte. Die Welt des Barock, die der Autor zitiert, ist aber auch gleichzeitig die Zeit der Aufklärung. Des bedingungslosen

Glaubens an die menschliche Vernunft, eines im Verstand begründeten Optimismus, dem keine Grenzen gesetzt schienen. Im Ambiente dieses noch ungebrochenen Selbstvertrauens in die eigenen Verstandeskräfte gediehen die Versuche der Konstrukteure von mechanischem Spielzeug und Androiden, unter denen Vaucansons Flötenspieler aus dem Jahre 1738 der berühmteste war. Naturwissenschaftlicher, technischer Fortschritt stand – von hier ausgehend – für Fortschritt schlechthin. Der Optimismus der frühen Aufklärer ließ voreilig die verfestigten gesellschaftlichen Bedingtheiten und Herrschaftsstrukturen außer acht. Er, der sich zunächst auf die *ganze* Menschheit richtete, zeitigte nur allzurasch in der Praxis jene Skepsis, der des Lebens goldener Baum ergrünte. Die kurze Blüte der Französischen Revolution wuchs aus diesem Boden. Die alten Mächte erwiesen sich freilich zu jenem geschichtlichen Zeitpunkt als die stärkeren. Die Göttin der Vernunft, in ihrer theatralischen Erscheinung, verschwand in der Versenkung, und die Glocken von Notre Dame läuteten wenig später zur Krönung Napoleons.

Von heute aus gesehen, lag sehr viel Naivität in dem Versuch, die »Schöpfung« nachvollziehen zu wollen und womöglich zu verbessern. Aber die berühmten Mechaniker des 18. Jahrhunderts, wie die Maillards, Jacques de Vaucanson, die Familie Jaquet-Droz, in Deutschland unter anderen Siegmayer und von Kempelen, konnten sich ja in ihrer *imitatio naturae* auf Schriften zeitgenössischer Philosophen berufen, in denen eine mechanistische Weltauffassung vertreten wurde. Julien Offray de la Mettrie mit seiner Abhandlung *Der Mensch eine Maschine* war der bekannteste unter ihnen: »Aber wenn nun alle Fähigkeiten der Seele dermaßen von der eigentümlichen Organisation des Gehirns und des ganzen Körpers abhängen, daß sie augenscheinlich nur eben diese Organisation selbst sind, so haben wir eine sehr erleuchtete Maschine vor uns (. . .) Würde denn die Organisation zu allem genügen? Ja, noch einmal. Da doch der Gedanke sich sichtlich mit den Organen entwickelte, warum sollte der Stoff, aus dem sie bestehen, nicht ebenso für Gewissensbisse empfänglich sein, wenn er einmal mit der Zeit die Fähigkeit zu empfinden erlangt hat.«[2]

Die Automatenbauer und Mechaniker standen zumeist in Diensten des Staates, das heißt des Königs oder des Adels. Zu ihren vielfältigen Aufgaben gehörte es auch, für die Theatermaschinen, die Wasser- und Feuerkünste, die *trionfi* zu sorgen, die allesamt dazu dienten, die Macht des Alleinherrschers zu überhöhen. Mit einem Griff in den Fundus der antiken Mythologie wurde selbst der kleinste Duodezfürst zu einem Zeus drapiert. Die künstlichen Menschen muten wie eine Verdinglichung der Idee vom Kadavergehorsam an, den man durch einen unmenschlichen Drill in die bezopften Soldaten hineinprügelte. Ein absolutistischer Alleinherrscher bedachte stets nur die Intellektuellen mit Gratifikationen, welche sich ihm und seinem System der Herrschaft als nützlich erwiesen. In Lems »Maske« sind es die »königlichen Büchsenmacher«. Der Weise Arrhodes dagegen ist der in allen Jahrhunderten verfolgte Typus des nonkonformistischen Intellektuellen, der Ahasver der Freiheit, seine Asymmetrie der Symmetrie der Herrschaftsarchitektur und der linear ausgerichteten Schlachtreihen der Heere entgegensetzend: »Seine Züge hielten die Asymmetrie einer anmutigen Häßlichkeit fest, wie sie dem Verstande eigen ist.«

Es spricht für die Ironie des Autors, daß er als Werkzeug für die Verfolgung des Arrhodes ein Kunstprodukt einsetzt, das selbst ganz Verstand ist, weil es aus überragendem Verstand gebildet wurde. Es ist ein Produkt des Verrates des Geistes an sich selbst.

Lems Erzählkunst ist doppelbödig. Sie läßt es zu, seine Texte auf verschiedenen Ebenen zu rezipieren. Das erinnert an die Struktur gewirkter Textilien, deren schimmernde Oberfläche vergessen läßt, daß ihre Rückseite das kunstvolle Muster in seiner handwerklichen Textur bewahrt, daß dort sich die Fäden des Bildes verschlingen, welches die Schauseite des Gewebes zeigt. »Die Maske« hat surrealistische Züge; denn bei allem Realismus, den das erzählende Ich des reflektierenden Automaten vermittelt, worin er sich uns darzustellen versucht als ein lebendiges Wesen, haftet ihm doch die schwindelerregende Eindimensionalität an, die ähnlich uns nur erfaßt, wenn der Blick sich in die saugende Tiefe verliert, die gegenübergestellte Spiegel illusionieren.

In seiner Rezension des Buches von Tzvetan Todorov, *Introduction à la litterature fantastique*[3] berührt Stanisław Lem einige Probleme, die sich im Zusammenhang mit Kafkas Erzählungen für die strukturalistische Literaturtheorie ergeben. Lems Deutung der Kafkaschen Texte gilt ebenso für seine Erzählung »Die Maske«. »Mit einem Wort – ein solcher Text basiert auf antinomischen Kompositionsregeln. Er erweckt das Gefühl von Tiefe und Grundlosigkeit und schöpft seine Ausdruckskraft aus der Menge, hier von uns nur beispielsweise erwähnter Unbestimmtheiten, Unschärferelationen, und dank dieses widerspruchsvollen Aufbaus erreicht ein solcher Text den Zustand einer vollkommen semantischen Schwebe. Ein solcher Text scheint dann mehreren verschiedenen Aussagemodalitäten anzugehören, die – wenn rein logisch betrachtet – bisher als ›koexistenzunfähig‹ galten.«[4]

In ihrem Parabelcharakter ist »Die Maske« manchen Texten Kafkas verwandt. Zur »Verwandlung« bestehen thematische Verbindungen. Hier wie dort wird die Transformation eines denkenden Wesens in einen äußerlich anderen Zustand beschrieben, der aber die Möglichkeit zur Reflexion des vorhergegangenen zuläßt. Der Schock, den die »Verwandlung« vermittelt, entsteht durch die Verbindung von ungerührter realistischer Erzählweise mit phantastischem, ›unbegreiflichem‹ Inhalt. Solche Realitätseinbrüche können nur durch einen analogen Vorgang aus einem anderen Vorstellungsbereich erhellt werden, der zwar textimmanent vorgeprägt ist, aber letztlich über den Text hinausweist. Innerhalb der Bedingungen unserer Wirklichkeit ist eine Verwandlung wie diese nicht vorstellbar:

»Als Gregor Samsa eines Morgens aus unruhigen Träumen erwachte, fand er sich in seinem Bett zu einem ungeheuren Ungeziefer verwandelt.«[5]

Aus dieser totalen Negation aller Naturgesetze, die hinzunehmen dem Leser im Verlaufe der Erzählung nahegelegt wird, die außerdem auch der konventionellen Erwartung entgegenläuft, die sich mit realistischem Erzählstil verbindet, ergibt sich für den Leser der Zwang, die Deutung in den Rezeptionsvorgang einzuschließen. Zu Anfang fragte sich der Leser vielleicht noch mit Gregor Samsa selbst, ob nicht Traumreste in den trüben Alltag des Handlungsreisenden hineinragten und in Kürze sich alles vernünftig auflösen würde, aber er sieht sich getäuscht. Diese Deutung greift zu kurz, denn das Ungeheure ist im Rahmen der Erzählung Realität. In deren Kontext findet sich keine befriedigende Erklärung. Diese müßte also auf einer Metaebene zu suchen sein.

Ebenso schockierend ist der entsprechende Vorgang in der »Maske«. Bis zum Zeitpunkt der Verwandlung kann der Leser sicher sein, im erzählenden Ich eine makellos schöne junge Frau, überaus klug und empfindsam, vor sich zu haben. In einer Szene von realistischer Eindringlichkeit – die einen Geburtsvorgang travestiert – entschlüpft ihrem Körper ein metallisches Wesen, die vorherige Gestalt wie eine Puppenhülle zurücklassend. Wobei in einer Verkehrung der »Naturgesetzlichkeiten« in diesem Falle nicht aus dem »Häßlichen« das »Schöne« – aus der Puppe der Schmetterling – schlüpft.

Die Entstehung der Welt und die Geburt neuen Lebens sind zwei Geheimnisse, an die sich in der Geschichte der Menschheit Mythen und religiöse Vorstellungen knüpften. Zu den ersten literarischen Zeugnissen der menschlichen Geschichte gehören Schöpfungsmythen. In ihnen tritt uns das Geschöpf meist als ein fertig gebildetes entgegen. Der Schöpfungsakt ist um die Dimension des Aufwachsens, der Erziehung innerhalb gesellschaftlicher Bedingtheiten verkürzt. Beim Schöpfungsmythos trifft man meist auch auf ein Schuldbewußtsein des Geschöpfes gegenüber seinem Schöpfer; dem Schöpfer, als der Abstraktion aller Überichfunktionen.

Es liegt nahe, versteht man die Konstruktion eines Androiden als eine *imitatio naturae,* diesen Prozeß in die Nähe der Schöpfungsmythen zu rücken, wie es in Lems »Maske« geschieht. Zum Vergleich seien der Anfang der Genesis und der der Lemschen Erzählung nebeneinander zitiert:

»Am Anfang schuf Gott Himmel und Erde. Und die Erde war wüst und leer, und es war finster auf der Tiefe; und der Geist Gottes schwebte auf dem Wasser. Und Gott sprach: Es werde Licht. Und es ward Licht.«

»Am Anfang war die Dunkelheit . . . die Welt öffnete sich mir als weite Welt, als in Farben zerlegter Glanz, auch weiß ich noch, wieviel Erstaunen in meiner Bewegung war, als ich die Schwelle überschritt (. . .).«

Im Gedankenspiel, einen vollkommenen Automaten zu konstruieren, klingt die alte Vorstellung der Aufklärung an, mit Hilfe des Verstandes die Welt neu, vollkommener zu schaffen; der von der Irrationalität der Weltläufe verletzte Verstand zieht sich skeptisch auf sich selbst zurück. Wie im Marionettentheater Kleists findet er die verlorene Unschuld des Menschen in den Puppen wieder. So kann Stanisław Lem in der Erzählung »Terminus« schreiben: »Er mußte an die Unschuld von Maschinen denken, die der Mensch der Vernunft beraubt und sie dadurch zu Teilnehmern seiner Wahnsinnstaten gemacht hatte. Er dachte daran, daß der Mythos von Golem, der rebellischen Maschine, die gegen den Menschen aufbegehrte, eine Lüge war – nur dazu ersonnen, damit jene, die für all das die Verantwortung trugen, ihre Schuld abwälzen konnten.«[6]

Lems Androiden haben eine fatale Neigung zur »Beichte«. Schon in der »Verhandlung« eröffnen sich die Roboter nacheinander dem Piloten Pirx. Ihm war die Aufgabe gestellt worden, mit einer aus Menschen und Androiden zusammengestellten Crew zu fliegen. Wer zu welcher Gruppe gehörte, war ihm während des Testflugs nicht bekannt. Vor dem Abflug gibt ihm der Ingenieur McGuirr einige Hinweise über die »Natur« der Automaten:

»›Es gibt Unterschiede, gewiß, aber wie gesagt: Erst ein Arzt würde sie erkennen.‹ ›Und in psychischer Hinsicht?‹ ›Das Gehirn haben sie im Kopf! Das ist unser größter Triumph!‹ rief McGuirr mit echtem Stolz. ›Inteltron hat es bisher im Rumpf installiert, weil es zu groß war. Wir dagegen haben es als erste im Kopf untergebracht!‹

›Sagen wir als zweite. Die erste war Mutter Natur . . .‹ (. . .) ›Wenn Sie ein wenig in der einschlägigen Literatur bewandert sind, dürfte Ihnen ja im übrigen folgendes bekannt sein: Ein Roboter, der dem Menschen geistig ebenbürtig ist und zugleich unfähig zu lügen oder zu betrügen – so etwas ist reine Fiktion. Man kann entweder nur vollwertige Äquivalente herstellen oder Marionetten. Einen dritten Weg gibt es nicht.‹«[7]

So stellen sich Lems Roboter dar, als eine permanente Herausforderung an den Menschen, der sich seiner selbst im Vergleich mit ihnen bewußt wird. Wenn ihr Gehirn ein »probabilistisches System« wie das menschliche ist und Bewußtsein definiert wird als: »ein Teil der Prozesse im Gehirn, der insoweit davon losgelöst ist, als er im subjektiven Empfinden eine Einheit darstellt . . .«, diese Einheit aber nur eine »Vorspiegelung der Introspektion« wäre, so ist das Denkmodell des hochspezialisierten Automaten eine der größten Versuchungen des menschlichen Geistes.

Daß diese humanisierten Automaten die Neigung haben, sich ihren Erbauern in völliger Mimikry anzugleichen – auch in Bereichen, in denen ihr Wollen an die eisernen Grenzen ihrer gefertigten Körperlichkeit stößt – macht sie zum Objekt satirischer Betrachtung.

Zur Parodie des Beichtvorgangs wird die Vision, die Lem in der »Maske« beschwört: Die schimmernde metallische Gottesanbeterin und der weißgekleidete Priester in der Morgendämmerung des Klostergartens. Die Maschine will ihm etwas anvertrauen, womit sie allein nicht fertig wird, und der Priester nimmt »aus Gewohnheit die Pose des Beichtvaters« an. Die Szene hat mittelalterliches Gepräge, sie erinnert an Bilder von Hieronymus Bosch oder des Höllen-Breughel. Sieht man den Automaten im Rahmen einer christlichen Weltanschauung, so ist er ein aus der Schöpfung herausgefallenes Wesen – ein Aftergeschöpf. Und wenn sich Menschen an Gott wenden, was bleibt dem Automaten, als sich an seinen Schöpfer, den Menschen, zu halten. Der sturen Logik dieser Konstruktion entspringt ihre Absurdität. Man zögert, es Mitleid zu nennen, was sich einstellt, wenn der Automat in der »Maske« an die Grenzen seines eingekapselten, verplombten Denksystems stößt.

Worin besteht nun aber die widersprüchliche Faszination der Androiden oder Puppen, die uns zugleich anziehen und abstoßen? Der Puppe haftet etwas Magisches an. Sie hat zwei Gesichter: das eine ist das ernste strenge Antlitz, mit dem sie als Fetisch oder Götterbild Mächte vertritt, die über ihre Materialität hinausweisen; das andere dagegen bewahrt das starre Lächeln des Kinderspielzeugs in seiner vielgeliebten Anmut. Was sie gemeinsam haben, ist, daß sie sich erst unter dem Blick des Menschen beleben, der sie beseelt.

Eine ihrer Spielarten ist in unserer Gesellschaft heruntergekommen zur Schaufensterpuppe, der leblosen Schwester des Mannequins. Sie ist Träger der Ware, die ihr auf möglichst »natürliche« Weise überdrapiert wird mit der Absicht, die Vorstellungskraft des Käufers zu entzünden. Der Käufer, indem er sich an die Stelle der Puppe setzt, träumt sich als Besitzer der ausgestellten Ware. In dieser Funktion wird die

Puppe, wie es auch Bruno Schulz sieht, zur Parodie des Menschen.

Sehr viel von diesem Puppenhaften haben die Androiden oder Roboter; denn ihre menschenähnliche Gestalt steht in keinem Bezug zu ihrer Funktion, es sei denn, um über ihre wahre Natur hinwegzutäuschen. Ihre übergeworfene Gestalt, die eine Lüge ist, entpuppt sich als Maske.

Anmerkungen

1 Bruno Schulz, *Die Zimtläden* (dtv 496). München 1968, S. 41.
2 Klaus Völker (Hrsg.), *Künstliche Menschen*. (Bibliotheca Dracula) München 1971, S. 78.
3 Tzvetan Todorov, *Einführung in die fantastische Literatur*. München 1972. (Originalausgabe: Paris 1970)
4 Rein A. Zondergeld (Hrsg.), *Phaïcon I* (insel taschenbuch 69) S. 109. (Stanisław Lem, Tzvetan Todorovs Theorie des Phantastischen)
5 Franz Kafka, *Erzählungen*. Frankfurt 1961, S. 39.
6 Stanisław Lem, *Test*. (Fischer Bücherei Nr. 1156) Frankfurt 1971, S. 163.
7 Stanisław Lem, *Die Jagd*. (Phantastische Wirklichkeit. Science Fiction der Welt) Frankfurt 1973, S. 168.

Franz Rottensteiner und Klaus Staemmler
Stanisław-Lem-Bibliographie
Stand: 1. 5. 1981

A. Polnische Erstausgaben

Astronauci (Die Astronauten, deutsch *Der Planet des Todes* bzw. *Die Astronauten*). Warszawa: Czytelnik 1951, 398 S.
Bisher 8 Ausgaben mit insgesamt 195 000 Exemplaren.
Sezam i inne opowiadania (Sesam und andere Erzählungen). Warszawa: Iskry 1954, 226 S.
2 Auflagen mit zusammen 70 000 Exemplaren. *Sezam* enthält u. a. die ersten Erzählungen aus dem Zyklus *Sterntagebücher*.
Inhalt: *Topolny i Czwartek (Topolny und Czwartek); Kryształowa kula (Die Kristallkugel); Sezam (Sesam); Electronic Subversive Ideas Detector; Klient PANABOGA; Hormon agatotropowy (Das agathotrope Hormon); Dzienniki gwiazdowe Ijona Tichego (Die Sterntagebücher Ijon Tichys): Przedmowa (Vorrede), Podróż dwudziesta druga (Zweiundzwanzigste Reise), Podróż dwudziesta trzecia (Dreiundzwanzigste Reise), Podróż dwudziesta czwarta (Vierundzwanzigste Reise), Podróż dwudziesta piąta (Fünfundzwanzigste Reise), Podróż dwudziesta szósta i ostatnia (Sechsundzwanzigste und letzte Reise).*
Obłok Magellana (Die Magellansche Wolke, deutsch *Gast im Weltraum*). Warszawa: Iskry 1955, 422 S.
Bisher 6 Auflagen mit rund 130 000 Exemplaren.
Czas nieutracony (Die nicht verlorene Zeit, deutsch *Die Irrungen des Dr. Stefan T.* bzw. für Band 1 *Das Hospital der Verklärung*). Kraków: Wydawnictwo Literackie 1955, 662 S.
3 Auflagen mit zusammen 40 000 Exemplaren. Die Bände 2 und 3 wurden von Lem später verworfen und Band 1 auch allein publiziert: *Szpital Przemienienia* (deutsch *Das Hospital der Verklärung*). Warszawa: Czytelnik 1975, 309 S., 20 000 Exemplare.
Dialogi (Dialoge). Kraków: Wydawnictwo Literackie 1957, 322 S.

2 Ausgaben mit zusammen 13 000 Exemplaren, kybernetische Dialoge in der Art von Berkeleys Hylas und Philonous. Die 2. Auflage enthält auch einige andere philosophische Essays.

Dzienniki gwiazdowe (deutsch *Sterntagebücher*). Warszawa: Iskry 1957, 257 S.
1. Ausgabe unter diesem Namen, noch zusammen mit anderen Erzählungen; seitdem 4 weitere, umfangreiche Ausgaben wechselnden Inhalts mit zusammen 110 000 Exemplaren.
Inhalt 1. Ausgabe: *Czy Pan istnieje, Mr. Johns? (Gibt es Sie, Mr. Johns?); Szczur w labiryncie (Die Ratte im Labyrinth); Koniec świata o ósmej (Weltende um 8 Uhr);*
Dzienniki gwiazdowe Ijona Tichego (Die Sterntagebücher Ijon Tichys): Podróż dwunasta (Zwölfte Reise), Podróż trzynasta (Dreizehnte Reise), Podróż czternasta (Vierzehnte Reise), Podróż dwudziesta druga (Zweiundzwanzigste Reise), Podróż dwudziesta trzecia (Dreiundzwanzigste Reise), Podróż dwudziesta czwarta (Vierundzwanzigste Reise), Podróż dwudziesta piąta (Fündundzwanzigste Reise), Podróż dwudziesta szósta (Sechsundzwanzigste Reise).
Inhalt 4. Ausgabe: *Wstęp (Einleitung); Wstęp do rozszerzonego wydania (Einleitung zur erweiterten Ausgabe);*
Z dzienników gwiazdowych Ijona Tichego (Aus den Sterntagebüchern Ijon Tichys): Podróż siódma, – ósma, – jedenasta, – dwunasta, – trzynasta, – czternasta, – osiemnasta, – dwudziesta, – dwudziesta pierwsza, – dwudziesta druga, dwudziesta trzecia, dwudziesta czwarta, – dwudziesta piąta, – dwudziesta ósma (7., 8., 11., 12., 13., 14., 18., 20., 21., 22., 23., 24., 25., 28. Reise);
Ze wspomnień Ijona Tichego I, II, III, IV, V [Tragedia pralnicza] (Aus den Erinnerungen Ijon Tichys I, II, III, IV, V [Waschmaschinen-Tragödie]);
Zakład Doktora Vliperdiusa (Die Anstalt des Doktor Vliperdius); Doktor Diagoras; Ratujmy kosmos – List otwarty Ijona Tichego (Retten wir den Kosmos – Offener Brief Ijon Tichys).
Eden (deutsch *Eden*). Warszawa: Iskry 1959, 265 S.
2 Auflagen mit zusammen 150 000 Exemplaren.
Śledztwo (deutsch *Die Untersuchung*). Warszawa: Wydawnictwo Ministerstwa Obrony Narodowej 1959, 211 S.
2 Auflagen mit zusammen 85 000 Exemplaren.

Inwazja z Aldebarana (Invasion vom Aldebaran). Kraków: Wydawnictwo Literackie 1959, 304 S.

Erzählungen, darunter die ersten Pirx-Geschichten; 10 000 Exemplare.

Inhalt: *Inwazja (Die Invasion); Przyjaciel (Der Freund); Test; Patrol (Die Patrouille); Albatros; Exodus; Inwazja z Aldebarana (Invasion vom Aldebaran); Ciemność i pleśń* (Dunkelheit und Schimmel, deutsch *Nacht und Schimmel*); *Młot (Der Hammer)*.

Powrót z gwiazd (Rückkehr von den Sternen, deutsch *Transfer*). Warszawa: Czytelnik 1961, 243 S.

3 Auflagen mit zusammen 80 000 Exemplaren.

Solaris (deutsch *Solaris*). Warszawa: Wydawnictwo Ministerstwa Obrony Narodowej 1961, 197 S.

6 Ausgaben mit zusammen 130 000 Exemplaren, eine davon zusammen mit *Niezwyciężony. Solaris* ist Lems bekanntester Roman, er wurde bislang in 20 Sprachen übersetzt.

Pamiętnik znaleziony w wannie (deutsch *Memoiren, gefunden in der Badewanne*). Kraków: Wydawnictwo Literackie 1961, 294 S.

2 Auflagen, 30 000 Exemplare.

Księga robotów (Das Buch der Roboter). Warszawa: Iskry 1961, 304 S.

10 000 Exemplare.

Inhalt: *Dzienniki gwiazdowe Ijona Tichego (Die Sterntagebücher Ijon Tichys): Podróż jedenasta, – dwunasta, – czternasta, – dwudziesta druga, – dwudziesta trzecia, – dwudziesta czwarta, – dwudziesta piąta (11., 12., 14., 22., 23., 24., 25. Reise);*
Ze wspomnień Ijona Tichego (Aus den Erinnerungen Ijon Tichys) I, II, III, IV;
Formuła Lymphatera (Die Lymphatersche Formel); Terminus.

Wejście na orbitę (Start in die Umlaufbahn). Kraków: Wydawnictwo Literackie 1962, 237 S.

Essays; 2500 Exemplare.

Inhalt: *Gwiazdy nawigacyjne (Navigationssterne): Science Fiction; O powieści kryminalnej (Über den Kriminalroman); Zagęszczanie duchów (Die Verdichtung der Geister); Kto jest głuchy (Wer ist taub); Nowe bajki amerykańskie (Neue ame-*

plaren; 20 000 Exemplare von *Niezwyciężony* erschienen außerdem zusammen mit *Solaris* in einem Band und 140 000 in dem Band *Opowiadania wybrane*.

Inhalt: *Niezwyciężony (Der Unbesiegbare); Prawda (Die Wahrheit); Z dzienników gwiazdowych Ijona Tichego – Podróż siódma (Aus den Sterntagebüchern Ijon Tichys – die siebente Reise); Zakład Doktora Vliperdiusa (Die Anstalt des Doktor Vliperdius); Ratujmy kosmos (Retten wir den Kosmos)*.

Summa technologiae (deutsch *Summa technologiae*). Kraków: Wydawnictwo Literackie 1964, 470 S.

Eine philosophische Futurologie; 3 Auflagen mit zusammen 20 000 Exemplaren.

Bajki robotów (deutsch *Robotermärchen*). Kraków: Wydawnictwo Literackie 1964, 237 S.

7000 Exemplare; spätere Ausgaben in der *Cyberiada*.

Inhalt: *Trzej elektrycerze (Drei Elektritter); Uranowe uszy (Die Uranohren); Jak Erg Samowzbudnik Bladawca pokonał (Erg Selbsterreg überwindet den Bleichling); Skarby króla Biskalara (Die Schätze des Königs Biskalar); Dwa potwory (Zwei Ungeheuer); Biała śmierć (Der Weiße Tod); Jak Mikromił i Gigacyan ucieczkę mgławic wszczęli (Wie Winzlieb und Gigelanz die Nebelflucht auslösten); Bajka o maszynie cyfrowej, co ze smokiem walczyła (Das Märchen von der Rechenmaschine, die gegen den Drachen kämpfte); Doradcy króla Hydropsa (Die Räte des Königs Hydrops); Przyjaciel Automateusza (Der Freund des Automatthias); Król Globares i mędrcy (König Globares und die Weisen); Bajka o królu Murdasie (Das Märchen vom König Murdas); Jak ocalał świat (Die Rettung der Welt); Maszyna Trurla (Trurls Maschine); Wielkie lanie (Die Tracht Prügel)*.

Cyberiada (Die Kyberiade). Kraków: Wydawnictwo Literackie 1965, 302 S.

Die Erzählungen von Trurl und Klapaucius; 4 Ausgaben mit zusammen 110 000 Exemplaren.

Inhalt 1. Auflage: *Siedem wypraw Trurla i Klapaucjusza (Die sieben Reisen des Trurl und Klapaucius): Wyprawa pierwsza czyli pułapka Gargancjana (Die erste Reise oder die Falle des Gargancjan), Wyprawa pierwsza A czyli Elektrybałt Trurla (Die Reise Nr. 1 A oder Trurls Elekribald), Wyprawa druga*

czyli oferta króla Okrucyusza (Die zweite Reise oder das Angebot des Königs Grausamius), Wyprawa trzecia czyli smoki prawdopodobieństwa (Die dritte Reise oder die Drachen der Wahrscheinlichkeit), Wyprawa czwarta czyli o tym, jak Trurl kobietron zastosował, królewicza Pantarktyda od mąk miłosnych chcąc zbawić, i jak potem do użycia dzieciomiotu przyszło (Vierte Reise oder wie Trurl ein Feminatron anwandte, um Prinz Pantarktis von seinen Liebesqualen zu erlösen, und wie es zur Anwendung des Kinderwerfers kam), Wyprawa piąta czyli o figlach króla Baleryona (Fünfte Reise oder König Balerions Streiche), Wyprawa piąta A czyli konsultacja Trurla (Die Reise Nr. 5 A oder Trurls Ratschlag), Wyprawa szósta czyli jak Trurl i Klapaucjusz demona drugiego rodzaju stworzyli, aby zbójcę Gębona pokonać (Sechste Reise oder wie Trurl und Klapaucius einen Dämon Zweiter Ordnung schufen, um Mäuler den Räuber zu besiegen), Wyprawa siódma czyli o tym, jak własna doskonałość Trurla do złego przywiodła (Siebente Reise oder wie Trurls eigene Vollkommenheit ihn zum Bösen führte), Bajka o trzech maszynach opowiadających króla Genialona (Das Märchen von den drei Erzählmaschinen des Königs Genialon);
Z dzieła Cyfrotikon, czyli o dewijacyjach, superfiksacyjach a waryacyjach serdecznych: O królewiczu Ferrycym i królewnie Krystali (Aus dem Werk Zifferoticon, Das ist: Von Ab- und Irrschweifferey, Versteiffung & Thorheit des Herzens: Von dem Königssohn Ferrenz und der Prinzessin Kristalla).
Inhalt 2. Auflage: Zusätzlich alle *Robotermärchen*, ohne *König Balerions Streiche*, ferner *Altruizyna (Altruisin)*.
Inhalt 3. Auflage, illustriert von Daniel Mróz: Wie 2. Auflage, zusätzlich: *Kobyszczę (Experimenta Felicitologica)*.
Polowanie (Die Jagd). Kraków: Wydawnictwo Literackie 1965, 142 S.
Erzählungen; 7000 Exemplare.
Inhalt: *Dwóch młodych ludzi (Zwei junge Männer); Polowanie (Die Jagd); Wypadek (Der Unfall); Opowiadanie Pirxa (Prix erzählt); Altruizyna (Altruisin).*
Ratujmy kosmos i inne opowiadania (Retten wir den Kosmos und andere Erzählungen). Kraków: Wydawnictwo Literackie 1966, 236 S.
Eine Auswahl aus bereits früher veröffentlichten Erzählun-

gen; 20 000 Exemplare.

Inhalt: *Test; Albatros; Ze wspomnień Ijona Tichego (Aus den Erinnerungen Ijon Tichys); Ratujmy kosmos (Retten wir den Kosmos); Prawda (Die Wahrheit); Przyjaciel (Der Freund); Młot (Der Hammer); Bajka o królu Murdasie (Das Märchen vom König Murdas); Jak ocalał świat (Die Rettung der Welt); Wyprawa szósta czyli jak Trurl i Klapaucjusz demona drugiego rodzaju stworzyli, aby zbójcę Gębona pokonać (Die sechste Reise oder wie Trurl und Klapaucius einen Dämon Zweiter Ordnung schufen, um Mäuler den Räuber zu besiegen).*

Wysoki Zamek (deutsch *Das Hohe Schloß*). Warszawa: Wydawnictwo Ministerstwa Obrony Narodowej 1966, 207 S.

2. Auflage Warszawa: Czytelnik 1968, 211 S.

3 Auflagen mit zusammen 70 000 Exemplaren.

Opowieści o pilocie Pirxie (deutsch *Pilot Pirx*). Kraków: Wydawnictwo Literackie 1968, 338 S.

Die gesammelten Pirx-Erzählungen; 3 Ausgaben mit zusammen 90 000 Exemplaren.

Inhalt 1. Auflage: *Test; Patrol (Die Patrouille); Albatros; Terminus; Odruch warunkowy (Der bedingte Reflex); Polowanie (Die Jagd); Wypadek (Der Unfall); Opowiadanie Pirxa (Pirx erzählt); Rozprawa (Die Verhandlung).*

Inhalt 2. Auflage: zusätzlich *Ananke.*

Głos pana (Die Stimme des Herrn). Warszawa: Czytelnik 1968, 284 S.

Roman; 4 Ausgaben mit zusammen 90 000 Exemplaren, davon 2 (60 000 Exemplare) zusammen mit *Kongres futurologiczny.*

Filozofia przypadku (Philosophie des Zufalls). Kraków: Wydawnictwo Literackie 1968, 608 S.

Eine empirische Theorie der Literatur; 2 Auflagen mit zusammen 13 000 Exemplaren.

Opowiadania (Erzählungen). Kraków: Wydawnictwo Literackie 1969, 288 S.

Die gesammelten Erzählungen, soweit sie keinem Zyklus angehören; 15 000 Exemplare.

Inhalt: *Czy Pan istnieje, Mr. Johns? (Gibt es Sie, Mr. Johns?); Szczur w labiryncie (Die Ratte im Labyrinth); Inwazja (Die Invasion); Przyjaciel (Der Freund); Inwazja z Aldebarana*

(Invasion vom Aldebaran); Ciemność i pleśń (Nacht und Schimmel); Młot (Der Hammer); Formuła Lymphatera (Die Lymphatersche Formel); »Pamiętnik« (»Tagebuch«); Dwóch młodych ludzi (Zwei junge Männer).

Fantastyka i futurologia (deutsch *Phantastik und Futurologie*). Kraków: Wydawnictwo Literackie 1970, 2 Bände, 292 und 458 S.

Eine Untersuchung der Science Fiction; 2 Auflagen mit zusammen 15 000 Exemplaren.

Doskonała próżnia (deutsch *Die vollkommene Leere*). Warszawa: Czytelnik 1971, 238 S.

2 Ausgaben mit zusammen 40 000 Exemplaren, die 2. davon zusammen mit *Wielkość urojona*.

Inhalt: *Stanisław Lem: »Doskonała próżnia« (Die vollkommene Leere); Marcel Coscat: »Les Robinsonades«; Patrick Hannahan: »Gigamesh«; Simon Merril: »Sexplosion«; Alfred Zellermann: »Gruppenführer Louis XVI.«; Solange Marriot: »Rien du tout, ou la conséquence«; Joachim Fersengeld: »Pericalypsis«; Gian Carlo Spellanzani: »Idiota«; »Do yourself a book«; Kuno Mlatje: »Odys z Itaki« (Odysseus aus Ithaka); Raymond Seurat: »Toi«; Alistair Waynewright: »Being Inc.«; Wilhelm Klopper: »Die Kultur als Fehler«; Cezar Kouska: »De Impossibilitate Vitae, De Impossobilitate Prognoscendi«; Alfred Testa: »Nowa Kosmogonia« (Die Neue Kosmogonie).*

Bezsenność (Schlaflosigkeit). Kraków: Wydawnictwo Literackie 1971, 313 S.

Erzählungen; 30 000 Exemplare.

Inhalt: *Ze wspomnień Ijona Tichego. Kongres futurologiczny (Aus den Erinnerungen Ijon Tichys. Der futurologische Kongreß); Non serviam; Ananke; Przekładaniec (Schichttorte); Kobyszczę (Experimenta Felicitologica).*

Wielkość urojona (deutsch *Imaginäre Größe*). Warszawa: Czytelnik 1973, 170 S.

Einleitungen zu nicht existierenden Büchern; 2 Ausgaben mit zusammen 50 000 Exemplaren, davon 20 000 vereint mit *Doskonała próżnia*.

Inhalt: *Wstęp (Einführung); Cezary Strzybisz: »Nekrobie« (Nekrobien); Reginald Gulliver: »Eruntyka« (Eruntik); Juan Rambellais: »Historia literatury bitycznej« (Geschichte der bitischen Literatur); »Ekstelopedia Vestranda w 44 magneto-*

229

mach« *(Vestrands Extelopädie in 44 Magnetbänden); Vestranda Ekstelopedia – arkusz próbny« (Vestrands Extelopädie: Probebogen); Golem XIV.*

Opowiadania wybrane (Ausgewählte Erzählungen). Kraków: Wydawnictwo Literackie 1973, 488 S.

Auswahlband für den Schulunterricht; auf besonderen Wunsch des polnischen Unterrichtsministeriums enthält diese Sammlung auch den Roman *Niezwyciężony*. 3 Auflagen mit zusammen 140 000 Exemplaren.

Inhalt: *Przyjaciel (Der Freund); Terminus; Ze wspomnień Ijona Tichego I (Aus den Erinnerungen Ijon Tichys I); Ratujmy kosmos (Retten wir den Kosmos); Jak ocalał świat (Die Rettung der Welt); Bajka o królu Murdasie (Das Märchen vom König Murdas); Wyprawa pierwsza A czyli Elekrybałt Trurla (Die Reise Nr. 1 A oder Trurls Elektribald); Wyprawa szósta czyli jak Trurl i Klapaucjusz demona drugiego rodzaju stworzyli, aby zbójcę Gębona pokonać (Die sechste Reise oder wie Trurl und Klapaucius einen Dämon Zweiter Ordnung schufen, um Mäuler den Räuber zu besiegen); Rozprawa (Die Verhandlung); Polowanie (Die Jagd); Niezwyciężony (Der Unbesiegbare).*

Rozprawy i szkice (Abhandlungen und Skizzen). Kraków: Wydawnictwo Literackie 1975, 360 S.

Essays; 10 000 Exemplare.

Inhalt: *Wstęp (Einleitung); Do moich czytelników (An meine Leser); Niebezpieczne związki (Gefährliche Zusammenhänge); Głos autora w dyskusji nad »Filozofią przypadku« (Die Stimme des Autors in der Diskussion über die »Philosophie des Zufalls«); Wyznania antysemioty (Bekenntnisse eines Antisemioten); Tzvetana Todorova fantastyczna teoria literatury (Tzvetan Todorovs Theorie des Phantastischen); O niekonsekwencji w literaturze (Über die Inkonsequenz in der Literatur);*

O Dostojewskim niepowściągliwie (Über Dostojewskij ohne Maß); Lolita czyli Stawrogin i Beatrycze (Lolita oder Stawrogin und Beatrice); Miniatura nihilisty (Miniatur eines Nihilisten); Przedmowa do »Torpedy czasu« A. Słonimskiego (Vorrede zu A. Słonimski »Zeittorpedo«); Posłowie do »Wojny światów« H. G. Wellsa (Nachwort zu H. G. Wells »Der Krieg der Welten«); Posłowie do »Ubika« Ph. Dicka

(Nachwort zu Ph. Dick »Ubik«); Posłowie do »Niesamowitych opowieści« S. Grabińskiego (Nachwort zu S. Grabiński »Das Abstellgleis«); Dokąd idziesz, świecie? (Wohin gehst du, Welt?); »Summa technologiae« – Wprowadzenie do dyskusji (»Summa technologiae« – Einleitung zur Diskussion); »Summa technologiae« – Posłowie do dyskusji (»Summa technologiae – Nachwort zur Diskussion); Rozmyślania na ćwierćwiecze (Überlegungen zur 25-Jahr-Feier); Nauka ziemska i cywilizacje kosmiczne (Irdische Wissenschaft und kosmische Zivilisationen); Refleksje 1974 (Reflexionen 1974); O poznaniu pozazmysłowym (Über außersinnliche Wahrnehmung).

Katar (deutsch *Der Schupfen*). Kraków: Wydawnictwo Literackie 1976, 144 S.
2 Auflagen mit zusammen 140 000 Exemplaren.

Maska (Die Maske). Kraków: Wydawnictwo Literackie 1976, 278 S.
Neue Erzählungen und die Fernsehspiele aus *Noc księżycowa;* 2 Ausgaben mit zusammen 90 000 Exemplaren.
Inhalt: *Maska (Die Maske); Professor A. Dońda (Professor A. Dońda); Sto trzydzieści siedem sekund (137 Sekunden); Edukacja cyfrania (Rechnererziehung); Wierny robot (Der getreue Roboter); Wyprawa profesora Tarantogi (Die Forschungsreise des Professors Tarantoga); Dziwny gość profesora Tarantogi (Der seltsame Gast des Professors Tarantoga).*

Suplement (Ergänzungsband). Kraków: Wydawnictwo Literackie 1976, 208 S.
Erzählungen; 30 000 Exemplare.
Inhalt: *Ananke; Kobyszczę (Experimenta Felicitologica); Podróż osiemnasta, – dwudziesta, – dwudziesta pierwsza (18., 20., 21. Reise).*

Powtórka (Die Wiederholung). Warszawa: Iskry 1979, 164 S.
Zwei Hörspiele und eine Erzählung; 50 000 Exemplare.
Inhalt: *Powtórka (Die Wiederholung); Godzina przyjęć profesora Tarantogi (Professor Tarantogas Sprechstunde); Noc księżycowa (Mondnacht).*

B. Dzieła wybrane (Ausgewählte Werke), alle im Verlag Wydawnictwo Literackie Kraków, 1965-1978.

Czas nieutracony, 3 Bände, 1965, 213 + 238 + 298 S., 10 000 Exemplare.

Dzienniki gwiazdowe, 1966, 330 S., 20 000 Exemplare.

Cyberiada, 1967, 340 S., 20 000 Exemplare.

Summa technologiae, 1967, 579 S., 7000 Exemplare.

Solaris – Niezwyciężony, 1968, 368 S., 20 000 Exemplare.

Opowieści o pilocie Pirxie, 1968, 338 S., 20 000 Exemplare; 1976, 385 S., 40 000 Exemplare.

Opowiadania, 1969, 288 S., 15 000 Exemplare.

Śledztwo, 1969, 213 S., 35 000 Exemplare.

Obłok Magellana, 1970, 400 S., 20 000 Exemplare.

Powrót z gwiazd, 1970, 237 S., 20 000 Exempalre.

Pamiętniki znalezione w wannie, 1971, 199 S., 20 000 Exemplare.

Eden, 1971, 255 S., 20 000 Exemplare.

Astronauci, 1972, 314 S., 30 000 Exemplare.

Dialogi, 1972, 421 S., 10 000 Exemplare.

Głos Pana – Kongres futurologiczny, 1973, 316 S., 20 000 Exemplare; 1978, 314 S., 40 000 Exemplare.

Fantastyka i futurologia, 2 Bände, 1973, 450 + 578 S., 10 000 Exemplare.

Doskonała próżnia – Wielkość urojona, 1974, 333 S., 20 000 Exemplare.

Filozofja przypadku, 2 Bände, 1975, 295 + 417 S., 10 000 Exemplare.

Rozprawy i szkice, 1975, 360 S., 10 000 Exemplare.

Wysoki Zamek – Wiersze młodziencze (Jugendgedichte), 1975, 148 S., 40 000 Exemplare.

Suplement, 1976, 208 S., 30 000 Exemplare.

Maska, 1977, 273 S., 50 000 Exemplare.

Katar, 1978, 145 S., 40 000 Exemplare.

C. Deutschsprachige Buchausgaben
(in alphabetischer Reihenfolge)

Die Astronauten (Astronauci). Aus dem Polnischen von Rudolf Pabel. Mit einem Vorwort des Autors. Frankfurt/Main: Insel Verlag 1974, 286 S. (Phantastische Wirklichkeit. Science Fiction der Welt).
2. Auflage, 6.-8. Tsd., 1976.

– Frankfurt/Main: Suhrkamp 1978, 284 S. (st 441, Phantastische Bibliothek, Band 16)

2. Auflage, 13.-27. Tsd., 1978.

3. Auflage, 28.-42. Tsd., 1979.

4. Auflage, 43.-57. Tsd., 1980.

Dialoge (Dialogi). Autorisierte Übersetzung aus dem Polnischen von Jens Reuter. Mit einem Nachwort des Autors. Frankfurt/Main: Suhrkamp Verlag 1980, 319 S. (es 1013 NF 13)

Eden (Eden). Berechtigte Übersetzung aus dem Polnischen von Transgalaxis. Balve i. Westf.: Gebr. Zimmermann-Verlag 1960, 272 S.

Eden (Eden). Roman. Aus dem Polnischen von Caesar Rymarowicz. Mit einem Nachwort von Dieter Lange. Berlin (DDR): Volk und Welt 1971, 322 S.

2. Auflage 1972; 3. Auflage 1975.

– Berlin: Volk und Welt 1973, 144 S. (Romanzeitung Nr. 275)

– Roman einer außerirdischen Zivilisation. Aus dem Polnischen übertragen von Caesar Rymarowicz. München: Nymphenburger Verlagshandlung 1972, 291 S.

– München: Deutscher Taschenbuchverlag 1974, 291 S. (dtv 943).

2. Auflage, 15.-24. Tsd., August 1974; 3. Auflage, 25.-34. Tsd., Oktober 1975; 4. Auflage, 36.-44. Tsd., Dezember 1976; 5. Auflage, 45.-54. Tsd., Dezember 1977; 6. Auflage, 55.-64. Tsd., November 1978; 7. Auflage, 65.-79. Tsd., Oktober 1979 (ab hier dtv phantastica 1853), 8. Auflage, 80.-89. Tsd., Mai 1980.

– 1.-3. Tsd., Frankfurt/Main: Insel Verlag 1978, 336 S. (Werke in Einzelausgaben)

– mit *Solaris*. Zwei Science-fiction Romane. Stuttgart: Deutscher Bücherbund [1973], 500 S.

– mit *Die Maske*. Roman. Erzählung. Aus dem Polnischen von Caesar Rymarowicz und Hubert Schumann. Berlin (DDR): Volk und Welt [1980], 240 S.

Eintritt nur für Sternenpersonal (Opowieści o pilocie Pirxie). Phantastische Geschichten vom Piloten Pirx. Aus dem Polnischen übersetzt von Roswitha Buschmann, Kurt Kelm, Caesar Rymarowicz und Barbara Sparing. Stuttgart: Deutscher Bücherbund [1980], 383 S.

Inhalt: *Pirx erzählt; Ananke; Albatros; Terminus; Die Pa-*

trouille; Die Jagd; Der Unfall; Die Verhandlung.

Erzählungen (Auswahl aus *Dzienniki gwiazdowe, Inwazja z Aldebarana, Księga robotów, Noc księżycowa, Niezwyciężony i inne opowiadania, Polowanie* und *Maska*). Aus dem Polnischen übersetzt von Caesar Rymarowicz, Klaus Staemmler und I. Zimmermann-Göllheim. Frankfurt/Main: Insel Verlag, 1. Auflage 1979, 487 S. (Werke in Einzelausgaben)
Inhalt: *Die Ratte im Labyrinth; Die Invasion; Der Freund; Invasion vom Aldebaran; Nacht und Schimmel; Der Hammer; Die Lymphatersche Formel; »Tagebuch«; Die Wahrheit; Zwei junge Männer; 137 Sekunden; Die Maske.*

Essays (Rozprawy i szkice). Übersetzt von Friedrich Griese. Frankfurt/Main: Insel Verlag, 1.-3. Tausend, 1981, 390 S.
Inhalt: *Tzvetan Todorovs Theorie des Phantastischen; Über Inkonsequenzen in der Literatur; Bekenntnisse eines Antisemioten; Sade und die Spieltheorie; Nachwort zu Stefan Grabiński »Das Abstellgleis«; Nachwort zu Philip K. Dick »Ubik«; Nachwort zu H. G. Wells »Der Krieg der Welten«; Lolita oder Stawrogin und Beatrice; Vorwort zu A. Słonimski »Torpeda Czasu«; Über außersinnliche Wahrnehmung; Verlorene Illusionen oder Von der Intellektronik zur Informatik; Biologie und Werte; Angewandte Kybernetik: Ein Beispiel aus dem Bereich der Soziologie.*

Die Falle des Gargancjan (Auswahl aus *Dzienniki gwiazdowe, Inwazja z Aldebarana, Bajki robotów, Cyberiada, Polowanie*). Phantastische Erzählungen. Übersetzung von Roswitha Buschmann und Caesar Rymarowicz, Auswahl von Gisela Zeisig. Leipzig: Verlag Philipp Reclam jun., 1. Aufl. 1979, 291 S. (Reclams Universal-Bibliothek Bd. 818)
Inhalt: *Test; Albatros; Der Unfall; Die Patrouille; Die Jagd; Invasion vom Aldebaran; Die Ratte im Labyrinth; Weltuntergang um acht; König Hydrops Ratgeber; Von den Drachen der Wahrscheinlichkeit; Von der Rechenmaschine, die mit dem Drachen kämpfte; Die Falle des Gargancjan.*

Der futurologische Kongreß (Kongres futurologiczny). Aus dem Polnischen von I. Zimmermann-Göllheim. Mit einem Nachwort von Franz Rottensteiner. Frankfurt/Main: Insel Verlag 1974, 6.-8. Tsd. 1975, 151 S. (Phantastische Wirklichkeit. Science Fiction der Welt)
– Frankfurt/Main: Suhrkamp Verlag 1975, 165 S. (Bibliothek

Suhrkamp 477) 6.-9. Tsd. 1977; 10.-12. Tsd. 1979.
– Frankfurt/Main: Suhrkamp Verlag 1979, 138 S. (st 534, Phantastische Bibliothek, Band 29)
2. Auflage, 16.-30. Tsd., 1979;
3. Auflage, 31.-45. Tsd., 1980.

Gast im Weltraum (Obłok Magellana). Utopischer Roman. Deutsch von Rudolf Pabel. Berlin (DDR): Volk und Welt 1956, 530 S.
2. Auflage 1957, 530 S.; 3. Auflage 1961, 530 S.; 4. Auflage 1961, 530 S.; 5. Auflage 1963, 434 S.; 6. Auflage 1966, 434 S.; 7. Auflage 1968, 434 S.; 8. Auflage 1970, 434 S.
– 1. Auflage Paperback [1980], 322 S.
– Berlin (DDR): Buchclub 65 1968, 434 S.

Der getreue Roboter (Auswahl aus *Noc księżycowa* und *Dzienniki gwiazdowe*). Fernsehspiele. Aus dem Polnischen von Charlotte Eckert, Jutta Janke, Hubert Schumann. Berlin (DDR): Volk und Welt, 1. Auflage 1975, 149 S.
Inhalt: *Die Forschungsreise des Professors Tarantoga; Der seltsame Gast des Professors Tarantoga; Existieren Sie, Mr. Johns?; Der getreue Roboter.*

Golem XIV und andere Prosa. Autorisierte Übersetzungen aus dem Polnischen von Klaus Staemmler *(Die Geschichte eines Einfalls)*, I. Zimmermann-Göllheim *(Die neue Kosmogonie)* und Jens Reuter *(Golem XIV)*. Frankfurt/Main: Suhrkamp Verlag 1978, 193 S. (Bibliothek Suhrkamp 603)
Inhalt: *Die Geschichte eines Einfalls; Die neue Kosmogonie: Golem XIV.*
2. Auflage, 6.-10. Tsd., 1979.

Das Hohe Schloß (Wysoki Zamek). Erinnerungen. Aus dem Polnischen von Caesar Rymarowicz. Berlin (DDR): Volk und Welt 1974, 161 S. (Spektrum 65)
– Frankfurt/Main: Suhrkamp Verlag 1974, 161 S. (Bibliothek Suhrkamp 405)
2. Auflage, 7.-9. Tsd., 1976; 3. Auflage, 10.-11. Tsd., 1979; 4. Auflage, 12.-13. Tsd., 1980.

Das Hospital der Verklärung (Szpital Przemienienia, Band 1 von *Czas nieutracony)*. Aus dem Polnischen von Caesar Rymarowicz. Frankfurt/Main: Insel Verlag 1975, 270 S.

Imaginäre Größe (Wielkość urojona). Autorisierte Übersetzung aus dem Polnischen von Caesar Rymarowicz. Berlin

(DDR): Volk und Welt, 1. Auflage 1976, 194 S.
- Aus dem Polnischen von Caesar Rymarowicz und Jens
Reuter. Frankfurt/Main: Insel Verlag, 1.-4. Tsd. 1976, 204 S.
(Werke in Einzelausgaben)
Inhalt: *Einführung; Cezary Strzybisz: Nekrobien; Reginald
Gulliver: Eruntik; Juan Rambellais: Geschichte der britischen
Literatur; Vestrands Extelopädie in 44 Magnetbänden; Ve-
strands Extelopädie: Probebogen; Golem XIV; Vorrede; Vor-
wort; Belehrung; Golems Antrittsvorlesung* (= Golems Inau-
gurationsvortrag).
- Frankfurt/Main: Suhrkamp Verlag 1981, 204 S. (st 658,
Phantastische Bibliothek, Band 47)
Die Irrungen des Dr. Stefan T. (Czas nieutracony). Deutsch
von Caesar Rymarowicz. Berlin (DDR): Volk und Welt
1959, 681 S.
2. Auflage 1979, 628 S.
Die Jagd (Auswahl aus *Opowieści o pilocie Pirxie*). Neue Ge-
schichten des Piloten Pirx. Aus dem Polnischen von Roswitha Buschmann, Kurt Kelm, Barbara Sparing. Berlin
(DDR): Volk und Welt, 1. Auflage 1972, 318 S.
Inhalt: *Die Patrouille; Die Jagd; Der Unfall; Pirx erzählt; Die
Verhandlung; Ananke.*
- Berlin (DDR): Buchclub 65 1972, 318 S.
- Frankfurt/Main: Insel Verlag 1973, 281 S. (Phantastische
Wirklichkeit. Science-fiction der Welt)
2. Auflage, 6.-7. Tsd., 1975.
- Frankfurt/Main: Suhrkamp Verlag 1976, 261 S. (st 302, ab
3. Auflage Phantastische Bibliothek, Band 18)
2. Auflage, 11.-20. Tsd., 1976; 3. Auflage, 21.-30. Tsd., 1977;
4. Auflage, 31.-40. Tsd., 1978; 5. Auflage, 41.-50. Tsd., 1979;
6. Auflage, 51.-60. Tsd., 1979; 7. Auflage, 61.-72. Tsd., 1980.
Die Maske. Herr F. Zwei Erzählungen. Aus dem Polnischen
von Klaus Staemmler *(Die Maske)* und Jens Reuter *(Herr
F.)*. Frankfurt/Main: Suhrkamp Verlag, 1. Auflage 1977,
111 S. (Bibliothek Suhrkamp 561)
6.-8. Tsd. 1978.
*Memoiren, gefunden in der Badewanne (Pamiętnik znaleziony
w wannie)*. Aus dem Polnischen von Walter Tiel. Autorisierte
Übersetzung. Frankfurt/Main: Insel Verlag 1974, 269 S.
2. Auflage, 5.-6. Tsd., 1975.

– Mit einer Einleitung des Autors. Aus dem Polnischen von Walter Tiel. Autorisierte Übersetzung. Einleitung aus dem Polnischen von Klaus Staemmler. Autorisierte Übersetzung. Frankfurt/Main: Suhrkamp Verlag 1979, 285 S. (st 508, Phantastische Bibliothek, Band 25)

2. Auflage, 13.-27. Tsd., 1979;

3. Auflage, 28.-42. Tsd., 1980.

Mondnacht. Hör- und Fernsehspiele. Aus dem Polnischen übersetzt von Klaus Staemmler, Charlotte Eckert, Jutta Janke und I. Zimmermann-Göllheim. Frankfurt/Main: Insel Verlag, 1.-4. Tsd. 1977, 271 S. (Werke in Einzelausgaben)

Inhalt: *Die Mondnacht; Die Forschungsreise des Professors Tarantoga; Der seltsame Gast des Professors Tarantoga; Professor Tarantogas Sprechstunde; Gibt es Sie, Mister Johns?; Der getreue Roboter; Schichttorte.*

– Frankfurt/Main: Suhrkamp Verlag 1980, 270 S. (st 729, Phantastische Bibliothek, Band 57)

Nacht und Schimmel (Opowiadania). Aus dem Polnischen von I. Zimmermann-Göllheim. Frankfurt/Main: Insel Verlag 1972, 300 S. (Phantastische Wirklichkeit. Science-fiction der Welt)

Inhalt: *Nacht und Schimmel; Der Freund; Tagebuch; Die Lymphatersche Formel; Die neue Kosmogonie; Die Invasion; Der Hammer; Die Wahrheit; Zwei junge Männer; Gibt es Sie, Mister Johns?*

2. Auflage, 7.-8. Tsd., 1975.

– Erzählungen. Frankfurt/Main: Suhrkamp Verlag 1976, 290 S. (st 356, Phantastische Bibliothek, Band 1)

2. Auflage, 13.-27. Tsd., 1977; 3. Auflage, 28.-42. Tsd., 1978; 4. Auflage, 43.-57. Tsd., 1979; 5. Auflage, 58.-72. Tsd., 1981.

Phantastik und Futurologie. 1. Teil *(Fantastyka i Futurologia I).* Übersetzt von Beate Sorger und Wiktor Szacki (vom Autor autorisiert). Frankfurt/Main: Insel Verlag, 1.-3. Tsd. 1977, 478 S. (Werke in Einzelausgaben)

Phantastik und Futurologie. 2. Teil *(Fantastyka i Futurologia II)* Übersetzt von Edda Werfel. Frankfurt/Main: Insel Verlag, 1.-3. Tsd. 1980, 671 S. (Werke in Einzelausgaben)

Die phantastischen Erzählungen (Teilsammlung). Mit Illustrationen, einem Interview und Anmerkungen zur Rezeption von Franz Rottensteiner. Hrsg. und mit einem Nachwort

versehen von Werner Berthel. Übers. von Lutz Adler, Kurt Kelm, Jens Reuter, Caesar Rymarowicz, Barbara Sparing, Klaus Staemmler und I. Zimmermann-Göllheim. Frankfurt/Main: Insel Verlag 1980, 477 S.
Inhalt: *Die Kunst, Vorworte zu schreiben; Pirx erzählt; Ananke; Der Freund; Professor A. Doṅda; Die Waschmaschinentragödie; Die Wahrheit; Das schwarze Kabinett Professor Tarantogas; Experimenta Felicitologica; Die Rettung der Welt; Chronde* (Fragment aus *Powtórka*) *Das Märchen vom König Murdas; Zifferoticon; Die siebente Reise oder wie Trurls eigene Vollkommenheit ihn zum Bösen führte; Die Auferstehungsmaschine* (Fragment aus *Dialoçi*); *Emelen* (Fragment aus *Wysoki Zamek*); *Vestrands Extelopädie in 44 Magnetbänden nebst Probebogen; Alistair Waynewright: Being Inc.; Futurologischer Kongreß,* 1. Tag; Materialien.
Pilot Pirx (Opowieści o pilocie Pirxie). Erzählungen. Aus dem Polnischen übersetzt von Roswitha Buschmann, Kurt Kelm, Caesar Rymarowicz und Barbara Sparing. Frankfurt/Main: Insel Verlag, 1. Auflage 1978, 544 S. (Werke in Einzelausgaben)
Inhalt: *Test; Der bedingte Reflex; Albatros; Terminus; Die Patrouille; Die Jagd; Der Unfall; Pirx erzählt; Die Verhandlung; Ananke.*
2. Auflage, 5.-7. Tsd., 1979
Der Planet des Todes (Astronauci). Utopischer Roman. Deutsch von Rudolf Pabel. Berlin (DDR): Volk und Welt 1954, 435 S.
2. Auflage 1955, 435 S.; 3. Auflage 1956; 4. Auflage 1957; 5. Auflage 1958.
Ill. von Ingeborg Friebel. Ungekürzte verbilligte Ausgabe 1955, 288 S.; 1956, 288 S.; 1957, 288 S.; 1958, 287 S.; 1959, 279 S.; 1960, 279 S. (Sonderausgabe für die Kleine Hausbibliothek)
– 1. Auflage Paperback [1980], 248 S.
– Berlin (DDR): Buchgemeinschaft des FDJ im Verlag Neues Leben (1960), 315 S.
– Berlin (DDR): Verlag Volk und Welt (1960), 158 S. (*Romanzeitung* Nr. 128)
– [Wien:] Die Buchgemeinde [1960], 315 S., Ill. von Ingeborg Friebel.

– (Einsiedeln:) Benziger (1965), 317 S. (Comet)

Robotermärchen (Auswahl aus *Bajki robotów* und *Cyberiada*). Aus dem Polnischen von Caesar Rymarowicz. Mit Holzstichcollagen von Horst Hussel. Berlin (DDR): Eulenspiegel Verlag 1969, 174 S.

Inhalt: *Die drei Elektritter; Die Uranohren; Wie Erg Selbsterreger den Blasser besiegte; König Biskalars Schätze; König Hydrops Ratgeber; Trurls Maschine; Die Tracht Prügel; Die Falle des Gargancjan; Von den Drachen der Wahrscheinlichkeit; Wie Trurl und Klapaucius einen Dämon Zweiter Ordnung schufen, um Mäuler den Mörder zu besiegen; Wie Mikromil und Gigancjan die Flucht der Nebelflecken einleiteten* (= Wie Winzlieb und Gigelanz die Nebelflucht auslösten).

2. Auflage 1976.

– Herausgegeben von Franz Rottensteiner. Aus dem Polnischen von I. Zimmermann-Göllheim und Caesar Rymarowicz. Frankfurt/Main: Suhrkamp Verlag 1973, 219 S. (Bibliothek Suhrkamp 366).

Inhalt: *Drei Elektritter; Die Uranohren; Erg Selbsterreg überwindet den Bleichling; Die Schätze des Königs Biskalar; Zwei Ungeheuer; Der Weiße Tod; Wie Winzlieb und Gigelanz die Nebelflucht auslösten; Das Märchen von der Rechenmaschine, die gegen den Drachen kämpfte; Die Räte des Königs Hydrops; Der Freund des Automatthias; König Globares und die Weisen; Das Märchen vom König Murdas; Zifferotikon; Trurls Maschine; Die Falle des Gargancjan; Von den Drachen der Wahrscheinlichkeit; Wie Trurl und Klapaucius einen Dämon Zweiter Ordnung schufen, um Mäuler den Mäuler zu besiegen.*

7.-10. Tsd. 1974; 11.-14. Tsd. 1975; 15.-18. Tsd. 1976; 19.-20. Tsd. 1978; 21.-22. Tsd. 1978; 23.-26. Tsd. 1979; 27.-31. Tsd. 1980.

Der Schnupfen (Katar). Roman. Autorisierte Übersetzung aus dem Polnischen von Roswitha Buschmann. Berlin (DDR): Volk und Welt 1977, 201 S.

2. Auflage 1979.

– Berlin (DDR): Buchclub 65 1979, 201 S.

– Berlin (DDR): Volk und Welt 1979, 111 S. (*Romanzeitung* Nr. 351)

– Kriminalroman. Autorisierte Übersetzung aus dem Polnischen von Klaus Staemmler. Frankfurt/Main: Insel Verlag,

1.-4. Tsd. 1977, 201 S. (Werke in Einzelausgaben)
2. Auflage 1979.
– Frankfurt/Main: Suhrkamp Verlag 1979, 201 S. (st 571, Phantastische Bibliothek, Band 33); 2. Auflage, 21.-47. Tsd., 1980.
– mit *Test*. Roman. Erzählungen. Berlin (DDR): Volk und Welt [1980], 269 S.

Solaris. (Solaris). Roman. Deutsch von I. Zimmermann-Göllheim. Hamburg und Düsseldorf: Marion von Schröder Verlag 1972, 271 S. (science fiction & fantastica)
2. Auflage 1974, 271 S.
– Frankfurt/Main: Suhrkamp Verlag 1975, 238 S. (st 226, ab 3. Auflage Phantastische Bibliothek, Band 11)
2. Auflage, 13.-22. Tsd., 1975; 3. Auflage, 23.-34. Tsd., 1976; 4. Auflage, 35.-46. Tsd., 1977; 5. Auflage, 47.-61. Tsd., 1978; 6. Auflage, 62.-76. Tsd., 1979; 7. Auflage, 77.-91. Tsd., 1980.

Sterntagebücher (Dzienniki gwiazdowe). Die Sterntagebücher des Weltraumfahrers Ijon Tichy, herausgegeben von Astral Sternu Tarantoga, Professor der Astralzoologie an der Universität Fomalhaut. Aus dem Polnischen von Caesar Rymarowicz. Berlin (DDR): Volk und Welt 1961, 157 S.
Inhalt: *Vorrede; Zwölfte Reise; Vierzehnte Reise; Zweiundzwanzigste Reise; Dreiundzwanzigste Reise; Vierundzwanzigste Reise; Fünfundzwanzigste Reise; Sechsundzwanzigste und letzte Reise.*
– Berlin (DDR): Volk und Welt 1961, 191 S. (Sonderausgabe für die Kleine Hausbibliothek)

Sterntagebücher (Dzienniki gwiazdowe). Aus dem Polnischen von Caesar Rymarowicz. Mit Zeichnungen des Autors. Berlin (DDR): Volk und Welt 1973, 524 S.
Inhalt: *Vorwort; Vorwort zur erweiterten Ausgabe;*
Aus den Sterntagebüchern Ijon Tichys: Siebente Reise, Achte Reise, Elfte Reise, Zwölfte Reise, Dreizehnte Reise, Vierzehnte Reise, Achtzehnte Reise, Zwanzigste Reise, Einundzwanzigste Reise, Zweiundzwanzigste Reise, Dreiundzwanzigste Reise, Vierundzwanzigste Reise, Fünfundzwanzigste Reise, Achtundzwanzigste Reise;
Aus den Erinnerungen Ijon Tichys: I, II, III, IV, V (Die Waschmaschinen-Tragödie);
Die Anstalt des Doktor Vliperdius; Doktor Diagoras; Retten

wir den Kosmos (Offener Brief Ijon Tichys).
2. Auflage 1974; 3. Auflage 1976; 4. Auflage 1978, 553 S. (Ex libris)
(Inhalt: wie vor; zusätzlich: *Professor A. Dońda.)*
1.Auflage, Paperback [1980], 370 S.
(Inhalt: wie vor 4. Auflage.)
– Berlin (DDR): Buchclub 65 1973, 524 S.
– Frankfurt/Main: Insel Verlag 1973, 524 S.
6.-8. Tsd. 1976, 527 S.
– Frankfurt/Main: Suhrkamp Verlag 1978, 478 S. (st 459, Phantastische Bibliothek 20)
2. Auflage, 13.-22. Tsd., 1978; 3. Auflage, 23.-42. Tsd., 1979; 4. Auflage, 43.-62. Tsd., 1980.
Summa technologiae (Summa technologiae). Mit einem Vorwort des Autors zur deutschen Ausgabe. Aus dem Polnischen übersetzt von Friedrich Griese. Frankfurt/Main: Insel Verlag, 1.-3. Tsd. [richtig: 1.-2. Tsd.] 1976, 654 S. (Werke in Einzelausgaben); 2. Auflage [3. Tsd.] 1978.
– Mit einem Vorwort des Autors zu dieser Ausgabe und einem Nachwort von Herbert Hörz. Berlin (DDR): Volk und Welt 1980, 630 S.
– Frankfurt/Main: Suhrkamp Verlag 1981, 654 S. (st 678)
Test. Phantastische Erzählungen. Ausgewählt von Jutta Janke. Aus dem Polnischen von Caesar Rymarowicz. Berlin (DDR): Volk und Welt 1968, 256 S.
Inhalt: *Test; Der bedingte Reflex; Albatros; Terminus; Die Waschmaschinentragödie; Invasion vom Aldebaran; Von der Rechenmaschine, die mit dem Drachen kämpfte.*
2. Auflage 1968; 3. Auflage 1969.
– Frankfurt/Main: Fischer Taschenbuch Verlag 1971, 202 S. (Fischer Bücherei Nr. 1156)
1.-22. Tsd. Januar 1971; 23.-30. Tsd. September 1972; 31.-37. Tsd. Mai 1973; 38.-42. Tsd. Dezember 1973; 43.-50. Tsd. Juni 1974; 51.-57. Tsd. März 1975; 58.-65. Tsd. Dezember 1975.
Transfer (Powrót z gwiazd). Roman. Deutsch von Maria Kurecka. Düsseldorf: Marion von Schröder Verlag 1974, 263 S.
– Frankfurt/Main: Suhrkamp Verlag 1976, 253 S. (st 324, ab 2. Auflage, Phantastische Bibliothek, Band 7)
2. Auflage, 11.-20. Tsd., 1976; 3. Auflage, 21.-30. Tsd., 1977; 4. Auflage, 31.-40. Tsd., 1978; 5. Auflage, 41.-52. Tsd., 1979;

6. Auflage, 53.-67. Tsd., 1979.

Transfer. Phantastischer Roman. Deutsch von Maria Kurecka. Düsseldorf: Claassen, 2. Auflage 1981, 308 S.

– mit *Die Astronauten.* Zwei Romane. Stuttgart: Deutscher
Bücherbund o. J. [1977], 511 S.

Der Unbesiegbare (Niezwyciężony). Roman. Aus dem Polnischen von Roswitha Dietrich. Berlin (DDR): Volk und Welt
1967, 229 S.

2. Auflage 1968; 3. Auflage 1969; 4. Auflage 1977.

– Berlin (DDR): Buchclub 65 1968, 229 S.

– Wien: Die Buchgemeinde o. J. [1968], 229 S.

– Utopischer Roman. Übertragen von Roswitha Dietrich.
Berlin: Universitas 1969, 225 S.

– Frankfurt/Main: Fischer Taschenbuch Verlag 1971, 157 S.
(Fischer Bücherei 1199)

26.-33. Tsd. Mai 1973; 34.-40. Tsd. November 1973; 41.-50.
Tsd. November 1974; 51.-57. Tsd. Dezember 1975; 58.-67.
Tsd. August 1976; 68.-75. Tsd. November 1977; 76.-85. Tsd.
Juli 1978; 86.-95. Tsd. Mai 1979; 96.-105. Tsd. März 1980.

– Frankfurt/Main: Insel Verlag, 1. Auflage 1976, 227 S.; 2.
Auflage, 4.-5. Tsd., 1978.

– mit *Die Jagd.* Lizenzausgabe des Deutschen Bücherbundes,
Stuttgart, Hamburg, München, o. J. [1978], 510 S.

– mit *Die Jagd.* Lizenzausgabe der Neuen Schweizer Bibliothek, o. J. [1978], 510 S.

– mit *Die Jagd.* Roman. Erzählungen. Berlin (DDR): Volk
und Welt [1980], 339 S.

– Berlin (DDR): Volk und Welt 1969, 123 S. (*Romanzeitung*
Nr. 246)

Die Untersuchung. (Śledztwo). Kriminalroman. Aus dem Polnischen von Jens Reuter und Hans Jürgen Mayer. Frank-
furt/Main: Insel Verlag 1975, 241 S.

– Frankfurt/Main: Suhrkamp Verlag 1978, 241 S. (st 435,
Phantastische Bibliothek 14)

2. Auflage, 13.-22. Tsd., 1978; 3. Auflage, 23.-37. Tsd., 1979;
4. Auflage, 38.-52. Tsd., 1980.

– mit *Der Schnupfen.* Zwei Kriminalromane. Stuttgart: Deutscher Bücherbund [1979], 415 S.

Die vollkommene Leere (Doskonała próżnia). Autorisierte
Übersetzung aus dem Polnischen von Klaus Staemmler. »Die

neue Kosmogonie« übersetzte I. Zimmermann-Göllheim.
Frankfurt/Main: Insel Verlag 1973, 258 S.
Inhalt: *Stanisław Lem: »Die vollkommene Leere«; Marcel*
Coscat: »Les Robinsonades«; Patrick Hannahan: »Giga-
mesh«; Simon Merril: »Sexplosion«; Alfred Zellermann:
»Gruppenführer Louis XVI.«; Solange Marriot: »Rien du tout,
ou la conséquence«; Joachim Fersengeld: »Perycalypsis«;
Gian Carlo Spallanzani: »Der Idiot«; »Do yourself a book«;
Kuno Mlatje: »Odysseus aus Ithaka«; Raymond Seurat:
»Toi«; Alistair Waynewright: »Being Inc.«; Wilhelm Klopper:
»Die Kultur als Fehler«; Cezar Kouska: »De Impossibilitate
Vitae, De Impossibilitate Prognoscendi«; Arthur Dobb: »Non
serviam«; Alfred Testa: »Die Neue Kosmogonie«.
2. Auflage, 6. Tsd., 1978 (»Werke in Einzelausgaben«)

(Die Zusammensteller danken dem Vertreter des Autors,
Herrn Wolfgang Thadewald, für wesentliche Korrekturen und
Ergänzungen.)

Editorische Notiz

Stanisław Lem zu ehren, war der Anlaß zur Konzeption des vorliegenden Bandes. Der inzwischen weltbekannte polnische Autor wurde am 12. 9. 1921 in Lwów geboren. 1981 feiert er seinen sechzigsten Geburtstag.

Schon 1976 widmete der Insel Verlag seinem Autor den Jahresalmanach. Neben dem deutschen Erstdruck der Erzählung »Die Maske« enthielt dieser rasch vergriffene Band eine Auswahl wichtiger Aufsätze und Rezensionen zu Werk und Wirkung des »dialektischen Weisen aus Kraków«. Eine Reihe von Arbeiten, die im Almanach versammelt waren, übernimmt das suhrkamp taschenbuch, da sie in ihrer Aussage nach wie vor Bestand haben.

Das Spektrum der literarischen Kritik und des wissenschaftlichen Essays wurde freilich durch zahlreiche Originalbeiträge erweitert. Einer Hommage des polnischen Schriftstellers Jan Jozef Szczepański, der heute Vorsitzender des polnischen Schriftstellerverbandes ist, folgt ein Aufsatz des Schweizer Kritikers Pierre Lachat. Die französische Literaturwissenschaftlerin und Übersetzerin Stanisław Lems, Dominique Sila, untersucht »Lems Spiele mit dem Universum«. Der angloamerikanische Sprachraum, in dem sich Lems Werke in den letzten Jahren verstärkt eingebürgert haben, ist durch Arbeiten von Michael Kandel, John Rothfork und Anthony Burgess vertreten.

Stellvertretend für die wissenschaftliche Auseinandersetzung mit dem Werk Lems in Deutschland wurde ein Aufsatz des Literaturwissenschaftlers Manfred Geiger zur semantischen Interpretation des Science-fiction-Romans *Solaris* aufgenommen. Eine ergänzte, neu bearbeitete Bibliographie der Werke des Autors schließt den Band ab. Die Intention dieses Bandes ist die gleiche wie beim Almanach auf das Jahr 1976: »Einen kritischen Streifzug durch das Werk Stanisław Lems zu unternehmen; Werk und Wirkung des Autors zu beleuchten, indem er dessen Kritiker zu Wort kommen läßt. Deren Urteile sollen nicht das des Lesers präjudizieren – nichts Endgültiges ist gemeint. Der Zweck des Buches wäre erreicht, wenn es ihm gelänge, den Leser am Prozeß der Lem-Rezeption teilnehmen zu lassen.«

Frankfurt, im Mai 1981   *Werner Berthel*

Originaltitel,
Übersetzer- und Copyrightvermerke

Jerzy Jarzębski: Stanisław Lem. Rationalist und Sensualist. Aus dem Polnischen von Jens Reuter und Hans Jürgen Mayer. Stanisław Lem – Racjonalista i Zmysły. © by Wolfgang Thadewald Hannover 1975. Nutzung der deutschen Übersetzung mit freundlicher Genehmigung von Wolfgang Thadewald.

Jan Józef Szczepański: Erstaunlicher Stanisław Lem. Aus dem Polnischen von Lutz Adler. Zadziwiający Stanisław Lem, Originalbeitrag für den Insel Almanach 1976. © Insel Verlag, Frankfurt am Main 1976.

Pierre Lachat: Literatur-Evolution als Stanisław Lem oder Jenseits der Science-fiction. 1979. Originalbeitrag.

Dominique Sila: Lems Spiele mit dem Universum. Aus dem Französischen von Hilde Linnert. Les jeux lemiens avec l'univers. Originalbeitrag.

Michael Kandel: Über Stanisław Lem. Aus dem Amerikanischen von Franz Rottensteiner. Kandel on Lem. Originalbeitrag.

John Rothfork: Kybernetik und humanistische Literatur: Stanisław Lems *Kyberiade*. Aus dem Amerikanischen von Franz Rottensteiner. Cybernetics and a Humanistic Fiction: Stanisław Lem's *The Cyberiad,* in: Research Studies, 45 (3), September 1977, S. 123-133.

Anthony Burgess: Das Spiel mit nicht existierenden Büchern. Stanisław Lem, *A Perfect Vacuum.* Aus dem Amerikanischen von Franz Rottensteiner. The non-book game. A perfect Vacuum. Stanisław Lem, in: Observer, 27. 5. 1979.

Manfred Geier: Stanisław Lems phantastischer Ozean. Ein Beitrag zur semantischen Interpretation des Science-fictions-Romans *Solaris,* in: Manfred Geier, Kulturhistorische Sprachanalysen, Köln 1979. (Anfang leicht geändert)

Heinrich Vormweg: Transfer in die Zukunft. Das imaginäre Universum des Stanisław Lem, in: Merkur, 30. Jahrgang 1976.

Günter Herburger: Vom Sterben. Stanisław Lems erster Roman *Das Hospital der Verklärung,* in: Frankfurter Rundschau, Nr. 163, 27. 7. 1976.

Siegfried Lenz: Schwejk als Weltraumfahrer. Über das Vergnügen,

Stanisław Lem zu lesen. Zuerst erschienen in: Frankfurter Allgemeine Zeitung vom 29. 6. 1974. Der Abdruck erfolgte mit freundlicher Genehmigung des Verlages Hoffmann und Campe, Hamburg. © by Siegfried Lenz 1974.

Dieter Hasselblatt: Die Wahrheit des Unmöglichen. Der polnische Science-fiction-Autor Stanisław Lem. Zuerst erschienen in: Frankfurter Allgemeine Zeitung vom 15. August 1973. © by Dieter Hasselblatt 1973.

Franz Rottensteiner: Der dialektische Weise aus Kraków. Originalbeitrag für den Insel Almanach 1976. © by Franz Rottensteiner 1975.

Werner Berthel: »Die Wahrheit darf nicht widersprüchlich sein.« Zu Stanisław Lems Erzählung »Die Maske«. Originalbeitrag für den Insel Almanach 1976. © Insel Verlag Frankfurt am Main 1976.

Von Stanisław Lem
erschienen im Suhrkamp Verlag

Robotermärchen. *Bibliothek Suhrkamp* Band 366. 1973
Das Hohe Schloß. Prosa. *Bibliothek Suhrkamp* Band 405. 1974
Solaris. Roman. *suhrkamp taschenbuch* Band 226. 1975
Die Jagd. Neue Geschichten des Piloten Pirx. *suhrkamp taschenbuch* Band 302. 1976
Transfer. Roman. *suhrkamp taschenbuch* Band 324. 1976
Nacht und Schimmel. Erzählungen. *suhrkamp taschenbuch* Band 356. 1976
Der futurologische Kongreß. *Bibliothek Suhrkamp* Band 477. 1975 und *suhrkamp taschenbuch* Band 534. 1979
Die Maske. Herr F. Zwei Erzählungen. *Bibliothek Suhrkamp* Band 561. 1977
Die Untersuchung. Kriminalroman. *suhrkamp taschenbuch* Band 435. 1978
Die Astronauten. *suhrkamp taschenbuch* Band 441. 1978
Sterntagebücher. *suhrkamp taschenbuch* Band 459. 1978
Golem XIV und andere Prosa. *Bibliothek Suhrkamp* Band 603. 1978
Memoiren, gefunden in der Badewanne. *suhrkamp taschenbuch* Band 508. 1979
Der Schnupfen. Kriminalroman. *suhrkamp taschenbuch* Band 570. 1979
Dialoge. *edition suhrkamp Neue Folge* Band 13. 1980
Mondnacht. Hör- und Fernsehspiele. *suhrkamp taschenbuch* Band 729. 1980
Imaginäre Größe. *suhrkamp taschenbuch* Band 658. 1981
Summa technologiae. *suhrkamp taschenbuch* Band 678. 1981

Von Stanisław Lem
erschienen im Insel Verlag

Sterntagebücher. 1973
Die vollkommene Leere. 15 fiktive Rezensionen. 1973
Die Astronauten. 1974
Der futurologische Kongreß. Aus Ijon Tichys Erinnerungen. 1974
Memoiren, gefunden in der Badewanne. 1974
Die Untersuchung. *Kriminalroman.* 1975
Das Hospital der Verklärung. *Roman.* 1975
Der Unbesiegbare. *Roman.* 1976
Summa technologiae. 1976
Imaginäre Größe. 1976
Der Schnupfen. *Kriminalroman.* 1977
Phantastik und Futurologie I. 1977
Mondnacht. Hör- und Fernsehspiele. 1977
Eden. Roman einer außerirdischen Zivilisation. 1978
Pilot Pirx. 1978
Erzählungen. 1979
Der phantastische Lem. 1980
Phantastik und Futurologie II. 1980
Essays. 1981
Nacht und Schimmel. 1972 *(in dieser Ausgabe vergriffen)*
Die Jagd. 1973 *(in dieser Ausgabe vergriffen)*

In Anthologien

Die Ratte im Labyrinth. 1971
Polaris 1. *insel taschenbuch* Band 30. 1973
Phaïcon 1. *insel taschenbuch* Band 69. 1974
Phaïcon 2. *insel taschenbuch* Band 154. 1975
Blick vom anderen Ufer. Europäische Science-fiction. *suhrkamp taschenbuch* Band 359. 1977
Pfade ins Unendliche. Insel Almanach auf das Jahr 1972
Stanisław Lem. Der dialektische Weise aus Kraków. Insel Almanach auf das Jahr 1976
Wie der Teufel den Professor holte. *suhrkamp taschenbuch* Band 629. 1979
›Quarber Merkur‹. Aufsätze zur Science-fiction und Phantastischen Literatur. *suhrkamp taschenbuch* Band 571. 1979
Polaris 5. *suhrkamp taschenbuch* Band 713. 1981